本学术著作获江西理工大学优秀学术著作出版基金资助

中国新农村文化建设研究

黄生成 ◎ 编著

中国政法大学出版社

2017 · 北京

图书在版编目（CIP）数据

中国新农村文化建设研究/黄生成编著.—北京：中国政法大学出版社，2017.12
ISBN 978-7-5620-7925-5

Ⅰ.①中… Ⅱ.①黄… Ⅲ.①农村文化－建设－研究－中国 Ⅳ.①G12

中国版本图书馆 CIP 数据核字(2017)第 305350 号

出版者　中国政法大学出版社
地　址　北京市海淀区西土城路 25 号
邮寄地址　北京 100088 信箱 8034 分箱　邮编 100088
网　址　http://www.cuplpress.com（网络实名：中国政法大学出版社）
电　话　010-58908285(总编室) 58908433（编辑部）58908334(邮购部)
承　印　北京九州迅驰传媒文化有限公司
开　本　880mm×1230mm　1/32
印　张　8.625
字　数　205 千字
版　次　2017 年 12 月第 1 版
印　次　2017 年 12 月第 1 次印刷
定　价　32.00 元

摘 要
ABSTRACT

中国正处于并将长期处于社会主义初级阶段，现在达到的小康还是低水平的、不全面的、发展很不平衡的。而全面建成小康社会的难点在农村和西部地区，解决好农业、农村和农民问题是全党工作的重中之重。坚持从实际出发，尊重农民意愿，扎实稳步推进社会主义新农村建设是中国现代化进程中的重大历史任务。而农村文化建设是社会主义新农村建设的重要组成部分。党中央、国务院高度重视农村文化建设。2005 年 11 月 7 日，中共中央办公厅和国务院办公厅联合下发了《关于进一步加强农村文化建设的意见》，对中国农村文化建设作出了全面的部署。近几年尤其是党的十六大以来，党和政府高度重视农村文化建设，采取了一系列政策措施，农村文化建设呈现出良好的发展局面。但同时也应看到，农村文化建设与社会主义新农村建设、农村经济社会的协调发展、农民群众的精神文化需求等不相适应的现象，仍然比较突出。2011 年 10 月中国共产党第十七届六中全会通过《中共中央关于深化文化体制改革推动社会主义文化大发展大繁荣若干重大问题的决定》，提出了“建设社会主义文化强国”的战略目标。党的十八大报告指出：坚持面向基层、服务群众，加快推进重点文化惠民工程，加大对农村和欠发达地区文化建设的帮扶力度，继续推动公共文化服务设施向社会免费开放。这就给农村文化的大发展大繁荣带来了难得的机遇。因此，加深对农村文化建设的研究，无疑是一项十分重要的工作。在中国，农村地域广袤，虽然城市人口首次超过农村人口，但农村人口仍占很大比例，农村文化是目前中国社会主义文化建设最薄弱的地方和环节，文化建设的重点和难点在农村，文化强国目标能否实现在很大程度上取决于农村文化建设的成败。甚至可以说，没有农村文化的大发展大繁荣，就没有整个中国特色社会主义文化的大发展大繁荣。

从马克思、恩格斯、列宁、毛泽东的视野中了解和把握农村文化建设理论，有助于理解中国农村文化建设与社会主义新农村建设之间的逻辑关系。农村文化建设之所以在农村经济建设中具有重要的作用，首先是因为像其他一切经济主体一样，农村经济主体在经济活动中既理性地追求利益最大化，又受社会文化条件的约束；农村文化建设具有为农村经济发展提供精神动力的社会功能。

“天人合一”既是传统中国哲学的基本命题，又是中国传统理想性文化的核心；作为非市场经济文化的一种类型，计划经济时代的中国农村文化既成功地瓦解了自然经济条件下中国农村社会文化的根基，把小文化传统成功地驱逐出中国农村的文化市场，同时又把自然经济条件下中国农村文化的基本特征发挥到极致，把理想性文化与实用性文化推向了绝对合一的状态；在当前中国农村社会文化创造性转化的过程中，既存在市场经济条件下新的文化的一般特征，又呈现出文化创造性转化的内在矛盾性。

中国新农村文化建设是一个综合性的系统工程，首先必须明确其目标、方针与原则、基本规律和价值追求。完善基础设施，提高公共文化服务水平；建立健全农村文化建设的长效机制；提高农民素质和农村文明程度。必须遵循阶段性与长期性相统一的规律；传承与创新相统一的规律；服务性与产业化相统一的规律。社会主义新农村文化建设的价值追求，总的来说，就是建设社会主义新农村，培养社会主义新型农民，培育社会主义新风尚，促进社会主义新农村的整体和谐发展。

围绕当前农村文化建设面临的当代困境，深入总结了新时期中国农村文化建设的现状，在肯定成绩的同时，以城乡二元结构为基本制度背景，指出农村文化主体缺失、特色文化资源流失等当代困境，分析了农村文化投入机制、管理机制、交流与融合机制、保障机制等方面的障碍。最后针对中国农村文化建设中的当代困境，提出农村文化的知识与价值系统、文化保障系统、文化管理系统、文化动力系统建构的对策和路径。

目　录
CONTENTS

导　论

一、问题的提出和意义

在理论上深化对农村文化建设的研究，在实践中大力推进农村文化建设，既有深刻的国际和国内背景，又是我国经济社会发展进入新的历史阶段的必然要求。

就国际宏观背景而言，和平、发展、合作已成为当今时代的潮流，世界政治力量对比有利于保持国际环境的总体稳定，经济全球化趋势深入发展，科技进步日新月异，生产要素流动和产业转移加快，中国与世界经济的相互联系和影响日益加深，国内国际两个市场、两种资源相互补充。全球化不仅导致世界各地经济活动相互依赖，特别是资本超越民族国家界限在各国各地区之间相互流动，而且也导致世界各国各地区超越自然地理限制进行文化方面的自由交流。在全球化背景下，无论你生活在城市还是在农村，所谓本地的生活很可能就是全球的生活。全球化所推动的时空距离的压缩，逐渐把包括城市和农村在内的世界各地的居民推向同一个舞台。在全球化背景下，当今世界激烈的综合国力竞争，不仅包括经济实力、科技实力、国防实力等方面硬实力的较量，也包括文化软实力的竞争。当历史进入 21 世纪的时候，文化与经济已经密不可分。整个社会的经济形态已经发生根本性的转变：千百年来传统的以物质产品的生产、流通、消费为基本特征的物质型经济，将逐步向现代化的以信息产品的生产、交流、利用和消费为主导特征的文化型经济转变。文化越来越成为一个国家综合国力的重要组成部分，文化的交流和传播越来越成为各国相互关系的重要内容，文化的矛盾和冲突也越来越成为国际竞争和国际冲突的一个方面。一个国家强大与否，既取决于经济、科技、军事等硬实力，同时也取决于文化软实力。世界多极化、经济全球化的深入发展，引起世界各种思想文化，包括历史的和现实的、外来的和本土的，展开相互激荡和碰撞，既有吸纳又有排斥，既有融合又有斗争。许多国家都把文化的建设和发展摆在非常重要的位置。总体上处于弱势地位的广大发展中国家，不仅在经济发展上面临严峻挑战，在文化发展上也同样面临严峻挑战。在这种情况下，我们不仅要发展生产力，在经济上提高自己的竞争能力，而且要大力发展先进的文化，巩固自己的文化阵地，保持和发展本民族文化的优良传统，大力弘扬民族文化精神，积极吸取世界其他的优秀文化成果，实现文化的与时俱进，增强我国文化在世界上的竞争力，这是关系到我国的前途和命运以及民族振兴的重大问题。农村文化建设是社会主义先进文化建设的重要组成部分和基础，对于实现农村物质文明、政治文明、精神文明、社会文明协调发展，对于我国应对全球化背景下的国际文化挑战和冲突，参与国际文化竞争，具有重要的战略意义。

就国内宏观背景而言，中国正处于并将长期处于社会主义初级阶段，现在达到的小康还是低水平的、不全面的、发展很不平衡的。一方面，中国经济社会发展进入新阶段，居民消费结构逐步升级，产业结构调整和城镇化进程加快；劳动力资源丰富，国民储蓄率较高，基础设施不断完善，科技教育具有良好基础；社会主义市场经济体制逐步完善，社会政治保持长期稳定。另一方面，中国在前进道路上还面临不少困难和问题。生产力还不发达，城乡区域发展不平衡；粗放型经济发展方式没有根本转变，经济结构不够合理，自主创新能力不强，经济社会发展与资源环境的矛盾日益突出；解决“三农”问题的任务非常艰巨；就业压力仍然较大，收入分配中的矛盾加剧；影响发展的体制机制问题亟待解决，处理好社会利益关系的难度加大。因此，巩固和提高目前达到的小康水平，还需要进行长时期的艰苦奋斗。

全面建设小康社会的难点在农村和西部地区，解决好农业、农村和农民问题是全党工作的重中之重。统筹城乡区域发展，实行工业反哺农业、城市支持农村，推进社会主义新农村建设，直接关系到社会主义现代化建设、构建社会主义和谐社会的全局。坚持从实际出发，尊重农民意愿，扎实稳步推进社会主义新农村建设是中国现代化进程中的重大历史任务。而农村文化建设是社会主义新农村建设的重要组成部分。党中央、国务院高度重视农村文化建设。中国共产党十六届五中全会通过的《中共中央关于制定国民经济和社会发展第十一个五年规划的建议》，明确今后 5 年要按照“生产发展、生活宽裕、乡风文明、村容整洁、管理民主”的要求，扎实稳步推进新农村建设。2005 年 11 月 7 日，中共中央办公厅和国务院办公厅联合下发了《关于进一步加强农村文化建设的意见》，对中国农村文化建设做出了全面的部署。2006 年中央 1 号文件《中共中央国务院关于推进社会主义新农村建设的若干意见》，也对推进农村文化建设、繁荣农村文化事业提出了明确要求。《国家“十一五”时期文化发展规划纲要》提出要增加政府投入，调整资源配置，加大文化资源向农村的倾斜，着力推进农村文化建设重点工程，建立农村文化建设的长效机制，以切实加强农村文化建设。

2015年2月，中共中央办公厅、国务院办公厅印发了《国家“十三五”时期文化改革发展规划纲要》，提出要扩大文化消费，增加文化消费总量，提高文化消费水平。2007年10月党的十七大报告首次把“大发展大繁荣”作为社会主义文化建设的任务和目标。这是在贯彻和落实科学发展观背景下，中国共产党对社会主义文化建设的地位和作用的重新认识和定位。党的十七大报告从“文化越来越成为民族凝聚力和创造力的重要源泉”“越来越成为综合国力竞争的重要因素”“丰富精神文化生活越来越成为我国人民的热切愿望”等几方面，阐述了在实现科学发展、促进社会和谐进程中，推进社会主义文化大发展大繁荣的重要性和必要性，强调“在时代的高起点上推动文化内容形式、体制机制、传播手段创新，解放和发展文化生产力，是繁荣文化的必由之路”。这就为推进农村文化建设，实现农村文化的大发展大繁荣提供了重要机遇。党的十八大报告提出，要深入实施广播电视村村通、社区和乡镇综合文化站、文化信息资源共享、农村电影放映、农家书屋等重点文化惠民工程，加大对农村和欠发达地区文化建设的帮扶力度，完善公共文化服务设施向社会免费开放服务，努力做到广覆盖、高水平、重实效，让人民广泛享有免费或优惠的基本公共文化服务。近几年尤其是党的十八大以来，党和政府高度重视农村文化建设，采取了一系列政策措施，着力推进农村重点文化工程建设，组织开展形式多样的农村文化活动，积极培育农村文化市场，广泛开展文化科技卫生“三下乡”活动，农民群众的精神文化生活得到改善，农村文化建设呈现出良好的发展局面。但同时也应看到，农村文化建设与新农村建设、农村经济社会的协调发展、农民群众的精神文化需求等不相适应的现象，仍然比较突出。因此，必须采取有效措施，以使这种状况得到切实改变。

2005 年以来，我国坚持以邓小平理论、“三个代表”重要思想和科学发展观为指导，深入贯彻落实习近平总书记系列重要讲话精神，大力发展社会主义先进文化，积极有效地推进新农村文化建设。在党和政府的重视和领导下，在各级文化部门的努力下，我国农村文化建设取得了重大进展，呈现出不断上升的良好发展态势。文化体制改革稳步推进，农村文化发展环境得到改善，有力地促进了农村经济社会的协调发展，丰富了农民群众的精神文化生活，提高了农民群众的综合素质和农村社会的文明程度，为和谐社会的构建和现代化的实现奠定了良好基础。但是，从实施文化强国战略，全面建设小康社会和建设社会主义新农村等角度看，我国农村文化发展与经济社会发展不平衡的问题还比较突出，主要表现在以下几个方面：

第一，认识上的偏差制约农村文化建设。目前，对文化建设还存在认识上的一些错误。例如，“附属论”：片面理解经济对意识形态的决定作用和文化建设对经济建设的服务作用；“靠后论”：主张经济上去了，农民生活富裕了再去搞文化建设；“代价论”或“牺牲论”：认为牺牲文化建设是加快发展农村经济所必须付出的一种代价。这些错误认识严重危害了农村精神文明事业。

第二，投入不足，基础设施建设滞后。近年来，我国农村文化建设的经费投入虽然每年都在增加，但与农村文化建设实际需求仍有一定距离。基础设施陈旧依然不同程度地存在，无法适应农村文化建设的需要。

第三，农村文化发展水平不平衡。目前，我国农村文化发展水平还很不平衡，主要表现在三个方面：一是地区间的不平衡，内陆山区明显滞后于沿海经济发达地区；二是城乡间的不平衡，与城市相比，农村缺乏必需的文化基础设施和基本条件，资金投入明显滞后于城市，在文化阵地建设上，城乡差别也很大；三是与农村经济发展水平、农民物质生活水平相比，农村文化建设也明显滞后。

第四，农村公共文化队伍配备不足且整体素质偏低，农村公共文化服务能力受到削弱。一是农村公共文化队伍配备不足。目前，我国农村乡镇文化站的文化管理人员的缺编比例和兼职比例普遍较高，专职文化管理人员数量上的缺乏，导致农村公共文化服务能力的弱化。凡建有村文化活动中心或文化活动室的行政村，除了有一位村干部负责此项工作外，普遍缺乏负责文化活动室日常工作的专职文化管理员。二是农村公共文化队伍整体素质偏低。农村公共文化队伍学历低、职称低现象较为普遍。

第五，农民业余文化队伍数量较少，活动不多，农村文化建设的成效受到影响。例如，经济发达的浙江省 35 061 个建制行政村中，业余文体队伍仅有 24 667 支，每村平均拥有农民文化团队数仅为 0. 7 支。

第六，农村文化管理不科学。当前，我国农村文化建设存在不同程度的设施利用率较低、制度不够健全、保障不力的问题。主要表现在：一是农村文化基础设施利用率不高。文化基础设施的空间布局不合理，某些文化设施或资源与农民群众的真正需求彼此脱节，乡镇文化站工作人员的文化权利意识和文化服务意识较为缺乏。二是财政投入制度不健全。某项调查结果显示，政府对农村文化事业的投入状况，主要取决于党政主要领导的个人意识和注意力，具有很大的随意性。不少地方就存在农村文化建设经费时而增加时而减少、时而增幅很大时而又增幅很小的现象，反映出我国农村文化建设的政府投入制度缺乏足够刚性、规范性和持续性。三是政绩考核制度不健全。

在体现科学发展观的政绩评价体系尚未建立，以及基层民主政治发展较滞后的背景下，农村文化建设在各地各级党委政府的政绩考核评价体系中缺位或分值比重偏低，这是很普遍的现象。

二、学术研究现状

中国对于农村文化建设的研究，从资料和文献来看，主要有两个研究方向。一个是注重把文化理解为精神教化，所以一直以来，人们都偏重于狭隘地理解文化建设本身，如农村基础教育、农村职业教育、文化扶贫、文化艺术下乡等，这是对文化建设含义的一种狭义理解。另一个是偏重于对农村文化资源开发的研究，而且主要偏重于农村文化旅游资源的开发。从形式、内容、目的和意义来看，农村文化建设研究的这两大主题对于农村社会发育、经济发展都具有积极的推动作用。但是，农村文化建设是一个巨大的系统工程，它需要通过农村文化建设达到农村社会、经济、生态全面进步、共同发展，至关重要的是农民素质的提升，而不仅仅是其中一个方面的进步，或者是农村社会建设、经济建设、生态建设各自独立、各行其是。因此，全面地、系统地、宏观地掌握农村文化建设并对此作出一定的研究，不但是需要的，而且是紧迫而必须的。

关于中国社会主义新农村文化建设问题的研究，出版的著作既有直接阐述的，也有间接论及的。主要有：白南生主编的《农民的需求与新农村建设》、杨发主编的《新农村文化建设读本》、朱有志、方向新主编的《农民关注的十大问题：湖南农村调查报告》、李小云等主编的《乡村文化与新农村建设》、聂华林等编著的《中国西部农村文化建设概论》、李红艳编著的《新农村：帮你经营乡村文化——实践派文化专家新主张》、韩永进编著的《新的文化自觉》、方亮编著的《新农村文化建设与管理》、陈文珍、叶志勇编著的《社会主义新农村文化构建》、叶敬忠的《农民视角的新农村建设》、何频的《现代区域经济发展中的文化生产力》、高占祥主编的《论村落文化》、郭晓君的《中国农村文化建设论》、肖剑忠的《农村文化建设：调查与思考》等。上述成果对农村精神文化、农村政治文化以及农村移风易俗等问题，从不同角度进行了分析总结。这些成果对一些重要概念的界定、对涉及农村文化现实问题的分析判断和逻辑推理，以及所提供的大量数据和分析方法，对于新时期进一步开展新农村文化建设的探讨和研究，其作用是具有指导性的，且具有很强的启迪意义。国外也有一些学者间接论及中国农村文化问题，如［美］M. 罗吉斯的《乡村社会变迁》、［美］明恩溥的《中国人的素质》、［法］孟德拉斯的《农民的终结》、［美］黄宗智的《华北的小农经济与社会变迁》、［美］杜赞奇的《文化、权力与国家》等。

从发表的期刊论文看，国内学术界对社会主义新农村文化建设问题的研究有一定的规律可循，基本上集中于几个大的方向，鉴于其研究的便利性，也便成了当前研究的重点和热点问题，主要集中在新农村文化建设的重要性和必要性，新农村文化建设中存在的问题及其原因，新农村文化建设的思路、对策建议等三个方面。

从总体上来说，当前国内学术界高度重视对中国社会主义新农村文化建设这一问题的研究，各省和地区也设立了不少社科基金研究项目，并作为新农村建设中研究的重点问题和重要研究领域，尤其是新农村建设的示范基地。同时也引起了各个省、市、县、村文化站的积极关注，对这方面的研究探讨也呈现不断增加的趋势，领域也愈加宽广。对这一问题的研究取得的成效，具体表现在：

第一，从研究的内容来看，大部分专家学者都注意到了，农村文化建设既关系到我国和谐社会和全面建设小康社会的大局，也涉及我国文化建设的整体，不仅关系到新农村建设的成败，也关系到农民科学文化素质和思想道德水平的高低，对我国农业的发展和农村经济建设也有着举足轻重的作用。对新农村文化建设中存在的问题及其原因的探讨，多数学者都注意到了新农村文化建设中存在的问题不仅有国家政策和投入的问题，也有当前我国文化体制的问题，还有农村落后文化以及落后经济状况的制约，更有认识上的、组织上的以及制度上的问题。对存在问题的原因的探讨方面，分别从不同的角度、不同的层面进行了分析，不仅有客观方面的原因也涉及了主观方面的原因，不但有整体性的原因，还有局部地区的特殊原因等。关于如何加强和完善社会主义新农村文化建设的探讨是当前最热门的研究方向，也是研究比较彻底和完善的，基本上针对存在的问题以及存在问题的原因进行了全方位的研究，针对不同的问题给出了不同层次和角度的制度和对策建议，提供了新农村文化建设的整体思路，探索出了一条系统化的路径建设。

第二，从研究的视角来看，既有针对新农村文化建设整体的宏观研究，也有针对文化建设中某一方面的问题的微观研究；既有针对新农村文化建设大局的全局性研究，也有针对具体问题开展的具体研究；既有全国性的整体概括，也有针对特定个别地区的个案研究。

关于中国特色社会主义新农村文化建设课题的研究，目前尚需深入研究的问题主要有：第一，农村反文化现象研究有待扩展。反文化现象在各地都比较普遍。与此相适应的还有农民的心理（文化心理和政治心理）研究，也应该加强。第二，新农村文化建设的微观领域策略研究。无论是新农村政治文化建设还是网络文化建设以及和谐文化、先进文化等领域，无论是从新农村文化建设的具体内容还是体制机制建设，从对策与策略的角度看，都还有广阔的研究空间。第三，新农村文化建设对农村基层政治制度改革的支撑作用研究还有待深入。目前已经有理论工作者开始探索新农村文化建设对管理民主和基层政治改革的深层意义，当然，这方面研究的深度及实证分析还有待加强。

毋庸置疑，农村文化建设需要提到中国特色社会主义文化建设的重要位置上。目前，农村文化建设对于提高农村社会主义精神文明建设的整体水平、建设社会主义新农村，加快中国改革开放和现代化建设进程、构建社会主义和谐社会、全面建成小康社会有着极其重要的作用。改革开放四十年来，农村的经济面貌虽发生了根本性的变化，但一个突出的问题是，农村的文化建设滞后于经济的发展，并已逐渐成为制约农村经济持续发展的重要因素。从长远看，农村文化建设的相对落后必将成为我国农业现代化发展的巨大障碍，成为制约和影响农村社会全面繁荣和谐的障碍。因此，切实加强农村文化建设是实现我国到建党一百周年时全面建成小康社会目标，促进农村经济、政治、社会全面发展，加快中国现代化进程的一项重要而紧迫的任务。

三、研究的基本思路与主要内容

本课题研究以《关于进一步加强农村文化建设的意见》《关于进一步加强新形势下农村精神文明建设工作的意见》《中共中央关于深化文化体制改革推动社会主义文化大发展大繁荣若干重大问题的决定》为依据，以科学发展观为统领，全面贯彻党的十八大和十八届三中、四中、五中、六中全会精神以及习近平总书记系列重要讲话精神，以社会主义和谐社会的构建为宏观背景，以社会主义新农村建设为微观背景，着眼于马克思主义文化理论的运用，着眼于对中国特色社会主义新农村文化建设中重大现实问题的理论思考，遵循理论与实践相结合的原则，从哲学、文化学、社会学、经济学、政治学等多学科的视角，探讨中国特色社会主义新农村文化建设中的一系列基本问题，回顾和总结改革开放以来尤其是党的十六大以来农村文化建设的历程、经验，从中提炼出具有普遍意义的规律，并力求客观地分析当前中国农村文化建设中存在的问题和矛盾及其成因，在此基础上就如何进一步加快推进农村文化建设提出对策性的思路，试图构建一个关于中国特色社会主义新农村文化建设的理论框架。

第一，研究新农村文化建设，必须将它置于社会主义新农村建设的现实背景下，这就必然要求从理论上梳理中国农村文化建设的理论基础，阐明农村文化建设与社会主义新农村建设的逻辑关系，在此基础上分析农村文化建设在社会主义新农村建设中的地位和作用；第二，从历史的维度（传统农村社会、计划经济时代、市场化改革时期）深入探讨中国农村文化的结构体系和一般特征，科学预见农村文化发展的必然趋势；第三，对中国特色社会主义新农村文化建设的意义、目标、方针与原则、内容、驱动力等方面作了理论上的高度抽象和概括；第四，力求客观地分析当前中国新农村文化建设的现实状况、面临的当代困境及其成因；第五，从宏观和微观两个方面，建构一条中国新农村文化建设的现实路径。

四、研究的方法、主要创新点

研究方法：其一，历史与逻辑相统一的方法。恩格斯曾指出："逻辑的方式是唯一适用的方式。但是，实际上这种方式无非是历史的方式，不过摆脱了历史的形式以及起扰乱作用的偶然性而已，历史从哪里开始，思想进程也应当从哪里开始，而思想进程的进一步发展不过是历史过程在抽象的、理论上前后一贯的形式上的反映。"[1]这就是说，历史是逻辑的客观基础，逻辑是历史的理论概括。在对农村文化理论与实践做法的阐释中，既要遵循历史的方法，阐明中国农村文化一般特征的历史演变轨迹；又要依照历史逻辑的基本脉络，阐明中国农村文化建设取得的成就和存在的主要问题，构建中国特色社会主义新农村文化建设理论体系的基本构架。其二，理论与实践相统一的方法。首先从理论上系统地论述了文化的多维内涵及其社会功能、中国农村文化的结构体系和一般特征、农村公共文化服务体系建设、农村社会主义核心价值体系建设、新型农民培育、农民自办文化、新农村文化建设的路径选择等问题，同时也将实践的做法贯穿其中，特别是在新农村公共文化服务体系的构建、农民自办文化发展的路径等内容中，更侧重于理论向实践的转化，以实现农村文化的实践宗旨。其三，系统分析方法。系统分析方法是运用系统的观点，从事物整体性出发，通过分析事物内部结构及其相互关系，最后求得优化的整体目标效应的一种思想和方法。农村文化建设是一个宏大的系统工程，本身内含系统的原理，在对农村文化进行系统研究的过程中，应自觉地把系统的思想与方法同现代科技手段结合起来，把农村文化建设这一系统工程看作是由相互作用、相互依赖的若干组成部分（要素）构成的，具有特定结构和功能的、并从属于更大系统（环境）的有机整体来综合研究，避免孤立、片面地看

〔1〕《马克思恩格斯选集》第2卷，人民出版社1995年版，第43页。

待农村文化及其相关问题。

主要创新点：其一，重点探讨了中国农村文化的结构体系和一般特征、农村文化建设的现实路径等问题，深化了对这些问题的理性认识。其二，运用系统论的基本原理，对新农村文化建设中的一系列重大关系进行了理论论证，深化了对这些问题的认识。例如，阐述新农村文化建设（系统要素）与社会主义新农村建设（大系统）之间、农村文化建设（系统要素）与农村经济建设（系统要素）之间逻辑关系时就是如此，避免了孤立、片面地看待农村文化及其相关问题，这样也就为寻求解决农村文化建设中存在问题的办法开阔了视野。其三，侧重于应用对策研究，宏观对策与微观路径交相辉映，深化了对农村文化建设的对策研究。其四，观点创新。在农村文化建设面临的当代困境及其对策探讨上，提出了“农民是新农村文化建设的主体”“城乡二元社会体制是新农村文化建设的制度障碍”“农村文化保障系统是新农村文化建设顺利进行的基础和前提”等新论断。

五、重要概念的界定

研究“中国社会主义新农村文化建设”问题，首先涉及对“文化”概念的理解和界定。文化的定义首先是由英国人类学家泰勒提出来的，他在《原始文化》“关于文化的科学”一章中指出：“文化或文明，就其广泛的民族学意义来讲，是一复合整体，包括知识、信仰、艺术、道德、法律、习俗以及作为一个社会成员的人所习得的其他一切能力和习惯。”[1]在泰勒看来，所谓文化，是人后天获得的广义生活方式的总和，而非天赋本

---

〔1〕［英］爱德华·泰勒：《文化的起源》，引自陆扬、王毅：《文化研究导论》，复旦大学出版社2006年版，第6页。

能的东西，同时也含有精神、理念和价值。但是自泰勒提出这个概念之后，一直到现在仍然没有取得完全统一的认识。

（一）多维视角下的文化定义

1. 文化是一种活生生的有机体

著名历史学家斯宾格勒在《西方的没落》一书中用诗化的语言描述了文化的兴衰生灭："我看到的是一群伟大文化组成的戏剧，其中每一种文化都以原始的力量从它的土生土壤中勃兴出来，都在它的整个生活期中坚实地和那土生土壤联系着；每一种文化都把自己的影像印在它的材料，即它的人类身上；每种文化都有自己的观念，自己的情欲，自己的生活、愿望和感情，自己的死亡。这里是丰富多彩，闪耀着光辉，充盈着运动的，但理智的眼睛至今尚未发现过它们。在这里，民族、文化、语言、真理、神氏、风光等，有如橡树和石松、花朵、枝条与树叶，从盛开又到衰老。但是没有衰老的'人类'。每种文化都有它的自我表现的新的可能，从发生到成熟，再到衰弱，永不复返。"〔1〕虽然，斯宾格勒这些诗化的语言，不是对文化理性和精确的界定，但是这段话却是对文化作为生命有机体的生动描述。在斯宾格勒看来，人类精神一旦变成成熟的、给定的文化形态，就成为僵化的东西。人类学家格尔茨实际上也持这种观点，他把文化看作是一种生活方式，这种生活方式包含着价值观、习俗、象征、体制及人际关系等。格尔茨特别强调了要理解文化，必须对其进行深描。他在《文化的解释》中指出，光看表象（比如说两个相似的行为动作），实际上并不能揭示出文化的本质，只有进行深描，返回到事物的"深厚意蕴"，才能揭

〔1〕［德］斯宾格勒：《西方的没落》，商务印书馆 1995 年版，第 39 页。

示出事物的本来面目。[1]

2. 文化是人类文明的总和

这种定义认为文化和文明两者是同义词。美国学者C. 恩伯和M. 恩伯则认为，文化就是生活中数不清的各方各面。文化包含了后天获得的，作为一个特定社会或民族所特有的一切行为、观念和态度。我们每个人诞生于某种复杂的文化之中，它将对我们往后一生的生活和行为产生巨大的影响。梁漱溟在《东西文化及其哲学》中也曾把文化界定为“一个民族生活的种种方面”，其中主要包括三个层面：“一是精神生活方面，如宗教、哲学、科学、艺术等是。二是社会生活方面，我们对于周围的人——家族、朋友、社会、国家、世界——之间的生活方法都属于社会生活的一方面，如社会组织、伦理习惯、政治制度及经济关系是。三是物质生活方面，如饮食、起居种种享用，人类对于自然界求生存的各种是。”[2]德国人类学家蓝德曼曾经对人与动物的本质差别进行了大量的研究。他分析得出：猿猴与一般的动物在生物学构造方面都比人更加专门化。例如，动物的器官往往适应于特殊的生存环境和各种物种的需要，这种专门化的结果和范围也是动物的本能，规定了它在各种环境中的行为。而人的器官并不指向某一单一活动，而是原始的非专门化。例如，人的牙齿既非食草，也非食肉。因此，人在本能方面是贫乏的，自然并没有规定人该做什么和不该做什么。然而正是由于先天自然本能方面的缺陷，使他能够从自然生存链条中凸显出来，用后天的创造来弥补先天的不足。这种补偿人的

---

〔1〕［美］格尔茨：《文化的解释》，引自王铭铭：《西方人类学名著提要》，江西人民出版社2004年版，第23页。

〔2〕罗荣渠主编：《从“西化”到现代化》，北京大学出版社1990年版，第55~56页。

生物性之不足的活动，就构成了人的文化。因此，文化既超越自然，又补充着人的自然。“文化是人的第二天性。每一个人都必须首先进入这个文化，必须学习并吸收文化。”〔1〕

3. 文化是给定的和自在的行为规范体系

在这里主要是强调文化对人的生存的给定的规范作用。正是从这样的基点出发，学者们从不同角度，例如从宗教、信仰、给定的地方性知识储备、语言、艺术、仪式、习俗、原始意向、集体无意识等各方面，研究作为给定的和自在的行为规范体系的文化。美国学者菲利普·巴格比在《文化：历史的投影》中明确地强调文化的规定性特征：“我们应当期望言语化能表明它是某种规则，而这已被证明确实如此。现在可以用如下的话来完成我们的定义：‘文化’，就是‘社会成员的内在的和外在的行为规则，但是剔除那些在起始时已明显地属于遗传的行为规则’。”〔2〕

4. 文化是自觉的精神和价值观念体系

有学者特别强调语言化的自觉的精神内涵和价值内涵。这种观点对文化的理解主要是指知识、价值、观念、思想等精神性的存在。例如，塞缪尔·亨廷顿就持这种观点，他在《文化的重要作用》一书中提出：“‘文化’一词，在不同的学科中和不同的背景之下，自然有着多重的含义。它通常用来指一个社会的知识、音乐、艺术和文学作品，即社会的‘高文化’。有些人类学家，尤其是克利福物·格尔兹，强调文化具有‘深厚意蕴’，用它来指一个社会的全部生活方式，包括它的价值观、习俗、象征、体制及人际关系，等等。然而，在本书中，我们关心的是文

〔1〕［德］蓝德曼：《哲学人类学》，彭富春译，工人出版社1988年版，第223页。

〔2〕［美］巴格比：《文化：历史的投影》，夏克译，上海人民出版社1987年版，第99~100页。

化如何影响社会发展；文化若是无所不包，就什么也说明不了。因此，我们是从纯主观的角度界定文化的含义，指一个社会中的价值观、态度、信念、取向以及人们普遍持有的见解。”〔1〕

我国学者费孝通持这种观点。费孝通认为，面对21世纪我们应该有一种普遍的文化自觉，他在“文化自觉——传统与现代的接榫”一文中指出：“文化自觉……其意义在于生活在一定文化中的人对其文化有‘自知之明’，明白它的来历、形成的过程，所具有的特色和它的发展趋势，自知之明是为了加强对文化转型的自主能力，取得适应新环境、新时代文化选择的自主地位。”〔2〕

5. 文化是人的生活模式或生活方式

这里，最有影响的当属美国社会学家、人类学家本尼迪克特。他认为，文化人类学家往往偏重于具体文化特质的研究，但实际上，文化在本质上是趋于整合的，各种文化特质形成一种具有内在统一精神和价值取向的文化模式，这种文化模式把每一个体的行为包含于文化整体之中，赋予它们以意义。依据这种理论，本尼迪克特对许多民族的文化模式进行了分析，其中最有影响的，一是在《文化模式》中以北美印第安人为范本所进行的关于日神型文化模式和酒神型文化模式的分析；二是在《菊与刀》中对日本和欧美比较而进行的耻辱感文化模式和罪恶感文化模式的分析。特别是后者，直接成为美国二战后对日政策的范本，并在政策实践的过程中获得了空前的成功。

综上所述，虽然说文化的定义没有取得统一，但是自泰勒

---

〔1〕［美］亨廷顿：《文化的重要作用》，程克雄译，新华出版社2002年版，前言第3页。

〔2〕费孝通：《费孝通在2003：世纪学人遗稿》，中国社会科学出版社2005年版，第153页。

1871 年提出文化的概念至今，100 余年来，学者们对文化的概念还是取得了很大程度上的共识。这个共识着重体现在对文化的结构进行了区分，并把文化的概念概括为大文化、中文化与小文化三个层次。

第一个层次的文化是“大文化”，把文化看作是人类所创造的物质财富和精神财富的总和。这种文化的概念通常把文化的外延做了很大的延伸。按照这一概念，除了自然界自然产生的以外，所有的人类创造的物质和精神都可以被认为是文化的范畴。第二个层次是“中文化”，把文化界定为社会的制度和精神。第三个层次是“小文化”，仅指人的精神和心理因素。这也是一种比较广泛的文化概念的应用，把文化界定在价值观的范围内，认为文化是社会群体一致认可的关于是非、对错、美丑的判断标准的观念，及其对自己或其他群体的道德、伦理在真善美层次上的评估。当然，在现代文化研究语境中，文化还被看作是一种生活方式，从而将文化生产、文化消费、人类活动的公共性等要素同时纳入文化的视野。本文所涉及的文化指的是第二层次和第三层次的文化概念，即人类所创造的精神财富。

（二）农村文化概念的界定

农村是与城市对应的一个概念。中国的农村，指的是以农民为主体，以农、林、牧、副、渔业为根本，包括政治、经济、农耕、建筑、民俗、宗教、饮食、居家等诸要素在内的，由镇、乡、村、队组成的社会。文化，如前所述，是社会生活的有机组成部分，有广义和狭义之分。广义的文化是指人类所创造的物质和精神成果的总和；狭义的文化是指人类所创造的精神财富，包括宗教、信仰、风俗习惯、道德情操、学术思想、文学艺术、科学技术、各种制度等。

这里所研究的农村文化，是从狭义的文化角度理解的，指的是在一定的村落共同体中形成的以农村或农民为载体的有别于其他文化的一种特定文化。它是农民的文化水平、思想观念以及在漫长的农耕实践中形成并积淀下来的认知方式、思维方式、价值观念、情感状态、处世态度、生活理想、人生追求、社会动机等深层心理结构。它所表达的是农民的心灵世界、人格特点及其文明开化程度。农村文化具有传承性，一旦形成则通过社会化一代代传承下来，从而制约生活于其中的每一个人。农村文化又是动态演进的，随着历史时代、社会实践的变化而逐步发生变异。作为文化形态的一种，农村文化实际上也是一个由各种有机要素构成的复合型整体，包括四个层面。

1. 社会制度层面

该层面主要体现在社会制度、社会关系、社会结构等方面，是农村文化形成过程中起决定性作用的层面。有什么样的社会制度和社会结构，就会形成相应的社会关系，从而影响农村文化的整体特点。

2. 价值观念层面

该层面主要体现在农民的思想观念、价值观念、伦理道德、信仰状态等方面，是农村文化的核心层面。一个时期农民的群体价值观念，是农村文化最显著的特征；而个体价值观念经过积累，就会形成风俗习惯、社会心理等。

3. 科学水平层面

该层面主要体现为农业的科技水平和农民的知识水平，是农村文化的关键层面。科学技术是第一生产力，是促进生产力变革乃至文化变革的根本动力。不同时期农村文化之所以呈现出不同特征，就是因为科学技术发生了重要变革，直接影响到文化的发展。

4. 文化艺术层面

该层面主要体现为农村的文化艺术形态和农民的文化艺术活动，是农村文化的表现层面。农村文化是一个复杂的综合体，最终要通过农民的活动来体现。在我国农村中存在着丰富多彩的文化艺术活动，这些活动是农村文化的重要载体和表现形式。

（三）文化的社会功能

文化功能，是指文化作为社会系统中的一个要素在与社会其他要素以及社会整体相互作用中所表现出来的功用和效能。从人类社会发展的历史来看，文化的作用既表现在对社会发展的导向作用上，又表现在对社会的规范、调控作用上，还表现在对社会的凝聚作用和对社会经济发展的驱动作用上。[1]“人类社会每一次跃进，人类文明每一次升华，无不镌刻着文化进步的烙印。”[2]任何一个国家历史的变革、社会的进步，从来都离不开文化的引导与推动。

早在中国共产党的十六大报告中就已经指出：“当今世界，文化与经济和政治相互交融，在综合国力竞争中的地位和作用越来越突出。文化的力量，深深熔铸在民族的生命力、创造力和凝聚力之中。”[3]后来，胡锦涛对文化的当代作用进行了高度概括：“当今时代，文化越来越成为民族凝聚力和创造力的重要源泉，越来越成为综合国力竞争的重要因素，丰富精神文化生活越来越成为我国人民的热切愿望。”[4]这些论述，对于我们充

〔1〕顾伯平：“文化的作用”，载《光明日报》2005年3月2日。

〔2〕胡锦涛：“在中国文联第八次全国代表大会、中国作协第七次全国代表大会上的讲话”，载《人民日报》2006年11月11日。

〔3〕江泽民：“全面建设小康社会，开创中国特色社会主义事业新局面——在中国共产党第十六次全国代表大会上的报告”，载《人民日报》2002年11月17日。

〔4〕胡锦涛：“在中国共产党第十七次全国代表大会上的报告”，载《光明日报》2007年10月25日。

分认识文化的战略地位，意义重大。

马克思恩格斯在揭示文化本质的基础上，深刻论述了作为知识观念形态和生活观念形态的文化所具有的重要功能。

1. 文化具有对社会信息进行复制和交流的功能

文化的这一功能，能够使社会信息的传递突破时空的限制，超出个人直接经验的范围，把社会的过去、现在和未来，把直接经验和间接经验都联结在一起。恩格斯曾以自然科学为例对此做过说明："现代自然科学已经把一切思维内容都来源于经验这一命题以某种方式加以扩展，以致把这个命题的旧的形而上学的界限和表述完全抛弃了。由于它承认了获得性状的遗传，便把经验的主体从个体扩大到类；每一个体都必须亲自去经验，这不再是必要的了，个体的个别经验在某种程度上可以由个体的一系列祖先的经验的结果来代替。"〔1〕文化的这一功能，也使得社会文明成果能够在更大的范围内传播开来，从而对人类社会生产力的进步起到促进作用。

2. 文化具有对社会和人的活动进行调控的实践功能

在马克思恩格斯看来，实践功能是指文化具有调控社会和人的活动的功能。其一，文化能通过提高人们的道德情操和审美水平来改善人们的生活方式和生活状况。道德生活和审美生活构成了人们主要的社会生活方式，而社会生活方式的形成和进步又都是文化影响和作用的结果。因此，人们要想得到审美的享受，必须首先具有一定程度的文化修养和文化水平。马克思曾指出："要有多方面的享受，人必须有享受能力，即他必须是具有高度文明的人……"〔2〕其二，文化是人们摆脱愚昧、破除迷信的有力工具。人们只有在掌握现代科学知识的基础上，

〔1〕《马克思恩格斯选集》第4卷，人民出版社1995年版，第365页。

〔2〕《马克思恩格斯全集》第4卷，人民出版社1979年版，第392页。

才能具有大无畏的革命精神，才能敢于破除迷信，解放思想，实事求是，抛弃一切陈腐的观念。马克思一再强调："理论一经掌握群众，也会变成物质力量。"〔1〕其三，文化是人类社会历史变革的有力杠杆。文化之所以能成为社会变革的有力杠杆，是因为先进的文化要素对于社会的经济体制和政治体制等上层建筑和意识形态的确立和发展，能给予有力的推进，它是进步的政治和社会制度诞生的开路先锋，能够冲击和涤荡人们的旧思想和旧观念，促进新思想和新观念的形成和发展。马克思对此作了很好的注解："火药、指南针、印刷术——这是预告资产阶级社会到来的三大发明。火药把骑士阶层炸得粉碎，指南针打开了世界市场并建立了殖民地，而印刷术则变成新的工具，总的来说变成科学复兴的手段，变成对精神发展创造必要前提的最强大的杠杆。"〔2〕

3. 文化具有使人成为社会合格成员的教化功能

文化的教化功能是指文化通过知识体系、价值规范、思想信仰和行为方式影响人的行为，使人能够有效地适应社会环境和人际关系，成为社会的人。〔3〕马克思指出："要改变一般的人的本性，使他获得一定劳动部门的技能和技巧，成为发达的和专门的劳动力，就要有一定的教育或训练。"〔4〕

4. 文化具有形成民族归属感和社会认同感的凝聚功能

文化的凝聚功能是指文化具有形成社会共识、保持社会认同和促进社会统一的功能。在社会交往过程中，不同的文化背景和生活方式，会使不同的社会成员产生不同的民族归属感和

---

〔1〕《马克思恩格斯选集》第1卷，人民出版社1995年版，第9页。

〔2〕《马克思恩格斯全集》第47卷，人民出版社2004年版，第427页。

〔3〕 黄楠森等主编：《有中国特色社会主义文化研究》，山东人民出版社1999年版，第106页。

〔4〕《马克思恩格斯全集》第23卷，人民出版社1995年版，第195页。

社会认同感。马克思指出："认同自身的关系只有通过他同他人的关系，才成为对他来说是对象性的、现实的关系。"〔1〕一个民族也只有在与其他民族的比较中，才能充分认识到自身的民族性。不同民族的人们通过与不同文化的比较，确证自己不同的社会和民族归属，从而产生与其相应的社会和民族认同感。因此，在一定意义上，各民族的文化交往是形成民族凝聚力的主要途径之一。

马克思恩格斯关于文化的社会功能的经典论述，从理论上加深了我们对文化建设意义的认识和理解。

〔1〕《马克思恩格斯全集》第42卷，人民出版社1995年版，第99页。

第一章 中国新农村文化建设的理论基础

对于农村文化问题，马克思主义经典作家从不同侧面进行了相关阐述，并在相关文章中论述了他们对于中国文化的观点。中国共产党几代中央领导集体也高度重视农村文化建设问题，从毛泽东的革命文化思想、邓小平的改革文化思想、江泽民的先进文化思想到胡锦涛的和谐文化思想，既是对马克思主义文化观的继承，又是对马克思主义文化观的发展和创新。除此之外，还有梁漱溟和晏阳初的乡村建设思想、费孝通关于乡村社会的“差序格局”理论，这些思想和理论对于解决新时期的中国农村文化问题，无疑具有重要指导意义和现实价值。

第一节　马克思主义文化观的多维度解析

一、马克思主义经典作家的农村文化思想及中国文化观

（一）特别关注文化的人化本质

在许多文本论述中，马克思都提及文化一词。马克思在《1844年经济学哲学手稿》中提出，文化的人化本质和整体性特征，即“人的本质力量对象化”。在同一篇文章里，马克思还着重指出，“一个种的全部特性、种的类特性就在于生命活动的

性质，而自由的有意识的活动恰恰就是人的类特性。”〔1〕

在《资本论》中，马克思还提出“文化初期”的概念。他指出：“在文化初期，已经取得的劳动生产力很低，但是需要也很低……其次，在这个文化初期，社会上依靠别人劳动来生活的那部分人的数量，同直接生产者的数量相比，是微不足道的。”〔2〕在这里，“文化初期”是指文明程度较低的时期。在《哥达纲领批判》中，马克思指出，“一个除自己的劳动力以外没有任何其他财产的人，在任何社会的和文化的状态中，都不得不为另一些已经成了劳动的物质条件的所有者的人做奴隶。”〔3〕“如果他自己不劳动，他就是靠别人的劳动生活，而且也是靠别人的劳动获得自己的文化。”〔4〕显然，从马克思的相关论述来看，文化与人的劳动密切相关，这是与自然相对立的人类特有的创造性行为及其成果。另外，马克思还从文化与自然的比较中论述了城市工人比农村工人进步的原因。他指出：“如果说城市工人比农村工人发展，这只是由于他的劳动方式使他生活在社会之中，而土地耕种者的劳动方式则使他直接和自然打交道。”〔5〕不难看出，文化是人类劳动实践的经验总结，人类文化伴随人类实践在广度与深度上的拓展不断发生变化，积淀越来越深厚。

（二）肯定农村城市化对于农村文化发展的积极作用

在《政治经济学批判》中，马克思指出：“现在的历史是乡

---

〔1〕［德］马克思：《1844年经济学哲学手稿》，人民出版社2000年版，第57页。

〔2〕《马克思恩格斯全集》第23卷，人民出版社1972年版，第559页。

〔3〕《马克思恩格斯选集》第3卷，人民出版社1995年版，第2980页。

〔4〕《马克思恩格斯选集》第3卷，人民出版社1995年版，第299页。

〔5〕《马克思恩格斯全集》第26卷第2册，人民出版社1973年版，第260页。

村城市化，而不像在古代那样，是城市乡村化。”[1]马克思在这一论述中充分地肯定了人类社会发展的必然趋势是农村城市化。他指出：“城市的发展使人口密集起来，使得生产资料、生产过程以及产品的社会化。这些大城市聚集着社会的历史动力。”[2]这一历史动力的重要方面就是城市的文化吸引力。

马克思、恩格斯在《共产党宣言》中，集中论述了资本主义的历史进步性，并充分肯定了资本主义城市在城乡发展中的作用。他们强调指出：“资产阶级在它的不到一百年的阶级统治中所创造的生产力，比过去一切世代创造的全部生产力还要多，还要大”。[3]很显然，资本主义的迅速发展推动了城市化和工业化，促进了社会的历史性进步。所以，在《共产党宣言》中他们还提出：“资本主义使农村屈服于城市的统治。它创立了巨大的城市，使城市人口比农村人口大大增加起来，因而使很大一部分居民脱离了乡村生活的愚昧状态。正像它使农村从属于城市一样，它使未开化和半开化的国家从属于文明的国家，使农民的民族从属于资产阶级的民族，使东方从属于西方。”[4]这一论述中，马克思和恩格斯充分地肯定了资本主义城市在社会文明进步发展中的重要作用，其中蕴含着丰富的文化内涵。毋庸置疑，城市使很大一部分居民脱离了乡村生活的愚昧状态，未开化和半开化的国家逐步走向文明的国家。

（三）阐明城市和农村的不同文化特点

马克思、恩格斯首先从分工的不同分析了城乡分离和城乡差距产生的原因。他们指出：“某一民族内部的分工，首先引起

---

〔1〕《马克思恩格斯全集》第46卷，人民出版社1965年版，第238页。

〔2〕《马克思恩格斯全集》第46卷，人民出版社1965年版，第480页。

〔3〕《马克思恩格斯选集》第1卷，人民出版社1965年版，第276~277页。

〔4〕《马克思恩格斯选集》第1卷，人民出版社1965年版，第276~277页。

工商业劳动和农业劳动的分离，从而也引起城乡的分离和城乡利益的对立。”[1]在这里，马克思、恩格斯已经认识到分工本身在城市与农村分离中的巨大作用。与此同时，他们还指出：“城乡之间的对立是随着野蛮向文明的过渡、部落制度向国家的过渡、地方局限性向民族的过渡而开始的，它贯穿着全部文明的历史并一直延续到现在。”[2]这里马克思、恩格斯所提到的“野蛮向文明的过渡”，实际上是指由农村文化到城市文化的过渡，即体现为由城乡对立到城乡统一的过程。同时，他们还指出了城市和农村的不同特点，认为集中是城市的本质特征，而农村则是相反，指出：“城市本身表明了人口、生产工具、资本、享乐和需求的集中；而在乡村所看到的却是完全相反的情况：孤立和分散。”[3]从这段论述中我们不难发现，马克思、恩格斯利用城市的集中性与农村的孤立、分散性特点来说明农村城市化的必要性。

对于城市的集中性特点，恩格斯还进行了具体的阐述，他指出：“大工业企业需要许多工人在一个建筑物里共同劳动；这些工人必须住在附近，甚至在不大的工厂近旁，他们也会形成一个完整村镇。他们都有一定的需要，为了满足这些需要，还有其他的人，于是手工业者、裁缝、鞋匠、面包师、泥瓦匠、木匠都搬到这里来了……城市愈大，搬到这里来的人就愈有利，因为这里有铁路，有运河，有公路；可以挑选的熟练工人愈来愈多。”[4]城市的集中性，既推动了城市的繁荣，又把农耕文明从简陋的状态中解脱出来，城市化和工业化推动着社会向前发

[1]《马克思恩格斯全集》第1卷，人民出版社1965年版，第24~25页。
[2]《马克思恩格斯全集》第1卷，人民出版社1965年版，第56~57页。
[3]《马克思恩格斯全集》第23卷，人民出版社1965年版，第390页。
[4]《马克思恩格斯全集》第2卷，人民出版社1965年版，第300页。

展。作为社会的经济、政治和文化中心，城市的逐渐开放已经成为不可阻挡的历史趋势。因此，城市化和工业化也是引发农村文化变迁的重要因素。

（四）“亚细亚生产方式”是中国社会的文化基础

第一，马克思认为，封闭性的“亚细亚生产方式的社会”是中国封建社会的文化基础。“亚细亚生产方式”是马克思在1859年《政治经济学批判》序言中对其唯物史观进行概括时提出的概念。现在一般认为，亚细亚生产方式的显著特征表现为劳动密集型、效率偏低的传统农业。马克思在其著述中已明确指出，他以前的人类社会已经依次更替地经历了亚细亚的、古代的、封建的、资本主义的四种社会形态。在他看来，亚细亚生产方式是“土地所有制的第一种形式”。马克思指出，印度、中国、俄国都是从这种形式中发展起来的，使人惊讶的是这种生产方式导致了社会结构的超稳定性。所以，马克思把中国封建社会比喻为“小心保存在密闭棺木里的木乃伊”。东方社会结构中“不开化的人的利己性”就是由这种生产方式所引起的。马克思认为，农村公社的形式“过去在中国也是一种原始的形式”，正因为家族在传统中国社会的特殊地位，族权在乡村社会中的地位至关重要。家庭不仅仅是一个基本的社会单位，还具有经济的职能，随着家族伦理的不断发展，专制制度不断强化，在中国并没有真正形成私有制。正因为如此，马克思指出，有史以来的中国社会的性质，是亚细亚生产方式的社会。〔1〕

第二，农村的封闭性导致了人在精神上的保守性和自私性。马克思指出，传统农村社会的封闭性，使生活于其上的人群过着老鼠——田园式的生活，“只关心自己一身一家的私利，对任

〔1〕 邹广文：“马克思文化思想及其中国文化观”，载《河北学刊》2006年第7期。

何外界的风景都无动于衷”[1]。与此同时，马克思还认为，农村文化的封闭性阻碍了文化的交流和发展，“与外洋完全隔绝，这曾是保存旧中国的首要条件。”[2]“这个幅员广大的帝国，包含着有差不多三分之一的人类，它不管时事怎样变迁，还是处于停滞的状态，它受人藐视而被排斥于世界联系系统之外，因此它就自高自大地以天朝至善至美的幻想自欺。”[3]“当这种隔绝情形在英国强迫之下而归于消灭时，便必然要发生腐烂，正如保存在紧密封闭的棺材内的木乃伊一样，只要与外界的新鲜空气一接触，便一定要腐烂。”[4]正因为如此，马克思认为，只有打破旧有的封闭状态，促进社会的全面开放，才能促进商品经济的充分发展。

第三，中国的农民“是庄稼汉又兼工业生产者”[5]。关于中国的农村和农民，马克思认为，经济上自给自足的农民家庭占中国人口的绝大多数，单独的、互相孤立的细胞构成了单个的家庭。马克思认为，中国农村是落后的，节奏缓慢，生活简陋，并指出，中国农民“是庄稼汉又兼工业生产者”，过着“闭关自守与文明世界隔绝的状态”的生活，他们“和平怕事”“勤劳而节俭”。“一般说来是过着丰衣足食和心满意足的生活的……他们大部分拥有极有限的从皇帝那里得来的完全私有的土地，每年须缴纳一定的不算过高的税金；这些有利情况，再加上他们特别刻苦耐劳，就能充分供应他们衣食方面的简单需要。”[6]他们一面从事耕种，一面“生产一些有用的东西”，如纺纱织布。

---

〔1〕《马克思恩格斯论中国》，人民出版社 1963 年版，第 11 页。

〔2〕《马克思恩格斯论中国》，人民出版社 1963 年版，第 43 页。

〔3〕《马克思恩格斯论中国》，人民出版社 1963 年版，第 95 页。

〔4〕《马克思恩格斯论中国》，人民出版社 1963 年版，第 43 页。

〔5〕《马克思恩格斯选集》第 2 卷，人民出版社 1972 年版，第 60 页。

〔6〕《马克思恩格斯论中国》，人民出版社 1997 年版，第 107 页。

“中国人的习惯是这样节俭、这样因循守旧，甚至他们的穿的衣服都完全是以前他们祖先所穿过的。这就是说，他们除了必不可少的东西外，不论卖给他们的东西多么便宜，他们一概不需要。”〔1〕

第四，相对于中国封建文化的封闭性，马克思特别强调世界文化的开放性。马克思指出，精神生产正是因为世界市场的开辟也具有世界性，为此，马克思在《共产党宣言》中明确地做了如此表述：“资产阶级，由于开拓了世界市场，使一切国家的生产和消费都成为世界性的了。使反动派大为惋惜的是，资产阶级挖掉了工业脚下的民族基础……过去那种地方的和民族的自给自足和闭关自守状态，被各民族的各方面的互相往来和各方面的互相依赖所代替了，物质的生产是如此，精神的生产也是如此……它迫使一切民族……如果它们不想灭亡的话……采用资产阶级的生产方式”〔2〕，“它使未开化和半开化的国家从属于文明的国家，使农民的民族从属于资产阶级的民族，使东方从属于西方。”〔3〕马克思还认为“各民族的精神产品成了公共的财产。民族的片面性和局限性日益成为不可能，于是由许多种民族的和地方的文学形成了一种世界的文学。”〔4〕显然，这种“世界的文学”无疑是“世界文化”的一种指称，开放性成为世界文化的共性，打破民族文化的片面性和局限性成为大势所趋。

二、中国共产党的农村文化建设思想

对于文化建设，中国共产党从成立开始就非常重视，并且

〔1〕《马克思恩格斯论中国》，人民出版社 1997 年版，第 105~106 页。

〔2〕《马克思恩格斯选集》第 1 卷，人民出版社 1995 年版，第 276 页。

〔3〕《马克思恩格斯选集》第 1 卷，人民出版社 1995 年版，第 277 页。

〔4〕《马克思恩格斯选集》第 1 卷，人民出版社 1995 年版，第 88 页。

一以贯之地坚持马克思主义的指导地位，不断同各种错误的思想文化作坚决斗争。在以农村为中心的特殊革命斗争背景下，以农民为主体的革命队伍建设，以无产阶级思想为指导，并与各种非无产阶级思想相互交织的复杂文化斗争环境，使中国共产党的思想文化牢固建立在农村社会基础上。追溯中国共产党的文化发展史，不难发现，从革命文化到改革文化、先进文化、和谐文化，建设历程虽艰难而曲折，但却积累了非常丰富的文化建设经验。这些经验归结到一点就是，中国共产党始终最坚定地代表了“五四”以来先进文化的发展方向，逐步将“一个被旧文化统治因而愚昧落后的中国，变为一个被新文化统治因而文明先进的中国。”〔1〕“五四”运动及其以后的新文化运动的重心逐步由城市转向农村，开始了中国共产党领导下的中国农村文化建设的光辉历程。

（一）毛泽东的农村文化思想

中国传统文化的精华被毛泽东所吸收，在特殊的革命战争环境中，他把马克思主义理论与中国实践相结合，继承和发展了马克思主义文化观，形成了独特的革命文化思想。

第一，提出并阐述了新民主主义文化的内涵。基于近代中国半殖民地、半封建社会的国情，毛泽东明确指出，新民主主义文化“只能由无产阶级的文化思想即共产主义思想去领导，任何别的阶级的文化思想都是不能领导了的。所谓新民主主义的文化，一句话，就是无产阶级领导的人民大众的反帝反封建的文化。”〔2〕为此，毛泽东提出了反帝反封的革命文化任务。

第二，高度重视农村文化建设，特别强调农民在农村文化建设中的主体地位和教育农民的重要性。毛泽东在他的著述中早

〔1〕《毛泽东选集》第2卷，人民出版社1991年版，第663页。
〔2〕《毛泽东选集》第2卷，人民出版社1991年版，第698页。

就指出，“重要的问题是教育农民”，“对于农村的阵地，社会主义不去占领，资本主义就必然会去占领。”[1]“不断地用社会主义的思想教育农民，不断地提高农民群众的政治觉悟和爱国热情，这应当是我们一项经常工作。”[2]毛泽东还强调农民进行自我教育的重要性。他在《湖南农民运动考察报告》中指出：“菩萨是农民立起来的，到了一定时期农民会用他们自己的双手丢开这些菩萨，无须旁人过早地代庖丢菩萨。”“菩萨要农民自己去丢，烈女祠、节孝坊要农民自己去摧毁，别人代庖是不对的。”[3]在《新民主主义论》中，毛泽东把大众文化与农民文化摆在同等重要的位置，指出：“大众文化，实质上就是提高农民文化。”[4]另外，毛泽东在《论联合政府》的报告中明确指出：“农民——这是现阶段中国文化运动的主要对象。”[5]很显然，贯穿于毛泽东这些论述中的一个中心思想，那就是，农村文化建设的主体是农民，农民的主体作用得到充分发挥，农村文化才能建设好。

第三，农村文化建设必须符合农村和农民的实际。1944 年 10 月，在陕甘宁边区文教工作会议上，毛泽东作了《文化工作中的统一战线》的讲演，指出：“我们的文化是人民的文化，文化工作者必须有为人民服务的高度的热忱，必须联系群众，而不要脱离群众。要联系群众，就要按照群众的需要和自愿。一切为群众的工作都要从群众的需要出发，而不是从任何良好的个人愿望出发。”[6]不难看出，毛泽东非常重视文化工作的人民

〔1〕《毛泽东选集》第 5 卷，中国青年出版社 1977 年版，第 117 页。
〔2〕《毛泽东文集》第 7 卷，人民出版社 1999 年版，第 236 页。
〔3〕《毛泽东选集》第 1 卷，人民出版社 1991 年版，第 33 页。
〔4〕《毛泽东选集》第 2 卷，人民出版社 1991 年版，第 692 页。
〔5〕《毛泽东选集》第 3 卷，人民出版社 1991 年版，第 1078 页。
〔6〕《毛泽东选集》第 3 卷，人民出版社 1991 年版，第 1012 页。

性，文化工作必须以群众的根本利益、满足群众的需要和自愿为出发点和落脚点。1945 年 4 月，毛泽东在党的七大上所作《论联合政府》的报告中指出：“解放区的文化工作者和教育工作者在推进他们的工作时，应当根据目前的农村特点，根据农村人民的需要和自愿的原则，采用适宜的内容和形式。”[1]从这里可以看出，毛泽东高度重视农民在农村文化建设中的主体地位，强调指出只有根据农民群众的实际需要进行农村文化建设才有实际意义。因此，毛泽东的马克思主义文化观，特别是关于农村文化建设思想，对于加强当前中国特色社会主义新农村文化建设，无疑具有十分重要的借鉴意义和指导价值。

（二）邓小平的农村文化思想

在改革开放的伟大实践中，邓小平十分关注文化建设，高度重视文化改革的创新性，在许多方面丰富和发展了马克思主义的文化理论。

第一，提出社会主义精神文明是社会主义社会的重要特征。邓小平在改革开放之初就特别重视社会主义精神文明建设，并提出“两手抓、两手都要硬”的方针。他指出：“我们要在建设高度物质文明的同时，提高全民族的科学文化水平，发展高尚的丰富多彩的文化生活，建设高度的社会主义精神文明。”[2]显然，邓小平把社会主义精神文明和社会主义物质文明摆在具有同等重要的地位。

第二，高度重视农村文化建设，深刻阐述农村文化建设的重要性、内容和措施。在农村文化建设的重要性方面，邓小平指出：“现在连山沟里的农民都知道科学技术是生产力……他们从亲身的实践中，懂得了科学技术能够使生产发展起来，使生

---

〔1〕《毛泽东选集》第 3 卷，人民出版社 1991 年版，第 1091 页。

〔2〕《邓小平文选》第 2 卷，人民出版社 1994 年版，第 208 页。

活富裕起来。”[1]中国进入改革开放后，生活在农村的亿万农民逐步摆脱了传统、落后和封闭的精神状态，思想和文化素质不断提高，但由于城市与农村文化、传统与现代的剧烈冲突，一些农民在思想文化意识方面由此也出现了强烈的波动。特别是在我国社会转型和经济转轨的过程中，一些地区忽视文化建设，逐步形成文化的边缘化甚至是文化“真空”。虽然农民的物质生活水平不断提高，但他们的精神文化需求却无法得到满足，导致农村文化建设出现许多不适应的地方。正因为如此，邓小平要求各级党委和政府都要提高认识，明确提出，社会主义农村文化建设的重要任务之一就是，不断满足广大农民的精神文化需求，推动他们的各方面素质向现代化转变。与此同时，邓小平还强调指出，农村文化建设关系到农村的社会稳定。“中国稳定不稳定首先要看这百分之八十稳定不稳定。城市搞得再漂亮，没有农村这一稳定的基础是不行的。”[2]农村的繁荣与稳定，无疑离不开农村文化建设。在农村文化建设的措施方面，邓小平认为，一是要对农民进行政策教育，激发农民的政治参与意识，自觉维护安定团结的政治局面；二要提高农村基层党员干部的政策水平，使农村基层党员干部能够依法办事，深入掌握发展经济、维护社会稳定的本能；三是积极开展文化宣传教育活动，使民主平等的观念深入人心，确保农民与基层组织的和谐。[3]

另外，邓小平还指出，农村文化建设只有紧紧依靠农民，才可能获得巨大的成功。发动农民参与农村文化建设，充分发挥他们的主体性、创造性和积极性，是搞好农村文化建设的前

〔1〕《邓小平文选》第3卷，人民出版社1993年版，第107页。

〔2〕《邓小平文选》第3卷，人民出版社1993年版，第65页。

〔3〕高汝伟：“邓小平社会主义农村文化建设思想述论”，载《教育探索》2006年第8期。

提。毋庸置疑，农民既是农村文化的建设者，又是农村文化的享用者。因此，基于农民的文化创造性和积极性具有统一性，必须想方设法积极引导农民主动参与农村文化建设，共同促进农村文化建设的大繁荣、大发展。与此同时，邓小平还强调指出，在农村文化建设中，必须尊重农民的主体性，发挥农民的创造性，并不断总结经验。“农村改革中的好多东西，都是基层创造出来，我们把它拿来加工提高作为全国的指导。”[1]

邓小平关于农村文化建设的思想，符合我国国情，富于创造性，为当前我国农村文化建设实践提供了重要理论基础。

（三）江泽民的农村文化思想

以江泽民为核心的党的第三代中央领导集体在坚持马克思主义文化观的基础上，第一次提出了发展先进文化的思想，创造性地丰富和发展了马克思主义的文化观。

第一，首次阐明发展先进文化的思想。在庆祝建党八十周年的“七一”讲话中，江泽民指出，“在当代中国，发展先进文化，就是发展有中国特色社会主义的文化，就是建设社会主义精神文明。”在党的十六大报告中，江泽民又强调指出：“在当代中国，发展先进文化，就是发展面向现代化、面向世界、面向未来，民族的科学的大众的社会主义文化，以不断丰富人们的精神世界，增强人们的精神力量。”[2]同时还指出，要牢牢把握先进文化的前进方向，坚持为人民服务、为社会主义服务的方向和百花齐放、百家争鸣的方针，弘扬主旋律，提倡多样化。坚持以科学的理论武装人，以正确的舆论引导人，以高尚的精神塑造人，以优秀的作品鼓舞人。[3]

---

〔1〕《邓小平文选》第3卷，人民出版社1993年版，第382页。
〔2〕《江泽民文选》第3卷，人民出版社2006年版，第559页。
〔3〕《十六大报告辅导读本》，人民出版社2002年版，第34页。

第二，强调农民教育的重要性，重视农村文化建设。江泽民在安徽考察农村工作时，指出：建设中国特色的社会主义新农村，必须既重视物质文明建设，又重视精神文明建设，要两个文明一起抓，一起发展，“只有两个文明都搞好，经济社会协调发展，才是有中国特色社会主义新农村”。[1]中国进入改革开放新时期之后，农村的思想政治工作有所削弱，导致农村的精神文化环境也面临各种各样的问题，有的甚至发展到严重影响农村社会和谐稳定的程度。为此，江泽民强调指出：“越是搞改革开放和社会主义市场经济，越要重视对农民特别是青年农民进行爱国主义、集体主义、社会主义思想教育。农村的思想文化阵地，先进的正确的思想和优良社会风尚不去占领，落后的错误的思想和不良社会风气就必然会去占领。”[2]他认为，必须花大力气重视农村的社会主义精神文明建设，善于运用农民群众喜闻乐见的形式，经常性地对他们“进行爱国主义、集体主义、社会主义教育和艰苦奋斗的教育，努力在农民中传播社会主义市场经济知识、科学知识和法律知识，坚定广大农民走建设有中国特色社会主义道路的信念，提高农民的思想道德素质和科学文化素质。”[3]

（四）胡锦涛的农村文化思想

关于农村文化建设，胡锦涛自始至终强调要不断加强对农民的现代化观念的教育，逐步提高农民的民主、科学、法制意识，不断推动农民的思想观念和思维方式的变革；同时必须加强农民的思想道德建设和教育科学文化建设，积极引导农民树

〔1〕《江泽民文选》第2卷，人民出版社2006年版，第220页。

〔2〕《江泽民文选》第1卷，人民出版社2006年版，第276页。

〔3〕江泽民：《论社会主义市场经济》，中央文献出版社2006年版，第152~153页。

立和落实科学发展观，大力促进农村文化全面、协调、可持续发展，最终实现农村文化大发展、大繁荣。

第一，首次提出并阐述发展和谐文化的思想。基于我国已经进入改革的攻坚阶段和发展的关键时期，胡锦涛首次提出了“和谐文化”思想，继续推动中国特色社会主义文化事业向前发展。2006年党的十六届六中全会指出：“建设和谐文化，是构建社会主义和谐社会的重要任务。社会主义核心价值体系是建设和谐文化的根本。必须坚持马克思主义在意识形态领域的指导地位，牢牢把握社会主义先进文化的前进方向，弘扬民族优秀文化传统，借鉴人类有益文明成果，倡导和谐理念，培育和谐精神，进一步形成全社会共同的理想信念和道德规范，打牢全党全国各族人民团结奋斗的思想道德基础。”〔1〕党的十七大又全面部署了社会主义和谐文化建设，深刻阐释了和谐文化与先进文化的关系，明确了和谐文化在建设社会主义核心价值体系中的地位和作用，为社会主义文化大发展大繁荣指明了基本方向。

第二，强调要加强农村和谐文化建设。在党的十六届五中全会上，胡锦涛指出，建设社会主义新农村是我国现代化进程中的重大历史任务，必须按照“生产发展、生活宽裕、乡风文明、村容整洁、管理民主”的总要求，稳步推进社会主义新农村建设。党的十七大报告又指出，推动社会主义文化大发展大繁荣，建设和谐文化，培育文明风尚，重视城乡、区域文化协调发展，着力丰富农村、偏远地区、进城务工人员的精神文化生活。〔2〕党的十七届三中全会强调指出，要繁荣发展农村文化。

〔1〕“中共中央关于构建社会主义和谐社会若干重大问题的决定”，载新华网2006年10月18日。

〔2〕《党的十七大报告单行本》，人民出版社2007年版。

社会主义文化建设是社会主义新农村建设的重要内容和重要保证。坚持用社会主义先进文化占领农村阵地，满足农民日益增长的精神文化需求，提高农民思想道德素质。扎实开展社会主义核心价值体系建设，坚持用中国特色社会主义理论体系武装农村党员、教育农民群众，引导农民牢固树立爱国主义、集体主义、社会主义思想。[1]

第二节　近代中国农村建设理论

20 世纪 20 年代末、30 年代初，中国农村经济社会日益走向衰落，在这样的历史背景下，近代中国的乡村建设运动迅速兴起，其中以梁漱溟和晏阳初为代表。基于中国农民贫困加剧、生活质量恶化、农村经济日趋衰落的社会现实，通过对中国传统文化的深刻反思，梁漱溟、晏阳初等先进知识分子提出了著名的“民族再造”思想和乡村建设理论，同时把他们的理论变成现实，分别在山东邹平和河北定县进行了乡村建设实践，其目的在于实现“民族再造”或“民族自救”“复兴农村”的目标。虽然乡村建设运动未能顺利开展下去，其目标也没有实现，但其对中国农村社会进行改造的伟大尝试，最终形成独特的农村文化建设思想，这对于我们今天进行的社会主义新农村文化建设仍有重要的理论借鉴和现实指导意义。

一、梁漱溟的乡村建设理论

（一）培养农民自觉和培育乡村组织是乡村建设的根本

梁漱溟认为，集家成乡是中国社会的组织结构，集乡而成

〔1〕《中共中央关于推进农村改革发展若干重大问题的决定》，人民出版社 2008 年版，第 23 页。

国，必须从农村入手重建中国社会的组织结构，“中国新社会组织的苗芽一定要生长于乡村”。[1]“一句话，只有农村有办法，中国才算有办法”。[2]如何解决呢？梁漱溟指出，要解决中国乡村问题不能单纯依靠农民。“中国问题之解决，其发动以至于完成，全在其社会中知识分子与乡村居民打并一起所构成之一力量。”[3]梁漱溟这一理论是基于中国特殊的社会结构，即伦理本位、职业分途。梁漱溟认为，中国要解决的问题，不是谁对谁革命的问题，而是乡村建设、团结自救的问题。他的乡村建设理论是建立在这样的认识基础之上：中国乡村社会封闭保守与外界隔绝，农民不求上进，缺乏组织性，农业生产技术落后。因此，梁漱溟指出，“乡村建设最要紧的，是要培养农民自觉和乡村组织。”[4]为此，他强调指出，要对农民进行教育，引导他们树立集体意识、团体意识，使他们自觉地组织起来，并通过引进先进技术，努力改善农村经济，最终达到民族整体振兴的目的。

关于组织农民和教育农民的问题，在梁漱溟看来，必须创造性地转化中国传统乡村社会的文化秩序。为此，他认为，既要继承优秀传统文化的固有精神，又要吸收外来文化的长处，旨在实现乡村社会秩序的重建和文化的诉求。同时，他强调不应该采取强制的办法来组织农民和教育农民，而应该采用启发式的方式引导农民自觉自愿接受教育，以达到自觉养成“新政治习惯”的目的。另外，梁漱溟认为，还要对农民进行科学技术的普及，帮助他们学习先进的科学技术，以便开阔他们的眼

---

〔1〕 梁漱溟：《梁漱溟自述》，漓江出版社 1996 年版，第 313 页。

〔2〕 梁漱溟：《梁漱溟全集》第 2 卷，山东人民出版社 1990 年版，第 609 页。

〔3〕 梁漱溟：《梁漱溟全集》第 2 卷，山东人民出版社 1990 年版，第 476 页。

〔4〕 梁漱溟：“乡村建设大意”，载《梁漱溟全集》第 1 卷，山东人民出版社 1992 年版，第 611~615 页。

界，改变落后的生产生活方式。

（二）中国的问题是极严重的文化失调

1928年，在前人“村治”的基础上，梁漱溟相继提出“乡治”主张和“乡村建设理论”。他认为唯有乡村建设才是从根本上建设中国的最好办法，“我所主张之乡村建设，乃是想解决中国的整个问题，非是仅止于乡村问题而已。建设什么？乃是中国社会之新的组织结构（政治经济与其他一切均包括在内），因为中国社会的组织结构已完全崩溃解体，舍重新建立外，实无其他办法。”〔1〕梁漱溟提出的乡村建设思想，是基于他的孔子哲学思想和对中国国情特殊性的认识。他特别强调中国文化不同于西方文化、也不同于东方的印度文化；他重视儒家思想，主张国与家一体，中国是一个伦理社会。梁漱溟在《乡村建设理论》中指出：“原来中国社会是以乡村为基础，并以乡村为主体的；所有文化，多半是从乡村而来，又为乡村而设——法制、礼俗、工商业等莫不如是。”〔2〕“中国问题并不是什么旁的问题，就是文化失调；——极严重的文化失调。”〔3〕梁漱溟认为，中国的问题是极严重的文化失调，主要表现为政治上的无办法以及社会构造的崩溃。他指出，社会是有机的，要为社会开生机，必须从根（乡村）上开，为此应重建一套组织系统并使之与中国社会相配合。要想解决中国的政治问题、经济问题，唯一的办法就是走乡村建设的道路，即走一条振兴农业以引发工业的道路。因此，乡村建设实非仅建设乡村，目的在于整个中国的社会建设，也就是一种建国运动。〔4〕

〔1〕 梁漱溟：《乡村建设论文集》，邹平乡村书店1936年版，第32页。
〔2〕 梁漱溟：《乡村建设理论》，上海人民出版社2006年版，第10页。
〔3〕 梁漱溟：《乡村建设理论》，上海人民出版社2006年版，第22页。
〔4〕 刘豪兴：《农村社会学》，中国人民大学出版社2008年版，第46页。

根据梁漱溟的乡村建设理论，中国社会的基本问题是农民和农村问题，文化失调是造成这一问题的根本症结，之所以如此是因为中国的所有文化都来自于乡村，而文化秩序的建立又是为乡村而立。所以，唯有从乡村入手才能改造中国。乡村建设的过程就是“创造新文化，救活旧农村”[1]的过程，而这个“新文化”是要从中国的旧文化中产生出来的。因此，为了拯救日益破败的乡村文化，重建乡村秩序，就必须积极吸收中国传统优秀文化和外来文化的精华，并创造新文化。

二、晏阳初的“民族再造”思想

“民族再造”是晏阳初思想体系中的基本点。晏阳初认为，在千头万绪的中国农村问题中，最根本的是人的问题。“中国今日的生死问题，不是别的，是民族衰老，民族堕落，民族涣散，根本是人的问题”。“对于民族的衰老，要培养它的新生命；对于民族的堕落，要振拔它的新人格；对于民族的涣散，要促成它的新团结新组织。所以说中国的农村运动，担负着‘民族再造’的使命。”[2]基于此，晏阳初极力主张在农村进行政治、经济、教育、礼俗、卫生和自卫“六大整体建设”，与此同时成立中华平民教育促进会，并在河北定县进行乡村平民教育实验，以“除文盲、做新民”为教育实验宗旨。晏阳初这样做的初衷是解决中国农民普遍存在的“愚、穷、弱、私”四大病根，为此在教育方式上，他主张采取学校教育、社会教育、家庭教育紧密结合的三位一体；在教育手段上，他认为，通过生计教育以治穷，通过文艺教育以治愚，通过公民教育以治私，通过卫生教育以治弱，由对农民的教育改造推及整个农村的综合治理

〔1〕 梁漱溟：《梁漱溟全集》第1卷，山东人民出版社1989年版，第612页。
〔2〕 梁漱溟：《乡村建设论文集》，邹平乡村书店1936年版，第32页。

改造，最终达到“民族再造”，强国救国的目的。

晏阳初倡导平民教育，出发点来自“民为本，本固邦宁”这一儒家的民本思想。他坚持平民教育实验的思想是根源于他对中国农村问题的认识。晏阳初的乡村改造理论，其核心是平民改造，围绕培养和发挥农民的主体地位，由对农民的改造推及整个社会的改造。

20 世纪 20～30 年代在中国农村社会进行的乡村建设运动，关注农村和农民问题，直面中国社会的积贫积弱，直面农民生活的种种不幸，其目的在于“复兴农村”、实现“民族再造”或“民族自救”的目标，但不难发现，这一运动明显带有知识分子的弱点，最终未能找到中国农村经济衰落、农民贫苦的症结所在，因而也就无法找到解决农民土地问题的根本方法，其目标自然也就无法实现。然而，它是半封建半殖民地中国人试图摆脱困境、解决中国问题的一种探索，尤其是重视农村在中国社会中的基础地位，并致力于寻求解决中国农村问题的途径等理论观点、方法，有其合理的、积极的一面，对于我们今天进行的社会主义新农村文化建设仍然具有重要的历史借鉴意义和现实指导价值。

三、费孝通的差序格局理论

费孝通先生在《乡土中国》一书中，对中国传统农耕社会的乡土性进行了深刻总结，提出了“差序格局”“乡土本色”“礼治秩序”“熟人社会”“无讼社会”“长老统治”“无为政治”等术语，对“乡土中国”的特点进行了生动形象的描述。研究中国农村文化建设，特别是传统农村文化现代转型，自然离不开费孝通先生的“差序格局”这一基本理论背景。

（一）差序格局的内涵与特征

“差序格局”一词对中国传统社会的政治、经济和文化结构以及人际关系的特点进行了高度概括。费孝通通过与西洋社会组织的团体格局进行比较，用一个形象的比喻来说明“差序格局”，即“以‘己’为中心，像石子一般投入水中，和别人所联系成的社会关系，不像团体中的分子一般大家立在一个平面上，而是像水的波纹一般，一圈圈推出去，愈推愈远，也愈推愈薄。在这里我们遇到了中国社会结构的基本特性了。我们儒家最考究的是人伦，伦是什么呢？我的解释就是‘从自己推出去的和自己发生社会关系的那一群人里所发生的一轮轮波纹的差序’。”〔1〕“差序格局”不仅深刻描述了中国传统的社会结构，而且高度概括了中国传统文化的内层结构和鲜明特质。纵观中国现代化的历史进程，差序格局对中国向现代社会转型的速度和均衡状态发生着深刻影响，同时也给予我国的社会转型以鲜明的中国特色。作为传统中国社会结构的高度概括，差序格局具有丰富的文化内涵和鲜明的社会特征。

其一，多层次性。众多以“己”为中心的关系网络存在于差序格局中，每一个具体的关系网络内部等级森严，而关系网络之间群己界线模糊，但却是有弹性的伸缩性结构。就家族的关系网络而言，无一不是以“己”为中心，以血缘关系为纽带，关系越近，关系网络就越紧密。而关系网络之间的区分标准一般是以地缘、学缘、业缘、友缘等关系为依据，众多的关系网络之中包含着每一个“己”。差序格局“范围的大小也要依着中心的势力厚薄而定”〔2〕。寓于多层次的关系网络中的每一个关系网络都是不平衡的，在势力大小方面都不均衡，中心势力愈大，“格局”就愈大，反之就越小。

其二，等级性。差序格局中的“序”，即有等级之意。君

〔1〕　费孝通：《乡土中国》，江苏文艺出版社 2007 年版，第 29 页。

〔2〕　费孝通：《乡土中国生育制度》，北京大学出版社 1998 年版，第 27 页。

臣、父子、夫妇、政事、长幼、上下等都严格的伦理界限，不可逾越。“伦是有差等的次序。”〔1〕在这个立体化的差序格局结构中，“差”是指横向的，富有弹性的以自我为中心的关系网络，“序”是指纵向的严格的等级性关系网络。差序格局对人与人之间的不平等关系加以固化，刚性的纵向等级性，最终导致差序人格的形成。

其三，家庭本位性。费孝通指出，“团体格局”体现的是个人主义，而“差序格局”体现的是自我主义。各种各样的关系网络寓于差序格局之中，“己”是中心，但其核心仍然是家庭。所以，家内和家外的区别存在于众多的关系网络中，家的中心是一个“己”，而这个“己”主要体现为自我主义。尽管如此，“己”仍是从属于家庭的，“己”不仅包括自己，还包括家中某些人。实际上，以“己”为中心就是以家庭或家族为中心。因此可以说，以家庭为中心的家庭本位主义就是差序格局的内在本质。

其四，稳定性和排外性。建立于农耕文明基础之上的差序格局，由于乡土社会结构的封闭性，尤其是自给自足的自然经济，促使寓于差序格局中的每一个“己”都处于相对稳定的关系网络之中。在传统社会中，稀缺资源的配置模式是差序格局的主要表现。基于自给自足的自然经济条件下，生产力水平由于受到限制，人们获取资源的手段极其有限，影响人们生存的主要因素无疑就是资源稀缺，而获取资源的方式，由于缺乏计划分配和市场调节，亲疏远近自然就成了可遵循的唯一标准，与“己”的关系越近，资源获得的就越多；与“己”的关系越远，资源获得的就越少。这种取决于亲疏关系远近的资源配置方式，

〔1〕 费孝通：《乡土中国生育制度》，北京大学出版社 1998 年版，第 28 页。

鲜明地体现出差序格局的稳定性和强烈的排外性，而在整个社会中，差序格局则成了社会资源合理配置与自由流动的结构性壁垒。[1]

中国传统乡村社会的基本结构主要表现为差序格局，而差序格局则成为传统乡村文化的基本背景。在整个中国传统社会里，无论是权力运作还是制度安排，无一不是建立在差序格局的基础之上。在差序格局的社会结构下，作为个体的“己”是自我主义的，但又不是独立自由的；社会的运行在有序的状态下运行，但秩序是人为的。在这样的社会结构中，个人与集体关系的界限并不分明。

（二）社会变迁与“差序格局”的解构

其一，“差序格局”因辛亥革命而分崩离析。近代中国由于1840年的鸦片战争而被纳入资本主义世界体系，缓慢地迈入了现代化的历史征程。然而，传统中国的“差序格局”并没有因西方文明的进入而发生较大的改变。而是以其政治经济结构的牢固性，在中国的乡村文化中始终占有主导地位，发挥着主导作用。作为20世纪中国第一次历史性巨变的辛亥革命，不仅推翻了封建君主专制制度，还改变了“差序格局”存在的等级基础，打破了“家国同构”的政治体系。这样，存在于中国传统社会中的旧秩序和旧结构不断发生瓦解，寓于整个“弱国家、弱社会”结构中的“差序格局”不断发生转化，以至于最终走向解体。

其二，“差序格局”因国家政权进入乡村而被根本打破。1949年新中国成立，帝国主义、封建主义和官僚资本主义的三重统治被推翻，独立的主权国家建立起来，经过新中国成立初

〔1〕陈占江：“差序格局与中国社会转型”，载《社会科学评论》2007年第3期。

期的土地改革运动，农民拥有了属于自己的土地，实现了世代梦寐以求的愿望。1950 年新中国第一部《婚姻法》颁布，打破了封建的婚姻家族制度；1954 年新中国第一部《宪法》颁布，国家政权开始进入乡村，传统“差序格局”的政治和经济基础从根本上被打破。然而，为了集中人力、物力和财力加速推进工业化，我国又建立了高度集中、高度集权的计划经济体制，国家全面控制和干预整个社会生活，“国家一元化结构”逐步形成，使传统“差序格局”仍然有着一定的生存空间和文化土壤。

其三，“差序格局”因市场经济而实现了现代转型。1978 年以来，由于改革开放政策的逐步推进，我国从农业社会向工业社会、从计划经济体制向市场经济体制转变的进程不断加快。市场经济给中国带来了一系列变化：不仅改变着社会资源的配置方式，也改变了人的存在方式，同时还促使封闭的社会结构逐渐开放化。在市场经济的运行中，理性精神发挥着重要作用，基于理性基础上的平等竞争，深刻地改变了传统社会中的以情理精神为内核的文化模式和熟人社会中的等级体系。“在情理精神与理性精神之间，也的确存在着一些不容忽视的矛盾张力，而传统儒家的特殊主义血亲情理精神，更是与现代化即理性化进程的普遍主义趋势正相冲突。”〔1〕因此，由于市场经济的存在和发展，建立于自给自足的自然经济基础和社会基础之上的差序格局发生了重大变化，熟人社会的关系网络也逐渐被打破，大大改变了人们的价值观念、生活方式和行为方式。显然，乡村社会的文化从传统到现代的变迁已不可避免。

---

〔1〕 刘清平：“后儒家论纲：儒家传统的自我否定与重构”，载《江苏行政学院学报》2007 年第 1 期。

第二章
中国农村文化的结构体系和一般特征

作为构造人类活动意义体系的文化，在对人类社会的经济、政治等活动发挥重要社会功能的同时，自身也随着人类社会的经济、政治活动方式的变化而不断地进行自我重塑。在前文研究的基础上，通过对不同历史时期中国农村文化的结构体系和一般特征的进一步分析，为深化农村文化建设的实现路径研究打下坚实的理论基础。

第一节　中国农村社会传统文化的核心——“天人合一”

传统中国社会的文化核心——“天人合一”观念，是在非市场经济条件下与中国农村社会制度和技术条件相适应而产生的一种文化理念。这种文化理念追求一种人与自然和谐共处的天然状态，反映了传统中国农村社会农民群体基本的生存状况和社会理想。“在非市场经济条件下，一方面，由于共同体对个人的绝对优势，个人无法改变自身的处境，另一方面，亦由于不同阶层的不平等终难以消除，便要求人们将这种状况视为命定，从而不求改变而安于命运。因此，总归起来说，与非市场经济社会相适应的思想观念，是一种定命论的群体主义的自然主义。”[1]在传统社会条件下，中国农民的双重依赖关系，最终促成了传统中国文化的核心——“天人合一”观念的形成。“天人合一”观念的形成和演变过程体现了中国农村文化生产和发展的一般逻辑。

一、“天人合一”思想的形成

“天人合一”是中国传统文化观念中有关天与人、天道与人道、自然与人为相统一的学说。这种观念早在殷周时期就初见端倪，即把天理解为最高主宰的人格神，而“天人合一”则是以皇权受神权保护的原始宗教形式表示的。春秋时的郑子产曾试图把人事和作为自然现象的天象区分开来。他在《左传·昭公十八年》中提出：“天道远，人道迩，非所及也，何以知之?”这里郑子产对“天人”关系作出了比较清晰的论述。

儒家思想的创始人孔子认为，“君子有三畏，畏天命，畏大人，畏圣人之言”。这一思想可以说是人的依赖关系的完整阐述。但在《论语·雍也》中，孔子又认为人不一定必然成为天的依附，人可以“敬神而远之”。因此，孔子把以“仁”为核心的儒家伦理道德的实用性文化，上升到听“天命”的理想化高度，体现了传统中国社会的文化特征——理想性文化与实用性文化的合一。在孔子的儒家思想中，已经具备了天人相通思想的萌芽，只不过孔子的“天”的概念，强调的是以国家为轴心的伦理之天，因此，在人的双重依赖关系中，孔子看重的是伦理之天，而非自然之天。

明确提出“天人相通”思想是儒家学派的另一位代表——孟子。他在《孟子·尽心上》中指出：“尽其心者，知其性也；

[1] 王南湜：《从领域合一到领域分离》，山西教育出版社1998年版，第77页。

知其性，则知天矣。”意思是说只要通过修心善性，即可实现“上下与天地同流”。在孟子看来，天人相通只不过是在人类社会尚不具备征服自然的技术条件下，通过顺从自然来实现“天人合一”的社会理想。

道家的始祖老子也在《老子·二十五章》提出“天人合一”理想。他说：“人法地，地法天，天法道，道法自然。”主张人应该回归天地自然，顺应自然。庄子对老子顺应自然的思想做了进一步的发挥，在《庄子·齐物论》中提出“天地与我并生，而万物与我齐一”，认为天地与人同样都是一个存在，万物与我相通为一。从道家的思想体系来看，它强调的是一种自然之天。从表面上看，道家的“天人合一”思想，似乎是在提倡一种人对自然的“无为”，是一种消极避世的人生态度，但从实质上看，道家正是试图通过追求一种“天人合一”的理想，来实现在人不得不屈从自然的条件下，达到“无为而治”的目的。从这个意义上说，道家的“天人合一”思想在当时的技术和制度条件下是一种积极的人生态度。

到了西汉，随着儒家思想成为国家的主流意识形态，儒家“天人合一”思想也发展到了极致，主要表现在董仲舒提出“罢黜百家，独尊儒术”之后，建立了细致而庞杂的“天人合一”和天人感应思想体系。他将天与人在构造上机械地联系起来，认为人是天的复制品，以此来论证其“天人合一”思想。他在《春秋繁露·人副天数》中提出：“天亦有喜怒之气，哀乐之心，与人相副。以类合之，天人一也。”董仲舒所谓的“天”，从形式上看，是具有神秘力量的主宰之天，但实质上是君主之天，是借宣传主宰之天达到论证君主统治的合理性，直接的后果是强化了农民对国家的依赖关系。

第一次明确提出“天人合一”命题的是北宋思想家张载。

他在《正蒙·乾称》中提出："儒者则因明致诚，因诚致明，故'天人合一'。"因此，天的作用与人的作用一致，天知与人知相同，天性与人性（指人的伦理体系）相通。显然，张载在综合先辈对"天"的各种不同阐释的基础上，不仅提出了"天人合一"的理念，而且明确地论证了实现"天人合一"的具体途径。

为了摆脱"天人合一"与"人定胜天"各自的困惑，南宋朱熹在前人的基础上提出一个新的概念——"极"，对"天人合一"思想进行了重新阐释。他认为，天地万物之理，就是太极。一切是"太极"的体现："在天曰命，在人曰性，在物为理。"作为"天地之心"的"天命"，从根本上说就是理，主宰着世间万事万物的生成。人可以通过修性而上知天命，下通物理，但天命、理依然是一切的主宰者，人只能认识天命和物理，而不能胜天。可见，朱熹的太极理论是"天人合一"思想的集大成者，并通过一个"极"概念贯通起来，把自然之天、神灵之天和义理之天等综合起来，体现了"天人合一"思想发展的较高水平。但是，它依然只是回避而不能调和"天人合一"与"人定胜天"两种理论范式的矛盾，其最终目的也是借助这一理念来论证封建统治的必然性。

研究表明，"天"与"人"是中国传统文化中的一个永恒的命题，两者之间的关系构成了中国传统文化的显著特征。传统的"天人合一"观念，关键在"天"这个概念。在中国不同的历史时期，"天人合一"中"天"的概念，随着当时的制度条件、技术条件不同而具有不同的内涵，而"天"的观念内涵的变化，体现了中国传统文化历史变迁的一般过程。

在传统中国农村社会，伴随着当时社会的技术条件、制度条件等的变化，农民的"天"的观念也发生着微妙的变化，大致经历了从"自然之天"经"神灵之天"到"义理之天"的过程。在技术条件比较落后的原始社会和奴隶社会，农民对“天”的依赖主要表现在对土地进而对主宰土地生产率的神灵依赖。到了封建社会，随着当时农村技术条件和农业生产力水平的相对提高，以及与此相适应的制度条件的变化，国家和社会对农民的束缚力加强，因此，农民对“天”的依赖关系的重心就从对土地等自然环境的依赖，转变成为对国家和共同体等社会环境的依赖，从而使“天”的概念内涵从“自然之天”经“神灵之天”向“义理之天”演化。

“天人合一”观念中“人”的概念，主要是指在传统中国农村社会农民对自身的认知能力和程度，这种认知能力和程度也是与当时的技术条件、制度条件和观念条件相适应的。在原始社会，由于社会生产力水平极为低下，自然对人来说是作为一种神秘的力量出现的。在漫长的奴隶社会和封建社会里，传统中国农村社会一直处于一种自给自足的自然经济形态。这种经济形态形成和巩固了以家庭作为最基本的生产单位的社会生产模式，并使传统中国农村社会成为相对封闭的自治共同体。“由于对这种形式来说农业经济和家庭手工业的结合是必不可少的，由于农民家庭不依赖市场和它以外那部分社会的生产运动和历史运动，而形成几乎是自给自足的生活。总之，由于一般自然经济的性质，所以，这种形式完全适合于为静止的社会状态提供基础，如像我们在亚洲看到的那样。”〔1〕

从总体上看，在传统中国农村社会，“天人合一”观念起源于非市场经济条件下农民对自然、神灵的崇拜，并逐渐形成了传统中国农村社会的天与人、客体与主体、自然与精神的对立统一观念，这一观念进而繁衍出传统中国农村社会的政治、伦

〔1〕《马克思恩格斯全集》第25卷，人民出版社1974年版，第897页。

理、价值、审美等相融合的文化结构。由此可见，“天人合一”观念构成了中国传统文化的核心。这种文化观念为传统中国农民的社会实践活动间接地提供一种终极意义的规范和意识，还具体化为农民朴素的功利主义价值观，为非市场经济条件下中国农村社会秩序的生产提供了基本保障。

重要的是，在传统中国农村社会，“天人合一”的理念并不仅仅是农民的一种精神寄托，而是直接转化成为“忠孝合一”“家国合一”等基本的社会伦理价值，为统治阶级对农民进行专制统治、农民自觉接受统治阶级的统治进行合理性论证，建构出传统中国农村社会文化的结构体系。

二、“天人合一”与农村传统文化

“天人合一”既是传统中国哲学的基本命题，又是中国传统理想性文化的核心。关于前者，人们已从认识论等角度有过多方面的论述，这里不再赘述。关于后者，笔者主要是从社会规范的角度加以理解的。也就是说，之所以讲“天人合一”是中国传统理想性文化的核心，是因为它在当时的中国社会是一种终极性文化理想目标，给现实生活间接地提供一种终极意义的规范，赋予了中国传统社会中的社会活动以超越性的意义功能。当然，在传统中国农村社会，这种理想性文化在政治、经济等领域密切合一的状态下，只有转化成为现实生活的伦理结构和文化观念，才能发挥其作用。“天人合一”观念的历史意义正体现在这里。

如前所述，文化有许多不同的含义，在对文化结构进行分析时，人们从不同的角度将文化分为多个不同的层面，如将它分为器物文化、制度文化和精神文化。人类学家马林诺夫斯基将文化细分为物质、精神、社会组织和语言等四个层面。也有人认为文化应分为主体论、方法论和价值观三个层次。这些分析在说明不同的社会现象时各有其优长，但是，为了说明中国农村文化的结构体系和一般特征，这里侧重分析传统中国农村社会中的政治文化、宗教文化、伦理文化、社会心理等方面的内容。

（一）“天人合一”与传统中国农村社会的政治文化

中国农民并不是传统社会中政治活动的主要参与者，但他们却是这种政治最忠实的观众，他们用自己的眼睛而不是用自己的活动参与政治。换言之，他们以自己的观察活动参与政治，从而将政治看作他们的直接生活之外的一种历史活剧。在传统社会中，农民虽然不能直接参与到国家的政治之中，但国家的政治意识却不断地在他们的日常生活或虚幻世界中演义，形成了传统中国农村社会农民的政治意识，也就形成了中国的“官本位”的农村社会心理。一方面是对作为公共管理活动的政治的最少参与，另一方面却是对这种活动以及从事这种活动的人的高度崇拜。这种社会心理极大地影响着中国政治的运作，为高度统一的专制集权提供了一种适宜的无意识的民众心理温床。虽然“官本位”的无意识民众心理并非是社会意识的显在层面，但是，它在中国社会生活中的稳固存在却在很大程度上决定了显意识层面的农村社会政治意识，并且上升为高度理论化的政治观念。

中国传统农村社会中理论化的政治观念是多层面的，主要包括家国一体观念、机会观念、均平观念和宗族观念等。〔1〕

“家国一体观念”是指在传统中国农村政治意识中，认为国是放大的家，君主的家就是国，国由君主按照家的方式进行管

---

〔1〕 张鸣：《乡土心路八十年》，上海三联书店1997年版，第20页。

理是理所当然的。正是在这一观念的基础上，产生了家国合一、忠孝合一的君主专制制度。如前所述，在中国传统社会中，农民对专制国家制度的认可，依赖于一个超出国家实体形式的“天”的观念。“就中国古代而言，政治信仰的重要内容之一是‘天命’‘天理’，其重要功能之一是为王权服务，使整个社会认同于王权。”〔1〕并且由于国家宣扬君权神授的理念，这就使传统中国的政治往往根据家的管理模式施行政治统治。具体地说就是用一套可操作的诸如“三纲五常”之类的社会规范来维持社会统治。在这里，约束家庭成员的规范，转化为政治共同体的规范，“天人合一”的理想性文化就自然而然地转化成为实用性文化的一个重要内容。

农民政治意识中的“机会观念”是指在专制主义的统治下，农民的潜意识中还存在着一种平等的机会观念。既然家国是一体的，而国家权力是神授的，那么就存在这样一种可能，“皇帝轮流做，明年到我家”。这种观念既是农民对中国传统政治变迁事实的直接反映，也是“家国一体观念”的自然逻辑推演。

“均平观念”是对社会财富进行平均分配，是维持非市场经济条件下农民的“天人合一”社会理想的基本手段。在传统中国农村社会，由于农业生产力水平的低下，必须借助于平均分配的理想，来维持农村社会基本的物质资料生产；同时，这种均平的政治观念还产生出农村和谐的社会秩序理想。

“宗族观念”也是传统中国农村政治意识的一个重要组成部分，是传统中国国家政治在农村社会的自然延续。宗族是国家对农村社会成员进行控制的一个有效中介，同时还扮演着活动规则与文化的角色，形成了具有政治意味的宗教意识。宗族观

〔1〕 刘泽华：《中国传统政治哲学与社会整合》，中国社会科学出版社 2000 年版，第 1 页。

念还表现为以宗族的血缘纽带而建立起相对稳定和持久的社会"差序格局"。"在差序格局中，社会关系是逐渐从一个一个人推出去的，是私人联系的增加，社会范围是一根根私人联系所构成的网络。"〔1〕这种和谐的"差序格局"同时也固化为传统中国农村社会农民的一种宗教集体主义的政治意识和价值观念，最终形成农民对乡土社会共同体的依赖关系。

（二）"天人合一"与传统中国农村社会的宗教文化

传统中国农村社会的政治文化，是传统中国农村社会"天人合一"理想性文化的实用性转化的直接体现，而传统中国农村社会的宗教文化和宗教意识，则可以看作是农村"天人合一"理想性文化成分的重要组成部分，而且这种理想性文化成分也直接承担着实用性文化的功能。

从广义上看，以儒家思想为轴心的农民政治伦理文化，也是农民宗教文化的一个组成部分。不过这里讨论的宗教文化，是不包括儒家、道家等主流意识形态的狭义宗教文化，主要指一种民间信仰。传统中国农村社会的狭义宗教文化，根据信仰对象的不同可以大致分为两大类：一是神灵崇拜的宗教信仰，二是在泛神论指导下的祖先崇拜。如果说农民神灵崇拜的宗教信仰反映的是传统中国农村社会农民的第一重依赖关系，即对自然之天、神灵之天等的依赖关系，"天人合一"思想中"天"的观念的最直观的理解，那么，泛神论指导下的祖先崇拜，则反映了传统中国农村社会农民的第二重依赖关系，即对乡土社会共同体的依赖关系，这一重依赖关系可以看作是第一重依赖关系的自然衍生。这两种形式的宗教信仰不仅具有"天人合一"的理想性文化的成分，而且，在传统中国农村社会农民的宗教

〔1〕 费孝通：《乡土中国生育制度》，北京大学出版社2000年版，第30页。

信仰也承担着实用性文化的功能。宗教信仰的理想性文化并不恪守自己的文化边界，而是以一种实用性功能——迷信和巫术等形式表现出来。“世俗化是世界祛魅或理性化的过程，这一漫长的过程既导致宗教象征、思想、实践和制度的社会重要性的贬值乃至丧失，使得社会生活的诸多领域逐渐摆脱宗教的影响，产生结构性的社会变化，也导致宗教自身或不得不适应世俗的价值，或者仅仅退回私人的精神领域，更导致个体心性结构中的宗教性衰退。”〔1〕

个体心性结构中的宗教性衰退导致的一个直接后果，便是对公共事务的漠不关心而只注目于私人生活。所以，传统社会中的中国农民虽然受着专制政治最大的压迫，却不真正关心政治。对他们来说，值得关心的只是个人事务或放大了的个人事务——家庭的事务或家族的事务，即使是作为地缘的即村社的公共事务，人们也并没有真正出于公义上的关心。所以，正是由于个体心性结构中的宗教性衰退，传统中国农民将自己封闭于一个个人利益自我循环的狭小社会生活范围之中，这进一步导致了他们远离作为公共事务的政治的生活模式。在这种生活模式中，他们将自己应当参与的公共权力完全“委托给”了当权者，而自己却沉醉于私人生活，从而也就使自己成为任人宰割的社会群体。只要私人的生活能够在最低的限度上继续，他们就不会关注自己的权利；但是，当自己的权利遭到侵犯的时候，他们也只能求助于仅仅与他个人相关联的祖先的庇护，而且这种庇护普遍乞灵于祖先神灵的庇护。这种宗教崇拜模式本身就反映了中国社会中“私”的观念的发达和“公”的观念的缺失，因为“祖先”本来就是与特殊的个人相关联的“私人神

〔1〕 孙尚扬：《宗教社会学》，北京大学出版社 2001 年版，第 131 页。

灵”，而不是与公共事务相关联的“公共神灵”。

（三）“天人合一”与传统中国农村社会的伦理文化

传统中国农村社会的社会伦理思想是一个复杂的体系，其核心内容可以概括为由政治伦理“三纲五常”演绎出来的“忠”“孝”“义”“利”等具体观念。

“忠”是传统中国政治伦理的基本内容，但由于传统中国农村的农民远离国家政治舞台，所以，“忠”的观念具有浓郁的乡土特色。具体地说，传统农村社会“忠”的观念主要体现为宗族内部的“三从四德”以及“孝”的观念。

与“忠”的观念相比，“孝”在传统中国农村社会更具有伦理的约束力，对几千年传统中国乡土社会秩序的维持发挥着重要的功能，是传统中国农村社会最基础的社会行为准则。但是，由于乡土社会文化的适应性和多元性特点，作为一个抽象的社会伦理的“孝”，具有不同的规范层次。首先，最基本的“孝”的规范要求体现为传宗接代职能的履行，“不孝有三，无后为大”；其次，“孝”的最基本规范要求是“养生”和“送终”，“养生”是要求在父母丧失劳动力之后为他们提供满足基本生活的物质资料，而“送终”则要求按照一定的仪式程序为父母举行葬礼来显示对父母的尊敬；最后，“孝”的规范要求是在日常生活中，严格按照“三纲五常”伦理原则，完成自己的角色功能。

“义”既可以与传统的政治伦理的“忠”相关联，是对国家及其君主奉献的基本伦理，体现出传统中国农村社会的大文化，同时也具有典型的乡土特色。在传统中国农村社会，一方面，“义”往往成为矫正违反乡土社会和谐秩序的一种规范性手段，“路见不平，拔刀相助”，“义”的观念成为维持乡土社会的“公平”“正义”的和谐社会秩序的一种意识形态辅助工具。

另一方面，“义”在特定的历史情境下还可以成为农民争取自由、抵制来自国家和共同体社会压迫的舆论工具。

在传统农村社会的伦理体系中，“利”是与“义”这个范畴相对立的概念。“利”这个概念在传统中国社会有着广泛的含义，是指客体满足主体的需要的各种功效、效能的评价。在传统中国社会，“儒家义利观的总体倾向是重义轻利，它包括三个相互联系的层面：以利辅义、以义制利、求义忘利”〔1〕，从而形成一种在传统中国农村社会缺少经济理性的义利观，这种义利观成为中国传统农村社会商品经济发育较晚、小农经济长期维持的文化背景。

三、传统中国农村社会文化的特点

通过对传统中国农村文化的核心和微观结构分析，我们发现，从宏观上看，传统中国农村社会文化呈现出理想性与现实性合一的文化状态，从微观结构上看，传统中国农村文化是大文化传统与小文化传统互动的结果。

第一，以政治为轴心的理想性文化与实用性文化的交融。“理想性文化就其实质而言，只是人类为自己所创设的一个终极目标，其作用只在于为受现实生活所制约的实用性文化提供一种超验的支持。这种支持并不是实在地发挥作用，而只是虚拟地起一种象征作用。”〔2〕因此，对于社会生活来说，理想性文化只起着一种范导作用，而实用性文化则起一种构成作用。然而，在中国非市场经济条件下的传统社会里，在领域合一的状态下，

〔1〕 龙文懋等：《传统文化的沉思》，内蒙古人民出版社 2001 年版，第 217 页。

〔2〕 王南湜：《从领域合一到领域分离》，山西教育出版社 1998 年版，第 249 页。

理想性文化形态如果不能转化成为实用性文化，就会失去其存在的合理性，特别是在国家对中国农村社会主宰作用增强的历史背景下。理想性文化和实用性文化的功能分工在中国传统社会没有出现，这就是中国传统文化的典型特征。“实用性文化与理想性文化的关系构成了一种文化内部最基本的层面性结构，我们把这种关系称为文化活动的基本结构，或简称为文化结构。显然，文化活动的基本结构与作为经济、政治、文化三大活动领域之一般关系的社会结构是紧密相关的。”〔1〕

在传统中国社会的发展进程中，由于技术的改进，特别是农业技术的发明，使人类生产基本上可以维持人类生命的存在，人对自然的依赖关系有所松动，使社会秩序的生产成为社会发展和进步的“瓶颈”；人口的增长所带来交往关系的增加和社会不平等的加剧，社会秩序的生产难度加大，国家单纯依靠已有技术条件下的统治工具，还不足以生产出满足当时社会秩序的需要，作为一种辅助性的精神统治工具——传统文化的重要性就显得尤为突出。在这种历史情境下，必须发挥文化的意识形态功能来完成社会秩序的生产，因此，理想性文化与实用性文化的“虚拟”关系就自然演化成为一种“现实”关系，两者之间的相互交融就成为必然的了。在传统中国农村社会，“天人合一”思想并不仅仅局限于为农民的现实生活提供终极意义上的规范作用，具有某种超验性质，相反，传统中国农村社会的实用性文化却始终围绕“天人合一”经验地建立起来，如传统中国农村社会农民的政治意识“家国一体”就是对“天人合一”的现实注解，“家国一体”就自然会产生“忠孝合一”。“农民政治意识中的政治结构，已经有了两行并列的要素：皇帝—

〔1〕 陈晏清：《当代中国社会转型论》，山西教育出版社 1998 年版，第 174 页。

官—民；国—衙—家。这种排列和要素，既是农民意识中的符号概念，也是实际存在着的政治实物。”[1]

第二，小文化传统与大文化传统的互动。在非市场经济条件下，中国农村文化的另一个特征是小传统与大传统的互动，这一互动是传统中国农村文化微观结构的基本特征。在传统中国农村社会，根据农民对国家和共同体的依赖程度，可以把农民对国家和共同体的关系分别称为“强关系”和“弱关系”。[2]农民对国家和社区共同体的依赖关系不同，在文化上表现为国家大文化传统与社区小文化传统的差异。

传统中国农村社会的大文化传统，可以看作是国家主流意识形态——儒家文化。但是，由于传统农民对国家的“弱依赖”关系，主流意识形态到了乡土社会，经过乡村的大小渠道教育——乡间戏曲和故事、传说、民谣和民间宗教等，形成传统中国农村社会的小文化传统。这种小文化传统既在总体上与大文化传统相契合，但又不是大文化的翻版。“尽管农村的学校教育从后门渗进了一些不那么纯正的东西，但是它毕竟是正统意识形态灌输的大渠道，在这个渠道里，传播的误差和失真最小，并起着对小传统的导向作用。”[3]这样，在传统中国农村社会，既有主流儒家文化的主导市场，又有各种民间小文化的活动场域，形成大文化与小文化交相呼应的文化结构类型。

传统中国农村文化的大传统与小传统的互动，使传统中国农村社会文化具有巨大的包容性和较强的解释柔性。一方面，它使传统中国农村文化具有较强的生命力，为传统中国农村社

[1] 张鸣：《乡土心路八十年》，上海三联书店1997年版，第22页。

[2] 孙晓莉：《中国现代化进程中国家与社会》，中国社会科学出版社2001年版，第158页。

[3] 张鸣：《乡村社会权力和文化结构》，广西人民出版社2001年版，第5页。

会秩序的生产提供持续的原动力。另一方面，这种巨大的文化包容性和较强的解释柔性也使传统中国农村文化具有较强的重构能力。许多原本不适应农民生活的文化因素经过微观整合之后，就以变形的方式融入农民的实际生活之中，它们虽然也改变传统农民的生活，但更多的是被农民自身的生活方式所消化。所以，常变的是各种理想性文化，不变的是传统的乡土秩序。在很大程度上，相对稳定的农村社会生活正是依赖于中国乡土文化对“侵入”的文化因素相当强的重构能力来维持的。

传统中国农村文化的理想性文化与实用性文化的合一状态导致两个方面的结果，一是理想性文化的理想性功能丧失，从而使农村社会文化从整体上出现“贫弱”现象；二是由于实用性文化与理想性文化的直接关联，使它逐渐丧失其实用性品格，特别是在以政治为轴心的社会条件下，理想性文化常常被用作政治利益的合理性论证时，实用性文化也往往面临双重矛盾的约束，这样就使实用性文化的功能彻底丧失，从而使整个农村社会的文化陷入一种深度的危机之中，这种危机同样也贯穿于传统中国农村社会大文化与小文化的互动过程之中，摆脱这种深层的文化危机，需要新的技术条件、制度条件和观念条件的形成。

第二节　中国农村的文化危机与新文化观念的生成

中国传统农村社会的文化结构是与传统中国农村社会的技术、制度和观念条件相适应的，非市场经济条件下的领域合一，形成了传统中国农村社会理想性文化与实用性文化交融、大文化传统与小文化传统互动的文化特征，而一旦维持这一文化特征的诸方面条件发生变化，一种广泛的文化危机就开始酝酿起来，并在这种文化危机中生成出中国农村新的文化结构。

一、近代以来中国农村的文化危机和新的文化观念生成

虽然社会结构的变迁往往导致文化的变迁，但是，传统中国农村文化的整体性危机，并不是传统中国农村社会结构变迁的直接结果，而是由传统中国农村社会文化受到外来冲击所引起的。

在非市场经济条件下的中国农村社会，一方面，由于理想性文化与实用性文化的合一，理想性文化的精神意义体系的生产功能相对弱化，农民朴素的理想性文化，不可能形成一个稳固的文化体系的根基，这种理想性文化只是在一定的范围内存在，而且，一旦进入农民的社会生活实践领域，理想性文化的实用性功能就体现出来。这样，虽然传统中国农村文化的形成和发展有着一个悠久的历史过程，但这种文化的根基是极其脆弱的，一旦受到外来文化的挤压，传统的中国农村文化立刻就会呈现出不稳定的特性。另一方面，传统中国农村理想性文化实用化，使传统中国农村文化有着严重的“功利主义”色彩，这种功利性的实用文化体系，在外来的文化挤压下，特别是在传统文化生成的社会条件发生变化时，就会自然加重理想性文化与实用性文化内在的矛盾，促使中国农村的理想性文化与实用性文化的合一发生破裂，大传统文化与小传统文化的互动发生中断，从而引起传统中国农村社会的一场整体性的文化危机。

近代以来，中国农村文化的危机首先是传统农村文化存在的社会条件发生变化的结果。1840 年鸦片战争爆发后，西方列强的入侵，首先动摇了传统中国农村社会制度条件，西方列强的“坚船利炮”不仅加速了封建帝制的瓦解，也摧垮了传统中国农村的文化结构，不自觉地输入了一种新的文化形态，这种文化形态瓦解了传统中国农村社会的文化核心——“天人合一”

理念的存在根基；同时，“天人合一”的理想性文化的根基的动摇，也使“天人合一”的理想性文化的实现功能丧失，这样就导致传统中国农村社会理想性文化与实用性文化从“合一”走向分解。由于一种强烈的国家和民族意识，西方的文化意识形态在中国农村社会无法找到市场，也就是说，传统中国农村的小文化传统，无法接纳这种完全相异的文化形态，再加上传统中国农村社会大文化传统与小文化传统的互动发生了中断，这样农村文化的危机就此产生，中国农村文化的重塑也就从此开端。

如果说中国农村的文化危机爆发于 1840 年，那么，中国农村文化的创造性转化真正开始的标志是 1919 年“五四新文化运动”。因为，在这一运动中，马克思主义逐渐在各种相互竞争的主义、学说中取得优势地位，为传统中国理想性文化的整体性更替提供了前提；另外，在“五四新文化运动”中，民主和科学观念逐渐深入人心，为传统中国实用性文化的重建也奠定了基础。这场文化运动其本意并不是为了置换传统中国农村文化整体范型，而是为了拯救中国全面的文化危机，并在原有文化体系的基础上建构起一个新的实用性文化结构。然而，这场文化运动的一个意外效果是在拯救传统文化危机的同时，传统的理想性文化的体系发生动摇，特别是在新文化运动的各种文化论战中，马克思主义在中国的广泛传播，为理想性文化的整体性更替和新型的共产主义文化在中国的生成提供了基本的前提，特别是新中国成立之后，新型的共产主义文化对传统中国农村文化体系进行冲击，一场真正的从上到下的文化革命产生了，中国文化进入了一个新的重塑时期。

二、计划经济与中国农村社会的文化重塑

计划经济与自然经济在总体社会特征和文化类型上具有

“耦合性”，比如在计划经济和自然经济条件下，政治、经济和文化等领域处于合一的状态等。然而，在微观构成上，计划经济时代和自然经济时代的文化类型却有着泾渭分明的界限，甚至可以说，计划经济时代的文化类型是在对传统文化进行结构的基础上建立起来的，二者之间有着本质上的不同。

计划经济与自然经济条件下的文化差异，其主要原因在于，计划经济时代的技术、制度和观念等条件都发生了质的变化。就观念条件而言，计划经济时代条件下形成的以政治为本位的政治伦理文化，逐渐消解着自然经济条件下各种不同文化并存的合理性，并最终导致单一文化——共产主义文化的绝对地位。长达十年的“文化大革命”，不仅沉重地打击了农村社会的传统文化，而且成功地将近代以来开始渗透到中国社会的其他西方文化思潮挡在了国门之外，并在中国农村社会全面建构出一种新型的“共产主义思想和价值观体系”。这种新型的文化观念可以概括为三个最基本的价值原则：一是以一元政治体制为基础的绝对政治权威和以政治目的为最高价值判断标准的价值取向；二是以计划经济为基础的绝对平均主义倾向；三是以社会主义意识形态为基础的绝对集体主义和利他主义取向。〔1〕具体来说，主要表现在以下几个方面：

第一，以政治为核心的社会伦理体系得到强化。“政治挂帅”“政治第一”最终强化了传统中国农村社会以政治为主导的伦理体系，导致了对政治以及对政治领袖的迷信和盲从，产生了一种非理性和狂热的社会心理结构。这一社会伦理的基本特征在广大农村表现得更为显著，因为新的共产主义意识形态在破除农民对各种具有功利色彩的宗教以及各种封建迷信之后，

〔1〕“当代中国青年价值观演变”课题组：《中国青年大透视——关于一代人的价值观演变研究》，北京出版社 1993 年版，第 23 页。

广大农村就形成了一种信仰“真空”。

在计划经济条件下，“唯上”观念是以政治为轴心的领域合一在文化观念上的表现。在传统中国农村社会，“唯上”主要是指对国家权力的代表——君主权威的绝对服从，这是由“君权神授”作为存在的基本理由的，而在计划经济条件下，对权威的绝对服从虽然最后也演化成为对国家主要领导人的崇拜，但从总体上看来，“唯上”则是对国家权威的认可，国家权威来自国家存在合理性的逻辑论证，而不是借助于非理性的神灵来保证。

第二，“重义轻利”传统价值观得到改造。“重义轻利”是中国传统农村大文化传统——儒家思想的重要内容。这种文化观念是中国传统农村社会秩序生产的基本伦理要求。在计划经济条件下，“重义轻利”的传统文化经过新的国家意识形态的改造，成为维持农村社会秩序生产的文化内容。在传统中国农村文化构成中，“重义轻利”主要表现为维持农村社会公平秩序的伦理约束；而在计划经济时代的文化结构中，“重义轻利”则成为忠于新的制度形式的主流国家意识形态。

第三，绝对平均主义的社会理想。平均主义观念是中国传统农村社会的文化观念，这是传统中国社会剥削制度下农民一直为之奋斗的社会理想。新中国的建立为这种理想的实现奠定了制度条件，因为计划经济存在的基本理由就是为实现共产主义，其最直接的现实成果就是实现绝对平均的分配制度。所以，在计划经济条件下，中国传统文化中“均贫富”的文化观念得到实现。

第四，“利他”的集体主义价值体系。由“利己”向“利他”观念的转变，可以看作是计划经济时代新文化的一个本质特征。在传统中国农村社会，农民的功利主义生活原则，生长出个人本位的利益需求，即以个人主义为最高原则，而在计划经济条件下，社会主义的国家意识形态为保证共产主义的理想实现，必须把集体主义作为最高的利益需求原则，树立“毫不利己，专门利人”的共产主义集体观念。在这种观念下，“完全否定个人，否定自我，抹杀个人利益，强调的是国家利益、集体利益和社会利益，宣扬大公无私、公而忘私，斗私批修，否定个人奋斗和个人成就，抑制了个人的积极性、主动性和创造性。”〔1〕

三、计划经济时代中国农村文化的特点

计划经济时代中国农村文化的重塑为中国文化的发展提供了新的方向，但是也暴露了文化的超越性发展所需要的技术条件和制度条件的不足。作为非市场经济文化的一种类型，计划经济时代的中国农村文化既成功地瓦解了自然经济条件下中国农村社会文化的根基，把传统的小文化传统成功地驱逐出中国农村的文化市场，同时又把自然经济条件下中国农村文化的基本特征发挥到极致，把理想性文化与实用性文化推向了绝对合一的状态。

第一，理想性文化与实用性文化的高度一体化。计划经济时代的农村文化的重塑虽然是以理想性文化的整体性更替为前提的，但这种理想性文化并不能解决传统中国农村社会的文化危机，因为在计划经济条件下，一种新的理想性文化的存在就是以这种理想性文化内在的实用性功能转化能力为前提的。所以，计划经济时代中国农村文化的第一特征就是理想性文化与实用性文化的高度一体化。

---

〔1〕 陆学艺：《21世纪的中国社会》，云南人民出版社1996年版，第309页。

第二，新的大文化传统取代自然经济条件下农村社会的小文化传统。计划经济时代最重要的文化后果，就是在短时期内新的共产主义文化驱逐了传统中国农村社会已根深蒂固的其他文化类型，包括主流的大文化传统，结束了几千年旧的大文化传统与小文化传统的互动机制。单一的、一元的新文化结构类型，既消除了多元文化传统互动中内在的文化矛盾，但同时也泯灭了自然经济条件下中国农村社会传统文化结构的包容性，使中国农村社会的文化陷入了一种新的文化危机之中。

第三，计划经济时代中国农村文化的结构体系存在深层内在矛盾，无法通过自身的内在矛盾运动实现统一。任何一个社会的文化结构体系中都存在着一定的矛盾，但这一文化构成之所以能够满足当时技术、制度等条件下的物质资料生产和社会秩序生产的意义需求，其原因就在于这种文化能保持着内在的张力结构，从而维持当时的文化生存和发展。计划经济时代的中国农村文化，通过用新的大文化传统取代各种小的文化形式的方式，暂时消除了文化结构内部的矛盾，但是，由于这种文化存在的技术条件、制度条件等的不完备，计划经济条件下的文化结构不仅不能一劳永逸地解决传统中国社会内部的矛盾问题，而且，这种一元单一性的僵化结构还失去了传统中国文化内部的内在张力，从而使未来中国农村社会的文化重构面临着双重任务：既要消除传统文化的消极因素，又要重建新的大文化传统。

第三节　市场化与中国农村社会文化的创造性转化

计划经济时代中国农村文化，依靠国家意识形态的强制手段，瓦解了自然经济条件下中国农村社会文化的根基，同时，又依靠灌输一种新的理想性文化类型，实现了非市场经济条件下理想性文化的整体置换。但是，这种缺乏内在张力的文化结构，由于严重超越了这种文化结构形成和发展的技术、制度和观念条件，因此，在中国农村市场化的培育和发展过程中，伴随着中国农村新的技术、制度和观念条件的发展，中国农村文化陷入了一种新的危机和面临着新的重构。

一、市场化过程中中国农村文化创造性转化的可能性

与计划经济时代国家在农村强制推行新的文化类型不同，中国农村文化的创造性转化是在中国农村市场化的过程中进行的。一方面，传统中国农村文化又开始浮泛；另一方面，与中国农村市场化相适应的新的文化类型逐渐生成。也正是在这两种不同的文化类型的相互复杂的斗争中，随着市场化过程中新的制度条件、技术条件和观念条件的生成，一种新型的农村文化类型才逐渐显露出来。

从技术条件看，中国农村在计划经济时代就已经开始了从农业生产向工业生产的生产方式转变。在市场经济条件下，工业生产主要依靠发挥市场、价格等资源配置手段的基础性作用，从而为工业生产的技术潜力发挥提供广阔的前景，工业生产成为市场经济存在的真正的技术条件，没有工业化，严格意义上的市场经济体系就不可能存在。也正是在这种背景下，中国农村乡镇企业的异军突起，使中国乡村社会的技术条件发生了根本性的变化，工业生产也逐渐成为农村社会的一种重要的生产方式，在这种技术条件下，一种新的文化形态逐渐形成。

在中国农村市场化过程中，随着市场交换行为逐渐成为农民主要的社会交往方式，“活动和产品的普遍交换已成为每一个单个人的生存条件，这种普遍交换，他们的相互联系，表现为他们本身来说是异己的、无关的东西，表现为一种物。在交换

价值上，人的社会关系转化为物的社会关系，人的能力转化为物的能力”。[1]因此，在市场经济条件下，中国农村社会农民对共同体和国家的依赖关系发生变化，农民的主体性意识开始觉醒，一种新的文化形式产生和发展的制度条件已经形成。

从观念条件看，随着非市场经济的技术条件、制度条件的形成，一种新的文化形成的观念条件也逐渐产生。在自然经济条件下，中国传统文化的核心体现为“天人合一”整体观，在计划经济时代，这种整体观念被破解，代之以一种相反的“天人相分”“人定胜天”的观念。这种观念条件的转变是“否定式”而非“辩证的否定”，所以，它把中国农村社会的观念转变推向了另外一个极端。在市场经济条件下，由于个体功利主义的物质追求和理想家园重建的冲动，结果，“不仅使获利冲动合法化，而且把它看作上帝的直接意愿”。[2]这种新的经济伦理不仅促使了理想性文化与实用性文化的暂时分离，而且在二者分离的过程中，一种新的文化类型的产生所具备的观念条件，随时都有可能出现。

二、市场化改革促使中国农村文化的创造性转化成为必然

这里所说的农村“市场化”，是指只有当社会交换在全社会范围内存在，并逐渐成为农民的一种主要社会交往行为时，才标志着一个农村社会进入了市场化进程。从这个意义上说，中国农村社会的家庭联产承包责任制，是中国农村社会市场化的开端，乡镇企业的异军突起是中国农村市场化进程的重要步骤，而中国农村各种制度如股份制、新的合作化等则是中国农村社

〔1〕《马克思恩格斯全集》第46卷（上），人民出版社1979年版，第103页。

〔2〕［德］马克斯·韦伯：《新教伦理与资本主义精神》，于晓、陈维纲等译，北京三联书店1985年版，第134页。

会市场化的发展和完善。

中国农村家庭联产承包责任制的实行，是中国农村社会生产力的一场大解放，同时也是一次思想大解放，观念大转变。这一制度在承认国家利益优先的前提下，“交够国家的，留够集体的，剩下是自己的”，将国家、集体和个人的利益统一起来，在客观上摧毁了非市场经济条件下政治本位的文化价值体系，破灭了几千年来中国农村形成的绝对平均主义的社会理想，消解了非市场经济条件下中国农村社会的“义利观”，为市场经济条件下中国农民主体性意识的觉醒准备了条件。

如果说家庭联产承包责任制为中国农村文化的重构进行了必要准备的话，那么，乡镇企业的异军突起以及农村社会村民自治的推行，无论是在宏观上还是在微观上，都为中国农村文化的重构进入实质性阶段创造了条件。

从宏观上讲，在中国农村乡镇企业发展的过程中，在中国农村社会逐渐培育出市场经济的平等性、竞争性、开放性等原则。这种新型的市场文化与传统中国农村文化的相互吸收，促成了一种新的文化形态的产生。这种新的文化形态首先冲破了非市场经济条件下中国农村社会的诸领域合一性以及理想性文化与实用性文化的合一状态，使中国农村社会理想性文化重新整合。

从微观上看，在中国农村乡镇企业发展的过程中，中国农村社会的文化构成，即在器物文化、制度文化和价值文化等各个层次上都发生了变化，从而使中国农村社会的实用性文化结构开始建立起来。这种新的实用性文化结构是在市场化的理想性文化范导下形成的，但绝不是理想性文化的实用化，或者说功利化。在中国农村乡镇企业发展的过程中，中国农村理想性文化和实用性文化的疏离，标志着中国农村新的文化体系的重新建构。

这里着重谈谈价值文化这一层次所发生的变化。乡镇企业的发展，特别是市场机制的引入，改变了人们对政治本位文化价值的依赖，从而形成了以经济效率为主导的价值体系，并最终改变了农民消极无为的社会心理特性。主要表现在以下几个方面：一是价值观念上，农民的自主性和创造力得到了尊重，人的主体性得到了张扬；二是道德观念上，传统的封建道德基本上得以清除，计划经济时代的政治本位的伦理体系也被瓦解，一种以市场为中心的经济伦理在农村社会开始形成；三是思维方式上，它引导人们采取新的思维方式去认识世界，从必然王国走向自由王国；四是行为方式上，市场经济的平等交换原则规范和引导着人们的社会行为，使之符合市场经济公认的价值观念和道德准则。

伴随着中国农村生产经营方式的重大变革，中国农村村民自治在 20 世纪 80 年代以后广泛推行，引起了中国农村的一场深刻的文化革命。它对中国农村文化的重塑作用丝毫不亚于其所蕴涵的政治意义：一是为中国农民主体性意识的觉醒提供了制度条件；二是在村民自治实践中，农民政治参与的积极性为中国农村社会农民的公民意识的培养提供了一条制度化的途径；三是中国农村村民自治实践中的民主选举、民主决策、民主管理和民主监督的体制，在客观上推动了中国农村公民文化的发育，是中国社会主义民主政治建设的重要步骤。

三、中国农村文化创造性转化的一般特征及发展趋势

由于中国农村小文化传统的影响根深蒂固，而新型的农村文化体系的建立还需要一个漫长的历史过程。因此，在当前中国农村社会文化创造性转化的过程中，既存在市场经济条件下

新的文化的一般特征，又呈现出文化创造性转化的内在矛盾性。具体地说，转型期中国农村文化具有以下几个方面的特征：

第一，理想性文化与实用性文化的疏离。在市场经济条件下，由于功利追求在整个社会生活中占据了主导地位，非市场经济条件下的以政治为轴心的领域合一状态得到根本的改变，精神生活的意识形态功能逐渐消失，从而使中国农村文化中理想性文化与实用性文化出现疏离现象。具体表现为：在市场经济条件下，中国农村社会理想性文化的实用性功能逐渐被削弱，理想性文化的范导功能与实用性文化的构成性功能出现分离的趋势，即实用性文化紧密地与农民的现实生活，特别是经济生活相联系，而理想性文化逐渐退居幕后，只是为农民的现实生活提供一种“超验性”意义支持。

第二，实用性文化的“功利化”。在市场经济条件下，理想性文化与实用性文化的疏离所导致的一个直接结果，就是理想性文化所承担的实用性功能由实用性文化独自来承担，理想性文化只是在人们的精神世界里起着一种虚拟的象征意义，理想性文化对实用性文化的价值评判约束逐渐丧失。理想性文化逐渐淡出公众的日常生活世界，而实用性文化对现实生活的作用就可能得到无限的膨胀，实用性文化功能的膨胀，反过来会挤压理想性文化的生存空间，甚至取代理想性文化的位置，于是就产生实用性文化的功利化现象。这种现象在农村社会表现得尤为突出。与此同时，与市场经济相适应的实用性文化如平等、互利、互助等基本社会伦理也逐渐失去了本来的意义，在中国农村社会文化重构的过程中，逐渐形成了一种以“金钱”为本位的、个人利益至上的实用性文化成分，这必将影响到中国农村社会文化重构的进一步深入。

第三，“复调化”下理想性文化的“返本”现象。在市场经济条件下，由于理想性文化的政治实用性功能的失落，必然会出现理想性文化的“复调化”，即可能存在着多元的理想性文化类型，出现传统的理想性文化与现代理想性文化并存的局面。中国农村社会文化重构的过程，也是理想性文化“复调化”的过程。在这一过程中，由于传统理想性文化的实用性功能的丧失，计划经济时代理想性文化的一元主导的局面已不复存在，甚至原有的理想性文化在多元竞争的理想性文化格局中处于劣势地位，因此，与市场经济相适应的现代理想性文化往往容易被扭曲，而传统的包括落后的理想性文化往往占据主导地位，从而使中国农村理想性文化与实用性文化之间产生新的矛盾，对中国农村社会的转型形成“制动力”，而非“推动力”。譬如，在中国农村文化重构的过程中，宗教文化的兴起，封建迷信的盛行等，都反映了理想性文化“复调化”趋势下中国农村社会新的矛盾。

经过几十年的孕育和发展，中国农村文化的创造性转化的基本框架已建构起来，同时在这种建构中，中国农村文化也面临着一些新的矛盾。当今中国农村文化创造性转化面临着两大难题：一是传统与现代的矛盾。传统文化的表层显性部分受到剧烈的冲击，而传统文化深层隐性部分仍根深蒂固，从而使转型时期的农村文化产生一种矛盾。二是中西文化观念的碰撞，造成了社会文化价值观念的失范和偏离。这两种文化矛盾在中国农村社会主要表现为家庭本位的个人主义和利己主义倾向。家庭联产承包责任制把家庭作为最基层的生产单位，使农民的生产主动性和积极性得到巨大提高，这种利益格局无疑会不自觉地促成了一种以家庭为本位的个人主义和利己主义倾向，并进而使农村社会共同体的功能发生异化，或又重新形成了一种以宗族为单位的利益共同体，最终制约农村社会农民自主性意识的进一步发展。另外，务实的现实主义观念在这种文化矛盾中产生了极端的功利主义和实用主义价值观。这种价值观是对计划经济时代狂热的理想主义的矫枉过正，严重地制约着中国农村社会文化的现代化转型。

我认为，针对中国社会主义新农村文化建设过程中存在的问题，中国农村社会文化建构的基本方向，应该是立足于农村现代文化对中国农村传统文化的改造；核心问题是继续寻找有效途径，以市场化为导向，培育中国农村社会农民的主体性意识。

首先，立足农村现代文化改造农村传统文化。

中国社会主义新农村文化建设的基本方向是建构出一个适合中国农村社会的政治、经济发展的文化结构体系，这个文化体系必须是一种现代化类型的文化，而不是传统文化类型的文化。因此，在农村文化创造性转化的过程中，必须立足于符合农村社会发展，特别是农民主体性意识的张扬的文化要素，对不适合中国农村社会政治、经济发展的文化要素进行改造，要借助于农村新型的现代文化的力量，彻底清除传统文化中不适合中国农村社会发展的因素，同时对适合农村文化现代化的因素加以改造，使其成为中国农村社会现代文化的一个重要组成部分。

其次，中国农村文化改造的基本趋向是引入市场经济的价值观念。

随着市场经济在中国农村社会的不断发展，在中国农村社会逐渐形成了与传统自然经济和计划经济时代不同的文化观念，这些观念包括民主意识、责任意识、竞争与合作意识、平等观念、时间和效率观念等。在中国农村社会文化创造性转化过程中，市场意识的培育对于改造中国农村传统文化发挥着重要作用。社会主义市场经济的自主和平等观念促进了农民的自主性意识的觉醒和张扬；市场经济的竞争观念培养了农民的开拓进取精神，克服了消极保守的传统农民心态；市场经济本身所蕴含的合作精神有助于培育农民的集体观念，等等。因此，中国农村文化改造的一个基本途径就是：通过在中国农村不断完善和发展社会主义市场经济，从而完成用现代文化改造中国农村传统文化的任务。

最后，中国农村社会文化重构的核心问题是培育和张扬农民的主体性意识。

文化的现代化就是人的现代化，中国农村文化的现代化就是中国农民的现代化，而农民的现代化的核心问题就是农民的主体性意识的增强。因为现代文化是人的文化，只有普遍提高农民的现代化意识，才能营造出一种新的农村社会主义文化类型。在中国农村几十年改革实践中，农民的主体性意识得到了增强，这种主体性意识的增强又反过来促进了中国农村社会的政治和经济的转型。但是从哲学上看，农民的主体性意识如果不能以市场化为导向，不能用主体性意识改造农村社会的传统文化，农民主体性意识的进一步发展就可能成为中国农村政治、经济转型的障碍。在改革开放的过程中，中国农村社会的家庭本位的利己和功利主义，就是这种主体性意识的负面效应。因此，在中国农村文化重构的过程中，我们只有抓住其核心问题——农民的主体性意识，以市场化为导向，以对传统文化进行改造为基本任务，才能进一步推动中国农村文化重构的历史进程。

第三章
中国新农村文化建设的意义探寻

农村文化建设是社会主义新农村建设的重要组成部分。2005 年 11 月 7 日中共中央办公厅、国务院办公厅联合下发的《关于进一步加强农村文化建设的意见》指出："按照建设社会主义新农村的要求，经过 5 年的努力，基本形成适应社会主义市场经济体制、符合社会主义精神文明建设规律的农村文化建设新格局。县、乡、村文化基础设施相对完备，公共文化服务切实加强。农村文化工作体制机制逐步理顺，现有文化资源得到有效利用。文化队伍不断壮大，农民自办文化更加活跃。文化产业较快发展，看书难、看戏难、看电影难、收听收看广播电视难的问题基本解决。农村文明程度和农民整体素质有所提高，文化在促进农村生产发展、生活宽裕、乡风文明、村容整洁、管理民主等方面发挥重要作用。"随后，被称为 2006 年中央"一号"文件的《中共中央国务院关于推进社会主义新农村建设的若干意见》也指出："各级财政要增加对农村文化发展的投入，加强县文化馆、图书馆和乡镇文化站、村文化室等公共文化设施建设，继续实施广播电视'村村通'和农村电影放映工程，发展文化信息资源共享工程农村基层服务点，构建农村公共文化服务体系。推动实施农民体育健身工程。积极开展多种形式的群众喜闻乐见的寓教于乐的文体活动，保护和发展有地方和民族特色的优秀传统文化，创新农村文化生活的载体和手段，引导文化工作者深入乡村，满足农民群众多层次、多方面的精神文化需求。扶持农村业余文化队伍，鼓励农民兴办文化产业。加强农村文化市场管理，抵制腐朽落后文化。大力弘扬以爱国主义为核心的民族精神和以改革创新为核心的时代精神，激发农民群众发扬艰苦奋斗、自力更生的传统美德，为建设社会主义新农村提供强大的精神动力和思想保证。加强思想政治工作，深入开展农村形势和政策教育，认真实施公民道德建设工程，积极推动群众性精神文明创建活动，开展和谐家庭、和谐村组、和谐村镇创建活动。引导农民崇尚科学，抵制迷信，移风易俗，破除陋习，树立先进的思想观念和良好的道德风尚，提倡科学健康的生活方式，在农村形成文明向上的社会风貌。”这就明确了新农村建设中文化建设的目标和任务。新农村建设包括经济建设、政治建设、文化建设和社会建设，即新农村“四位一体”建设。农村文化建设不仅是新农村“四位一体”建设的重要组成部分，而且在新农村经济建设、政治建设和社会建设中具有重要的地位和功能，对于促进农村社会的全面进步和新型农民的培育以及在农村形成文明向上的社会风貌，具有不可替代的作用。

第一节　农村文化建设与农村经济建设

农村经济建设是社会主义新农村建设的基础。中国共产党十六届五中全会通过的《中共中央关于制定国民经济和社会发展第十一个五年规划的建议》不仅明确提出“要按照生产发展、生活宽裕、乡风文明、村容整洁、管理民主的要求，扎实稳步地推进社会主义新农村建设”，而且强调“在工作中要坚持以发展农村经济为中心任务，促进农村生产力的解放和发展，促进农民持续增收”。这就表明，农村经济建设在新农村建设中具有重要的地位，而农村文化建设对于新农村经济发展则具有重要的作用和功能。像任何经济活动一样，农村经济活动总是在一定的社会文化条件的约束下进行的。正如马克斯·韦伯所说：“我们承认经济因素具有根本的重要性。但与此同时，与此相反的关联作用也不可不加考虑。因为，虽然经济理性主义的发展部分地依赖理性的技术和理性的法律，但与此同时，采取某些类型的实际的理性行为却要取决于人的能力和气质。如果这些理性行为的类型受到精神障碍的妨碍，那么，理性的经济行为的发展势必会遭到严重的、内在的阻滞。各种神秘的和宗教的力量，以及以它们为基础的关于责任的伦理观念，在以往一直都对行为发生着至关重要的和决定性的影响。”〔1〕这里告诉我们，经济活动本身不可能产生出对于经济活动的价值肯定。在文化价值体系赋予经济活动以意义、为个人提供劳动动机之前，是不会有任何现代意义上的经济行为的。因此，推进农村文化建设，有助于形成促进农村经济发展的文化约束机制，从而为新农村经济发展提供精神动力和智力支持。

一、农村经济活动的社会文化约束

农村文化建设之所以在农村经济建设中具有重要的作用，首先是因为像其他一切经济主体一样，农村经济主体在经济活动中既理性地追求利益最大化，又受社会文化条件的约束。

经济活动是一种与配置稀缺资源相关，人类为了确保自己的生存和增加自己福利的行动。古典和新古典经济学都假定，经济活动主体即“经济人”是自利的、理性的。也就是说，经

〔1〕［德］马克斯·韦伯：《新教伦理与资本主义精神》，于晓、陈维纲等译，北京三联书店1985年版，第15~16页。

济活动主体不仅追求利益或主观效用的最大化，而且会在成本与收益之间反复地进行权衡比较，从而选择那些在他们看来能够为自身带来最大利益的行动方案。像其他任何经济主体一样，农村经济主体当然也是追求自身利益最大化的，并且是理性的。即使是在传统的自然经济社会或传统的农业社会，农民在文化观念上是封闭的、隔膜的、保守的，这也并不意味着他们没有自身利益追求和非理性。

费孝通在《乡土中国》一书中指出，农业与游牧或工业不同，它是直接取决于土地的。游牧的人可以逐草而居，飘忽不定；从事工业的人可以择地而居，迁移无碍；而直接靠农业谋生的人则是黏在土地上。“我们很可以相信，以农为生的人，世代定居是常态，迁移是变态。大旱大水，连年兵乱，可以使一部分农民抛井离乡；即使像抗战这样大事件所引起基层人口的流动，我相信还是微乎其微的。”〔1〕当然，这并不是说农业社会的人口是固定的。因为人口在增加，一块土地上只要几代人的繁殖，人口就到了饱和点；过剩的人口自然得宣泄出外，负起锄头去另辟新地。可是老根是不常动的。这些宣泄出外的人，像是从老树上被风吹出去的种子，找到土地的生存了，又形成一个小小的家族殖民地，找不到土地的也就在各式各样的命运下被淘汰了，或是“发迹了”。费孝通认为，农业社会人与空间的关系上的不流动所导致的一个直接结果，就是人和人在空间的排列即村和村之间关系上的孤立、隔膜和封闭。“孤立和隔膜并不是以个人为单位的，而是以一处住在的集团为单位的。本来，从农业本身看，许多人群居在一处是无须的。耕种活动里分工的程度很浅，至多在男女间有一些分工，好像女的插秧、

〔1〕 费孝通：《乡土中国》，北京三联书店1985年版，第3页。

男的锄地等。这种合作与其说是为了增加效率，不如说是因为在某一时间男的忙不过来，家里人出来帮帮忙罢了。耕种活动中既不向分工专业方面充分发展，农业本身也就没有聚集许多人住在一起的需要了。我们看见乡下有大小不同的聚居社区，也可以想到那是出于农业本身以外的原因了。”〔1〕因此，农业社会的生活是富于地方性的。地方性是指他们的活动范围存在着地域上的限制，区域间的接触少，不久生活隔离，各自保持着孤立的社会圈子，而且在文化上也相互封闭，鲜有交流和接触的机会。

在这种情况下，建立于自然经济基础之上的农业社会，在文化观念上，一方面，体现为沃尔夫所说的“夜郎自大”“迷恋穷苦”“清心寡欲”和“顺从贫困即为美德”；还有就是“集体嫉妒”“好传隐私”“迷信巫术”以对付那些来自其他世界的物欲陷阱和“向上爬”的作风，保持经济平均和传统行为规范。〔2〕另一方面，与封闭、孤立和隔膜的状况相联系，传统农业社会的文化，也具有米德所说的“前喻文化”之特征。在传统乡村社会，社会成员的行为通常受习俗而非法律的支配，社会结构呈现出层阶性的特征，个人在社会中的地位通常是传袭的、先赋的，而非通过后天努力自致的。根据米德的观点，在封闭、孤立和隔膜的条件下，由于和外界缺乏交流，传统乡村社会的文化必然是一种变化甚微的“前喻文化”，即“老年文化”。在这个社会中，人数极少的长者对他们生活于其中的文化了解最深，他们的经历本身就是一种文化，他们常常是传统农业社会的楷模，当然更是年轻一代的行为楷模。因此，虽然同时生活在世

〔1〕 费孝通：《乡土中国》，北京三联书店1985年版，第3~4页。

〔2〕［美］托马斯·哈定等：《文化与进化》，韩建军、商戈令译，浙江人民出版社1987年版，第52页。

的祖孙三代构成了“前喻文化”的基础，但最受尊敬的往往是年龄最长的祖辈，公认的生活方式体现在他们的音容笑貌和举手投足之中。在这种以“前喻”方式为特征的文化传递过程中，老一代传喻给年轻一代的，不仅是基本的生存技能，而且也包括他们对生活的理解、公认的生活方式以及简拙的是非观念。为了维系整个文化的绵延不断，每一代长者都会把自己的生活原封不动地传喻给下一代，看成是自己最神圣的职责。这样，年轻一代的全部社会化都是在老一代的严格控制下进行的，并且完全沿袭着长辈的生活道路，他们当然也就“只能是长辈的肉体和精神的延续，只能是他们赖以生息的土地和传统的产儿”。[1]正因如此，封闭的传统农村聚落文化必然是同质的、单一的，并长期存在着近亲繁殖的倾向，所谓“文化创新”这类事情当然很少发生。

恰亚诺夫认为，传统农民不仅“黏着在土地上”，甚至在土地上也是“好逸恶劳”的。传统农民一旦生产出足够自己消费的粮食就会减少自身的劳动甚至停止劳动。换言之，对于传统农民来说，消费的满足并不是一个无限的过程，而是一个到了一定水准就会安于现状的过程。1924 年恰亚诺夫在对当时俄国四个县的农民家庭调查材料进行整理和重新编排后，得出如下结论：“家庭农场的劳动者对劳动能力的开发程度受到家庭消费需求的推动，当消费需求出现增长，农民劳动自我开发的程度亦随之加深。另一方面，劳动能力的耗费又受到劳动本身辛苦程度的制约。同收益相比较，劳动越艰苦，生活水平就会越低；尽管即使要达到这种低等的生活水平，农民家庭也往往必须付出巨大的努力，但低到一定程度，它就会放弃从事该种艰苦的

---

〔1〕［美］玛格丽特·米德：《文化与承诺——一项有关代沟问题的研究》，周晓虹、周怡译，河北人民出版社 1987 年版，第 27~50 页。

劳作。换言之，我们可以肯定地说，农民劳动自我开发的程度靠需求满足程度和劳动艰苦程度之间的某种关系来确定。"〔1〕

当然，传统农民"黏着在土地上"，甚至表现得有些"好逸恶劳"，并不表明他们是非理性的，恰恰相反，传统农民也是相当理性的。他们似乎很"保守"，甚至经常表现得"不思进取"。其实，"保守""不思进取"也是给定约束条件下一种理性的选择。米格代尔指出："农民奉行的是一种极小极大战略，即冒最小的风险争取最大的对环境的控制。农民对变革充满怀疑，因为他们意识到那些所谓进步可能把他们带入比现在还糟糕的地步。对这些挣扎在生存边缘上的农民来讲，这是种无法承受的风险。"〔2〕20 世纪 60 年代经济学家舒尔茨从理论和经验上也论证了农民像其他人一样是追求利益最大化和理性的，对价格和其他市场刺激有灵敏的"正常"反应。他以非洲为例指出：当可可、棉花、花生、咖啡或油棕果的出口价格变得有利可图时，农民的供给反应就是高度弹性的。因此，传统的小农经济并非一些人所认为的那样不注重效率。以农民经济心理的"非理性"为由，违背其意愿而强行改变资源配置方式的企图，往往会造成比农民自愿选择的经济行为更无效率的结果，这种现象就足以证明这一点。孟德拉斯在《农民的终结》一书中引述了马利约特对恒河谷地农民的研究，马利约特发现那里的农民尽管意识到了一项完善的灌溉技术的好处，但他们却不愿用由此带来的水，原因在于："在他们看来，水渠是政府的一个阴

---

〔1〕［俄］恰亚诺夫·A.：《农民经济组织》，萧正洪译，中央编译出版社 1996 年版，第 53 页。

〔2〕［美］米格代尔·J.：《农民、政治与革命——第三世界政治与社会变革的压力》，李玉琪、袁宁译，中央编译出版社 1996 年版，第 42~43 页。

谋，是为了从他们那里提取更多的劳动和金钱”[1]，在一般情况下，农民往往宁愿过着收入较低但相对稳定的生活。农民害怕尝试新鲜事物，其中一个重要的原因，就是因为这种尝试常常带有某种风险和不确定性。也就是说，在一定的生存状况下，农民的革新必须承担相应的风险，有可能失败，而失败则意味着事实上的毁灭。小农是十分脆弱的，哪怕死一头牛，也足以让他陷入破产的境地。因此，当生产者的产出水平只能达到家庭最低限度的消费需要时，生产革新与发展的风险和不确定性，就使生存威胁成为生产者面对的最基本的问题。这时，生产活动的主要目的并非收入的最大化，而是家庭生计可能性的最大化。生产技术的低水平状态，使小农时常面临着生计压力，产生了使风险最小化的内在要求，生产的常规化便成为其首要的选择。

但是，这并不意味着“发展缓慢”“不发展”乃至停滞，等等，而是小农经济或农业生产体系的固有特征；也不意味着“保守”“不思进取”“不愿冒风险”“无效率”永远是农民符合理性的一种选择。米格代尔引述布鲁克斯的话说，“过去，冬小麦一直被视为是有风险的作物，因为它完全依赖天气的好坏。但当税收沉重得使人们不堪承负，租金已高达50%甚至更高时，有少数比较富裕的农民就开始冒这种风险赌上一赌了”[2]。在《农民的道义经济学：东南亚的反叛与生存》一书中，斯科特虽然认为，传统农民经济最基本的“道德”乃是一种“生存伦理”，它最先考虑的是“安全第一”，而不是什么利益最大化；

---

〔1〕［法］孟德拉斯：《农民的终结》，李培林译，中国社会科学出版社1992年版，第42页。

〔2〕［美］米格代尔·J.：《农民、政治与革命——第三世界政治与社会变革的压力》，李玉琪、袁宁译，中央编译出版社1996年版，第43页。

但同时，他又强调，“安全第一”的行为，并不排除农民的一切革新，而是排除那些高风险的革新。“安全第一”原则，并不意味着农民屈从于习惯，即使是可以避免的风险也不敢承担。当旱季作物、新种子、种植技术以及市场生产等新事物产生了明确的、实质上的收益并且对生存安全没有风险或风险不大时，人们会看到农民们往往是冲在前面的。当“继续进行常规活动总要带来失败，这就再次使得冒险变得有意义了：这样的冒险是有利于生存的。那些其生存方案由于气候、土地短缺或地租上涨而失败了的农民，尽其所能地要保持住自己的漂浮不定的地位——这可能意味着要改种用于销售的农作物，背下新的债务和采用有风险的新稻种，甚至意味着要沦为盗匪。大量的农民革新行为都具有这种孤注一掷的特征。这就使得农民不能不为未知事物而拼搏一番的经济背景同其常见的怀疑主义谨慎态度，具有同样奇特的社会、政治含义”〔1〕。

另外，农民的理性不仅表现于其经常会在投入和物质收益之间的权衡上，而且也表现于其常常在投入和精神收益之间的权衡上。农民的进取动机、致富的欲望，不仅受制于物质生产力的条件，而且也受制于文化意义与价值，受制于权利、地位、声望、信任和评价等非经济因素。换言之，农民的进取动机、致富的欲望，也是一种社会文化建构。在一个倡导“小富即安”“枪打出头鸟”“人怕出名猪怕壮”的社会文化氛围中，具有进取心、致富欲的农民，必然会被视为具有异质性的倾向而受到惩罚。正如前述，在此情势下，传统农民在文化观念上不可避免地体现为沃尔夫所说的“夜郎自大”“迷恋穷苦”“清心寡欲”和“顺从贫困即为美德”，还有就是“集体嫉妒”“好传隐

〔1〕［美］詹姆斯·C. 斯科特：《农民的道义经济学：东南亚的反叛与生存》，程立显、刘建等译，译林出版社 2001 年版，第 32~33 页。

私”“迷信巫术”，保持经济平均和传统行为规范。斯科特认为，这就是所谓小农经济“生存第一”的伦理原则，即限制个人对财富的无穷追求有助于群体的集体生存。也正是在这一意义上，斯科特把农民的经济视为一种道德经济。斯科特的这种看法可以在改革开放以前的中国人民公社制度中得以证明。在人民公社制度下，农民追求经济利益的动机，被视为“小资产阶级意识”而不断受到惩罚，那些超越其社会群体而发家致富的家庭，也不断地遭遇政策的打击。所以，尽管政府鼓励农民为集体的事业而努力生产，然而农民却对个人致富表现得“不思进取”。其实，农民之所以“不思进取”，是因为担心“枪打出头鸟”，担心越轨的行为会受到社会“共同体”的惩罚。

因此，像一切经济行为、经济活动一样，农民的经济行为和经济活动从来就不是一个纯粹独立的领域，它受社会的包围和约束，只是社会的一个“次集合体”。正如熊彼特所说：“把一个事实称为经济的事实，这已经包含了一种抽象，这是从内心上模拟现实的技术条件迫使我们不得不做出的许多抽象中的头一个。一个事实绝不完全是或纯粹是经济的，总是存在着其他的——并且常常是重要的——方面。”〔1〕如果使用网络理论来审视农村经济生活以及与之相关的农村社会结构，就会发现，像其他任何经济行动一样，农民经济行动往往是被社会性、文化性的因素所限定，它不能仅仅通过农民纯粹的个人动机得到解释，而是嵌入现存的社会关系网络之中的。“网络”一词意味着在个人或群体间一套固定的联系或类似的社会组合。无论在传统社会，还是在现代社会，农村经济生活嵌入于社会网络的现象始终存在，只不过在各个社会中嵌入的程度、嵌入的方式

〔1〕［奥地利］约瑟夫·熊彼特：《经济发展理论》，牛张力译，中国社会出版社 1999 年版，第 11 页。

有所不同而已。

像其他一切经济行为和经济活动一样，农村的经济行为和经济活动之所以摆脱不了社会的包围和约束，首先是由于像任何社会群体一样，农村社会群体也存在着非经济的动机。按照格兰诺维特的解释，社会性、赞同、地位和权力是人类的中心动机。所有这些动机的实现都离不开社会关系网络。经济行动是行动者行动集合中的组成单元，很难设想它能在独立的空间中运作。人类的经济活动不仅是为了获得报酬，满足物质的需要，而且也同时把个人从私人生活中拉出来，使一个人与一个更大的社会世界发生联系。也就是说，经济活动不仅是满足个人自然物质需要的工具，而且是包括农民群体在内的所有社会群体自我实现的工具，工作和金钱是地位、权力、身份等的重要来源。格兰诺维特说，在现实生活中，单个厂商就具有非利润目标，除利润以外，权力、威望、胜任职业、薪金、安全和地位中的一个或几个都适合成为经理人的主要目标。而所有这一切，只有在一定的社会文化背景下才能实现。其实，农民经济行为也有与“单个厂商”经济行为相类似之处，即既存在经济的动机，也存在非经济的动机。

除此以外，农村经济活动之所以受社会文化约束，还有一个更重要的原因，那就是每一个“嵌入”社会结构之中的人，都必然要经历一个社会化的过程。而所谓社会化，就是个体接受社会习俗、惯例的培育和熏陶并习得一定文化价值规范的过程。按照米德的看法，在社会化过程中，个体把自身作为一个客体来体验；而要使这种体验成为可能，就必须能够采取他人的态度，就是站在他人的立场上，从外部观察自己。要做到这一点，必须积累与他人接触的社会经验。这就是自我形成的过程。米德将这一过程分成两个阶段：在第一阶段，精神的发展程度还很幼稚，只能对特定个人的特定行动的经验进行个别的组织化。在这个阶段，自我的社会化还是不充分的。进入第二阶段后，精神的发展更趋成熟，可以作为自己所属共同体整体（即“被一般化的他人”）的态度组织化而形成社会化的自我。这个因一般化的他人态度的组织化而形成的自我有一部分是客我。换言之，米德所谓的客我，是一般化的他人的内化。当某一行动主体所属的共同体具有一定的业已确定的习惯、制度和规范时，他的客我便由此决定，共同体的约束力越强，自我内部的客我便越占优势地位。〔1〕事实上，米德所说的“一般化的他人”，更通俗地表达，应当是“社会公认的文化价值规范和观念”，而所谓的“客我”则是通过社会化机制对“社会公认的文化价值规范和观念”的内化。社会化理论充分表明，我们每个人都生活于某种文化体系处于主导地位的社会中，它将对我们每个人的一生产生巨大的影响。即使没有受过正规教育，但社会风气和风俗以及家庭环境，自小至大的耳濡目染，也往往使人被社会文化环境所同化。

正因如此，文化因素必然会通过已经社会化的农村经济行为主体，对农民经济活动、经济过程产生重要作用。诚然，像任何其他经济活动、经济过程一样，农民的经济活动、经济过程也有其自然秩序，但是这种自然秩序无疑是物质资料和社会文化因素所决定的各种约束条件共同起作用的结果。正是在这一意义上，布坎南指出：“文化进化已经形成或产生了非本能行为的抽象规则，我们一直依靠这些抽象规则生活，但并不理解这些规则。”文化进化形成的规则，“是指我们不能理解和不能（在结构上）明确加以构造的、始终作为对我们的行为能力的约

〔1〕［日］富永健一：《社会学原理》，严立贤等译，社会科学文献出版社 1992 年版，第 83 页。

束条件的各种规则”[1]。在经济活动过程中，人们总是有意无意地按照一定的社会和文化规范而行动，在一定的社会、制度以及文化框架中谋求自身的经济利益。毫无疑问，社会文化因素对农村经济活动、经济过程的作用是不可忽视的。

二、农村文化是农村经济发展的精神动力

上述表明，像一切经济行为一样，农民经济行为既是理性的、以追求经济利益为动机，同时又受到社会文化因素的约束。正因如此，改变社会文化的约束条件，就可能会改变农民经济行为的方式和路径，从而对农民的经济活动的绩效产生重要的影响。毋庸置疑，我们现在进行的新农村经济建设的一个大前提、大背景，就是迥然不同于自然经济、计划经济的历史条件。在市场经济条件下发展农村经济，显然需要将农民从传统自然经济和计划经济观念的束缚中解放出来，强化那些特别有利于市场经济发展的新观念、新思想。而新农村文化建设的根本目标，就是要用社会主义荣辱观引领社会风尚，大力弘扬爱国主义、集体主义、社会主义思想，加强思想政治工作，创新群众性精神文明创建活动，不断提高农民群众的思想道德和科学文化素质。正因如此，农村文化建设有助于促进农村社会的文化变革，有助于营造与市场经济相适应的新的文化约束条件，更为重要的是，有助于农民群众形成与市场经济发展相适应的思想观念。换言之，农村文化建设具有为农村经济发展提供精神动力的社会功能。

科斯洛夫斯基等学者认为，现代市场经济在结构和内生条

---

〔1〕［美］布坎南：《自由、市场与国家》，平新乔、莫扶民译，上海三联书店1989年版，第115~116页。

件上与传统商品经济有很大的不同，它要求形成与之相适应的思想观念作为前提条件，即需要将有利于市场经济发展的观念因素，如成就的动机、追求利润的动机、节俭意识、恪守规章精神、敬业精神、精打细算、敢试敢闯敢冒等，从传统主义的束缚中释放出来。科斯洛夫斯基在谈到西方现代市场经济形成的过程时指出："商业的动机结构从宗教和文化的联系中被解放出来却是现代的特征，这一特征在文艺复兴和重商主义时期开始形成，它不仅仅是一种资本主义的特征，而且预示着经济时代的到来。"[1]在哲学上，有利于市场经济发展的思想观念的形成，也就是个体化、主体化和理性化意识的形成。"个体化意味着人从与生俱来的社会状况的固定性中脱离出来，从社会与宗教准则的确定性中脱离出来。它取决于个体和集体的差异和纠纷，而单个人把这种纠纷同时感受成为解放和异化。个体化是向主体性发展的标志。"[2]

熊彼特曾经将现代经济的发展归因于一大批人的创业和创新行为。而人们的创业与创新行为需要以一定的动机、热情和意志为精神动力。对任何个人来说，创业都是一项关系重大的决策。创业意味着创业者从此要承担财务的、精神的和社会的巨大风险，所以，它将对一个人的一生产生极其重大的影响。创业需要创业动机、创业热情，而创业动机和创业热情总是在一定的经济社会氛围中得以孕育。一个国家和地区民众的创业动机、创业意愿的强弱取决于政治和经济等多种因素，但文化背景无疑是其中一个十分重要的因素。创业动机和创业热情也

〔1〕［德］科斯洛夫斯基·P.：《资本主义的伦理学》，王彤译，中国社会科学出版社 1996 年版，第 8 页。

〔2〕［德］科斯洛夫斯基·P.：《资本主义的伦理学》，王彤译，中国社会科学出版社 1996 年版，第 9 页。

是在一定的文化氛围中得以孕育和强化的。对于人类而言，文化的影响十分巨大。现象学者舒茨认为，社会文化、社会知识是由各种可以被形象地称为“社会菜谱”（social recipe）的常规和惯例——在特定条件下典型的、被大家所熟悉的做事方式——所组成的。这些常规和惯例使人们能够按照某种共同理解的逻辑来对事物进行分类、解决问题、承担社会角色、传播以及在不同的情景下采取得体的行动。谈判、结婚、宗教仪式、子女教育和买卖等各种社会行为都是按照这些“社会菜谱”来进行的。〔1〕正因如此，不同的文化背景尤其是人们不同的价值观，就决定了人们对于创业行为的不同态度以及对创业成功价值的不同评价，从而使得不同国家和地区的民众在创业动机的强烈程度上，也会表现出显著的差异。正是在这一意义上，诺思明确地将意识形态作为其制度变迁理论的三根支柱之一，并强调了其与制度变迁之间存在的互动关系。一般来说，在一个鼓励创业、创新、冒险、竞争以及容忍失败，以成就、公正、公平为价值取向的社会文化氛围中，人们往往具有比较强烈的创业意愿，而在一个轻视创业的价值、贪图安逸、惧怕风险、不求进取、不敢冒尖，对创业行为采取不鼓励、不宽容、不支持，甚至创业失败就会受人耻笑的社会文化氛围中，人们的创业动机必然会很弱。

中外历史已经表明，现代社会创业动机、创新动机、意志、热情的强化，现代市场秩序的扩展和市场经济的发展，无疑是与从传统乡村社会到现代社会的文化精神大变革相伴随的。在传统的自然经济社会，一个人或贫或富往往被看成是神意或天意安排的结果。在中世纪欧洲的自然经济社会，虽然也存在种

〔1〕［美］史蒂芬·李特约翰：《人类传播理论》，史安斌译，清华大学出版社2004年版，第219~220页。

种生产性的劳动，但是这在宗教上没有特殊的价值，如“经院哲学”代表人物阿奎那诠释过保罗“不工作者，不得食”的戒律，不过他却认为劳动只是为了维系人类生活所必需的自然事物，并没有赋予劳动特别的伦理意义，劳动和个人的“成就”没有一定的关联，个人的荣华富贵只是由“命运”决定的。在中国，所谓“生死由命，富贵在天”，也反映了传统乡村社会的普遍观念。在这种文化环境中发财、成功，自然会受到嫉妒和敌视。正如布鲁姆夫妇所描述的希腊农民那样，当某个村民碰上好运时，其他人便会通过闲言碎语、评头品足、中伤诽谤表达自己的嫉妒。村民们自称村里的生活没有一刻的平静，每个家庭对其他有可能获得成功和幸福的家庭都充满了妒意和竞争心理。诚然，即使在传统的乡村社会，还是会有少数突破陈规陋习的新事物的大胆尝试者，但这些尝试者通常不是为传统价值观念所束缚的地道的农民，而往往是处在某种边缘状态的人。

从传统农业社会到现代工业社会，从自然经济到现代市场经济的转变，当然取决于经济、政治等多种因素，其中一个重要的因素，就是文化领域的变革。按照桑巴特的观点，现代资本主义精神来自于犹太教“数量计算”的理念。犹太人被逐出西班牙之后，在16世纪初来到尼德兰，并且通过安特卫普将这种精神带到了英国。这种精神理念鼓励个人倾注所有精力，用于如何通过暴力、诈骗、计谋、革新和金钱等各种手段获取财物。而在马克斯·韦伯看来，对财富的贪欲，根本就不等同于资本主义，更不是资本主义的精神。倒不如说，资本主义更多的是对这种非理性欲望的一种抑制或至少是一种理性的缓解。马克斯·韦伯致力于考察“世界诸宗教的经济伦理观”，试图从比较的角度，去探讨世界主要民族的精神文化气质与该民族的社会经济发展之间的内在联系，从发生学上解释西方理性主义独特性的起源。在他看来，近代西方资本主义的兴起与宗教革命过程中形成的新教伦理具有密切的关系。由于加尔文教的“预定论”彻底地否定了通过教会和圣事获得拯救的可能性，个人要获得救赎，就必须竭尽全力地履行“天职”以求荣耀于上帝。能否成为上帝选民是不确定的，这使世俗化的赢利活动变成一种天职，从而激发了人们勤勉敬业的精神。

正是那种视履行职业责任为神圣的“天职”、寓拯救于勤勉敬业之中的新教伦理精神，激发了欧洲和北美无数人的创业、创新之动机、热情和意志。200 多年的美国历史，可以说就是一部创业、创新的历史。在美国，有许多家喻户晓的“白手起家”的创业英雄的成功故事，它们都表现了一个共同主题：强烈的创业和成就动机、热情和意志，这是导致美国成为世界上经济最富裕国家的一种决定性心理因素。美国人常说，“没有做不出来的东西，只有想不出来的东西”。世界上 60%以上的重大科技发明产生在美国，这应归功于美国人强烈的创业、创新动机、热情和意志等心理因素的影响。无疑，美国人的这些心理因素浸润于美国崇尚创新、冒险和竞争的社会文化土壤尤其是新教文化精神之中。可以说，正是那种谁养的牛多、谁种的玉米多、谁盖的房子多，谁就可能成为“上帝的选民”的新教伦理氛围，孕育了美国人强烈的成就欲望和创业激情。

亚洲“四小龙”的崛起，也与当地人强烈的创业动机、热情和意志有着密切的关系，而这种创业动机、热情和意志也是在特定的文化氛围即经过创新性转换之后的儒家文化氛围中形成的。正如艾勒塔斯所说，对财富、荣誉、健康拥有强烈的动机和光宗耀祖的愿望，一种对家庭几乎没有保留的许诺（为了家庭，个人必须努力工作和储蓄），以及一种纪律和节俭的规范，这些毫无疑问是儒家伦理中的重要文化因素，足以衍化为强烈的成就欲望和创业动机并产生一种生猛的经济行为。勃格将这些思想称之为“庸俗化的儒家思想”，即一套引发人民努力工作的信仰和价值。正是这种“庸俗化的儒家思想”衍化为高生产的工作伦理，而儒家的重和谐的规范则已成功地从传统的制度（如家庭和阶层化的帝国）转到现代的制度上（如公司或工厂）。[1]派伊也认为，儒家文化重视自我改善，因而尊重成就动机。麦克莱兰将中国的这一重要的文化价值观称为“取得成就的需要”，即使中国儿童所受到的教导都强调要有成就，否则就愧对父母。“在中国，成就会在家庭内部受到奖赏，儒家文化所规定的儿子对父亲的义务以及兄弟间彼此的义务是终身的责任。”[2]

改革开放以来，中国人的进取意识、成就动机、敢试敢冒敢闯精神、自主创业意识等有利于市场经济发展的思想观念已经在相当程度上被释放了出来，这尤其体现在农民身上。中国共产党十一届三中全会以来，中国的制度创新与经济增长，无论是乡镇企业、个体私营企业，还是专业市场、股份合作制以及民间金融制度等的勃兴，莫不与农民群众的活动息息相关。这一点，在中国东南沿海的发达地区的农民群众身上体现得尤为明显。例如，在浙江，经济发展形成了一种“民间诱致”的模式。“民间诱致”的模式本质上是一种市场解决模式、自发自生发展模式和自组织模式。政府的作用虽然重要，但仅仅是促进性、辅助性、倡导性、主持性的。卡尔·门格尔认为，占据主导地位的社会制度一开始并不是由某种行为个体进行协商之

〔1〕 金耀基：“儒家伦理与经济发展：韦伯学说重探”，载张文达、高质慧：《台湾学者论中国文化》，黑龙江教育出版社 1989 年版，第 312 页。

〔2〕［美］塞缪尔·亨廷顿、劳伦斯·哈里森：《文化的重要作用》，程克雄译，新华出版社 2002 年版，第 122 页。

后形成的带有意图性的结果，而往往是源于一大群人的非意图性行为，这将有利于社会中的每一个人。而且，如果社会管理与行为规则能够保持稳定并得到每一个社会成员的遵守，那么，整个社会将形成一种普遍的秩序。

“民间诱致”模式之制度变迁的一个重要的前提，就是从事制度变迁的有关群体具有强烈的进取意识、成就动机、敢试敢冒敢闯精神、自主创业意识，而浙江农民群体恰恰鲜明地呈现了这种文化精神。改革开放以来浙江各地星罗棋布的专业市场，是大批农民群众“自发自生”地兴起的：不是源于某人通过把一系列要素各置其位并且指导和控制其运动的方式而确立起来的人造的秩序、人为的秩序、建构的秩序，而是源于一大批农民群众的非意图性行为。

改革开放以来，在向来被视为落后保守的农民身上所体现出来的发展经济的活力的原因，无疑是多方面的，其中一个重要的原因，就是精神文化领域的大变革。十一届三中全会以来，中国共产党在思想路线上进行了拨乱反正、正本清源的工作，形成了“以经济建设为中心，坚持四项基本原则，坚持改革开放”的基本路线。在这一场以真理标准问题大讨论为起点的意识形态领域大变革的过程中，包括农民群众在内的中国人的心理态度、价值观念和行为逐渐地朝着有助于国家现代化的方向改变，从而为改革、发展、稳定营造了良好的社会文化大环境。一方面，“以经济建设为中心”，不仅仅意味着国家工作重心的转变，而且也意味着国家意识形态领域的变化，意味着自然经济、计划经济体制下的价值观念向市场经济体制下的价值观念转变。改革开放伟大决策的实施，尤其是“三个有利于”标准的提出，将包括农民在内的各个社会群体的求利动机和行为纳入合理合法的轨道，人们通过诚实劳动和合法经营获得经济利益的追求得到了肯定和鼓励。这就逐渐地改变了包括农民在内的各社会群体诸如“不患寡而患不均”的平均主义、知足乐世、轻商惧富以及将追求个人利益等同于走资本主义道路的传统价值观，从而在相当程度上清除了市场秩序自然演化的思想观念的羁绊，为包括农民在内的广大民众提供了进行制度创新的广阔空间，大大地提高了农村经济社会发展的绩效。另一方面，“四项基本原则”使中国在总体上保持着国家意识形态的一贯性和连续性，增加了包括农民在内的广大民众对中央决策的认同感，减少了城乡改革的摩擦和阻力以及社会的矛盾和冲突，从而大大降低了改革的方针政策的执行成本。同时，意识形态的一贯性和连续性，也是农村经济体制变迁、社会经济发展和现代化所需的社会稳定的必要前提和基础，在相当程度上避免了现代化进程中容易出现的社会动荡局面。它不仅使渐进性的农村经济体制改革可以从容推进，而且减少了农民经济活动中的风险性和不确定性。

上述表明，改革开放以来农民的思想观念已经发生了深刻的变化，从而为农村经济发展提供了强大的精神动力。进入21世纪尤其是党的十六大以来，党中央、国务院以科学发展观统领经济社会发展全局，按照统筹城乡发展的要求，采取了一系列支农惠农的重大决策。各地区各部门认真落实中央部署，切实加强“三农”工作，农业和农村发展出现了积极变化，迎来了新的发展机遇。但必须看到，当前农业和农村发展仍然处在艰难的爬坡阶段，农业基础设施脆弱、农村社会事业发展滞后、城乡居民收入差距扩大的矛盾依然突出。

毋庸置疑，农村已经进入新的发展阶段。农村经济社会发展中面临的问题，只有通过农民群众的创业、创新活动才能解决。发展阶段的大转变，客观上要求农村文化建设与时俱进，按照面临的新环境、新任务，不断地扬弃不适应性文化并创造适应性文化，进一步将农民的思想观念从自然经济、计划经济的束缚中解放出来，使那些在民间和传统中特别有利于市场经济发展的精神资源得以充分释放，进一步提升农村文化精神。实现这一任务一条十分重要的途径，就是通过加强农村文化建设，彻底地改变农村文化心理旧习，营造出鼓励农民群众干事业、支持农民群众干成事业的社会文化氛围，在创业创新中不断实现经济的新发展。

其一，要通过新农村文化建设，进一步培育和强化农民群众的创业、创新精神。毋庸置疑，新农村经济建设已经具有不同于以往任何时期的内涵，它既包括发展现代农业、推进农业现代化，也包括发展农村非农产业尤其是发展农村特色优势产业和产业集群，因此，它已成为一项复杂的系统工程。实施这项系统过程，显然需要一大批农民群众具有一种勇于抛弃旧思想旧事物、创立新思想新事物的创业、创新精神，需要一大批农民群众能够成为熊彼特所说的那种意志坚强、果断的人。首先要“存有一种梦想和意志，要去找到一个私人王国，常常也是（虽然不一定是）一个王朝”；其次要“存有征服的意志、战斗的冲动，证明自己比别人优越的冲动，求得成功不是为了成功的果实，而是为了成功的本身”；最后要“存有创造的快乐，把事情办成的快乐，或者只是施展个人能力与智谋的快乐”。造就这样的新农村的创业创新者，无疑需要多方面的努力，而农村文化建设显然是一条重要的途径。农村文化建设不仅有助于激发、保护和强化在改革开放过程中迸发的农民群众的创业创新精神，包括创业创新意识、创业创新兴趣、创业创新胆量、创业创新决心，最大限度地形成农村社会的思想共识，不断地凝聚农民群众创业创新的智慧和力量，而且有助于在农民群众中进一步弘扬求真务实精神、开明开放精神、宽容精神、勇于创新精神、竞争意识、团队合作精神、永不满足的进取精神、艰苦奋斗精神、诚信和谐精神、公正平等精神、恪守规章制度精神、坚忍不拔的意志、效率意识、甘冒风险精神、精益求精和专心致志的敬业精神、乐观以及刻苦钻研的精神，等等。

其二，要通过新农村文化建设，提高农民群众创业创新的知识和能力。创业创新的知识和能力是与创业创新活动有关的科学技术知识、管理知识和才能。在农村，创业创新者必须懂得并致力于技术的生产性应用、生产技术工作及其应用，以及它们对农业、乡镇企业、农村乃至整个社会所产生的普遍影响。创业创新还要求农民群众具有创造性思维以及解决问题的能力、管理的能力、超越自我的能力，等等。

其三，要通过新农村文化建设，营造有利于创业创新的农村人际文化氛围。马克思认为，人的本质是一切社会关系的总和。人是社会的动物，创业创新活动离不开社会，创业创新活动不是闭门造车，而是一种人际互动的过程。人际互动之所以不同于一般动物的相互作用，是因为人不仅存在于自然物理环境中，也存在于社会文化环境中，人际互动是在社会文化环境中进行的，并以声音、语言、文字、图画、手势、姿态、表情等文化符号为中介的。符号互动论认为，在人际互动过程中，人们往往是从他人对自己的态度和看法中来认识自己，形成并修正自我观念的。正因如此，农村人际文化氛围会反馈到农村创业创新者的内心，能对他们的思想观念和行为产生巨大的影响。如果创业创新知识和能力是农村创业创新活动的内因，那么创业创新人际文化氛围则是农村创业创新活动的外因。外因是事物变化的条件，内因是根据。一种有助于激发农村创业创新精神，能够发挥创业创新者的知识和能力，并对创业创新者产生凝聚力和亲和力的人际文化氛围必然是这样一种氛围：鼓励创业创新、宽容失败的家庭人际氛围；内外一致、和谐合作的创业创新组织人际文化氛围；农村社会群体的公正平等、宽容合作、诚实守信等精神，大气大度、开明开放的风貌，乡镇政府的服务意识、效率意识以及“简化手续、强化质量、诚信有序”的服务环境，有利于农村创业创新、成事以及宽容失败的政策措施、规章制度等创业创新组织的外部人际文化氛围。

其四，要通过新农村文化建设，营造有助于创业创新活动的农村物质文化环境。创业创新总是在一定的物质环境中进行，这种环境包括优美的农村空间布局和建筑、整洁的道路、宜人的生态条件等硬件设施。这些物质现象之所以也被归于有助于农村创业创新活动的文化氛围之内，是因为它们也是农村文化风貌和价值观的最生动、最直观、最形象的呈现，对农村创业创新活动具有重要的影响。社会学者戈比认为，在现代社会，要想吸引有远见的企业家在某一地区投资建厂，光有发展完备的工业区和可观的市场收益已经远远不够了。“对于许多企业来说，是否将企业向某一地区扩展或转移，在很大程度上取决于企业所以兴盛的雇员群体是否满意那里的社区生活服务水平。这就是人们经常提到的生活质量。”〔1〕良好的农村物质文化环境，不仅能够激发创业创新灵感，而且对创业创新者产生一种亲和力、吸引力，产生一种“筑巢引凤”的文化凝聚力和向心力。

第二节　社会主义新农村文化建设的价值追求

农村文化建设是新农村“四位一体”建设的重要组成部分，

〔1〕［美］杰弗瑞·戈比：《你生命中的休闲》，康筝译，云南人民出版社 2000 年版，第 160~161 页。

不仅对农村经济建设具有重要的作用，而且对于农村社会发展的其他方面也发挥着不可代替的作用和功能。

一、为农村社会成员提供正确的行动蓝图

农村文化建设有助于为农村居民提供良好的、有系统的行为规范，为农村社会成员提供正确的行动蓝图。根据文化社会学理论，文化能使一个社会的规范、观念更为系统化。有了文化，人们便有了行为的标准。文化提供给人们判断对于错、美与丑、合理与否等的尺度和规范，使人们的行动有了可以遵循的依据。社会化对于个人和社会都是十分重要的。一方面，社会化是个人在社会中生存和发展的必要准备；另一方面，对于社会来说，作为人类生活共同体，必须培养出合格的社会成员。文化所包含的风俗、道德、法律、价值观念、宗教以及物质产品等诸要素，可以有效地影响社会中个人的人格，从而为社会化提供了物质基础和精神养料。可以说，个人社会化的过程是通过学习生活技能和价值规范等得以实现的。人是在按照文化的要求与期望来塑造自己的过程中完成社会化的。正是文化的作用，才使一个生物人演变成社会人。通过文化，人们不仅学会了人际互动的知识，在什么时间、地点和时机，做某种行为和动作，才是正当、适宜，否则就是失礼不当的，而且人们也会发现社会与个人生活的意义和目的。通过文化，人们可以预测社会中他人对我们行动的反应。文化给我们一个预测他人行动的准绳，进而可以修改自己的行动。文化提供生存必需的知识和技能，教育制度使我们掌握专业技能，在社会生活中可以有一技之长，拥有赖以生存的手段。

正因如此，不同的文化形态会提供不同的行为规范和行动蓝图，从而通过社会化进程对社会成员人格的形成产生不同的

影响。而农村文化建设的一个重要任务，就是适应新农村建设的要求，用先进文化改造落后文化，通过发挥教育、舆论等功能，引导农民树立与新农村建设相适应的思想道德观念，提高农民的科学文化素质，形成和谐、淳朴、积极、健康、向上的文明风尚。在具体内容上，就是要教育农民弘扬勤劳、善良、孝顺等传统美德，引导农民树立民主、法制、诚信等现代文明道德；通过开展“三讲一树”（讲文明、讲科学、讲卫生、树新风）活动，引导农民养成文明健康的生活方式；通过普及科学技术知识活动，提高农民的科学文化水平。一言以蔽之，农村文化建设的一个重要的社会功能，就是营造良好的社会文化环境，为农村社会成员提供正确的行动蓝图以及判断是与非、美与丑、合理或不合理等的尺度和准绳。

二、传递乡村优秀文化传统

农村文化建设另一个独特的社会功能，就是通过传递而发挥促进社会进步的基础作用。文化社会学的研究表明，文化的传递有两个方面：一是代际传承，即人类将文化一代一代地传下去，子孙后代通过学习生活技能、谋生技巧、价值观念、行为规范，将社会的文化内化于己；二是横向传递，即在不同地域、民族、国家之间相互学习，相互借鉴，相互吸收。文化的代际传承和横向传递，对于人类来讲都是必不可少的。如果没有文化的代际传承，不仅很多文化会流失不存，而且人们在面对自然环境和生活环境时，不得不重新创造出应对的方法和手段、事物和规则，这样社会就无法表现出一种积累性的进步，文化在传递过程中不免有一些东西被丢失、被删汰、被加入，但是只要存在着传承过程，文化就会发生累积效应，每代人和每个人学习这些东西，可以避免从头做起，就能够集中力量发明新办法、对付新问题，文明因此而形成，社会因此而进步。如果没有文化的横向传递，文化就不能享有其他地域、民族、国家所创造的优秀文化成果。从人类历史上看，正是不同民族之间的交流极大地促进了各民族文化的发展。

毋庸置疑，农村文化建设在传递乡村文化传统中具有不可替代的作用和功能。任何一种文化创造都不可能脱离传统，正如马克思所说："一切已死先辈们的传统，像梦魇一样纠缠着活人的头脑。"〔1〕发展农村先进文化，也是以一定的传统为根基的。农村先进文化，既有历史的继承性，又有现实的时代性。继承是创造的前提，创造是继承的目的。在长期的乡村社会生活中，我国乡村形成了丰富的文化传统。在这些文化传统中，既有对乡村社会生活起积极向上和促进作用的优秀成分，也有浸润着一些封建主义思想和小农落后意识的糟粕。而农村文化建设的一个重要任务，就是传递乡村文化传统中的优秀成分，通过传承、扬弃和发展创新，既保留乡村文化传统的鲜明个性和独立品格，剔除其中的糟粕，又增添新的内容，从而保持农村文化旺盛的生命力。另外，农村文化建设在传递外来文化中也发挥着重要的作用和功能。先进的农村文化，必然不是故步自封的，而是立足于乡村文化传统，结合新农村建设的实践，促进农村社会和谐、服务农业现代化的开放的和不断创新的社会主义文化。改革开放以来，随着对外交往的增加，越来越多的农民已经从狭隘的、封闭的视野中摆脱出来，开始对更遥远地域的文化现象发生兴趣；越来越多的人开始告别那种"在家千日好，出门一时难""金窝银窝不如自家的狗窝""不见村后山，两眼泪汪汪"的心态，勇敢地闯向陌生的世界。如果说，

〔1〕《马克思恩格斯选集》第1卷，人民出版社1995年版，第585页。

在对外交往过程中农民对外来文化的接受是自发的，那么，农村文化建设则有助于将农民的这种接受从自发引导到自觉。通过农村文化建设，可以引导农民鉴别外来文化中的精华和糟粕，传递其他地域农村先进文化的经验，吸收先进的都市文化以及先进的国外文化。

三、为新农村社会和谐创造良好的文化氛围

农村文化建设对农村社会发展的另一个重要功能，就是为新农村和谐社会的构建创造良好的文化氛围。中国共产党十六届六中全会通过的《中共中央关于构建社会主义和谐社会若干重大问题的决定》指出："我们要构建的社会主义和谐社会，是在中国特色社会主义道路上，中国共产党领导全体人民共同建设、共同享有的和谐社会。必须坚持以马克思列宁主义、毛泽东思想、邓小平理论和'三个代表'重要思想为指导，坚持党的基本路线、基本纲领、基本经验，坚持以科学发展观统领经济社会发展全局，按照民主法治、公平正义、诚信友爱、充满活力、安定有序、人与自然和谐相处的总要求，以解决人民群众最关心、最直接、最现实的利益问题为重点，着力发展社会事业，促进社会公平正义，建设和谐文化，完善社会管理，增强创造活力，走共同富裕道路，推动社会建设与经济建设、政治建设、文化建设协调发展。"毋庸置疑，农村和谐社会建设是中国和谐社会建设的基础和重要组成部分，而推动农村文化建设与农村经济建设、政治建设、社会建设的协调发展本身就是农村和谐社会建设的题中应有之义。

农村文化建设有助于为农村和谐社会建设创造良好的文化氛围，从而为社会整合提供一个最重要的基础。所谓社会整合，是指社会集团内部的各要素和全体成员的相互适应与和谐一致

的状态，它是社会秩序的基础，是社会集团稳定、有序、和谐的最重要的前提。一个社会的整合必须依赖于一个社会的文化。帕森斯在《社会系统》一书中就直接论述了文化模式对社会整合、社会秩序与社会和谐的作用和功能。在比较抽象的层次上，他描述了发生这种作用的两种方式：一是文化的某些部分如语言，是互动得以发生的必要的基本资源。没有符号资源，就不可能有交流与互动。因此，向所有行动者提供公共文化资源，才会使互动成为可能。二是与此相联系但仍然可以分离的文化对互动的影响，就是文化模式中的观念（如价值观、信仰、意识形态等）。这些观念可以为行动者提供一些大众观点、个体本体，或者用托马斯的话来说，就是共同的“情景定义”，这些共同的理解，使互动得以在阻力最小的情况下顺利进行〔1〕。从文化整合功能的角度看，事实上，社会的不同文化机构都从不同的方面维持着社会的团结与和谐。教育机构发挥着培育社会成员的作用，军队保障着社会的安全，政治机构实现着对社会成员的控制，使之更符合社会的要求。

文化对一个社会的全部价值观和规范体系进行集合和解释。文化使社会形成一个整体，社会的各个要素之间之所以能连结成社会，是依靠了文化的维系作用。社会上的各种机构、组织、规范、制度等文化要素形成一个整体的体系，各个构成部分互相依存，都从各个不同的侧面对社会产生整合的功能。因此，如果文化的某一部分出现解体，也会威胁到整个文化体系，并进而导致社会团结与社会整合的瓦解。在一个社会内，文化维持社会秩序的正常运转。文化除了以一整套行为模式、价值和规范来支持社会整合外，还提供一套强制的制裁办法，以保证

---

〔1〕［美］乔纳森·特纳：《社会学理论的结构》，邱泽奇译，华夏出版社 2000 年版，第 36 页。

社会秩序的正常运行。文化之所以具有社会整合的功能，一方面是由于文化具有共享性，共享一种文化的社会成员能够相互认同，因此对于事物能够产生普遍一致的意见，这就为统一行动、步调一致、共同配合提供了自愿自觉的基础；另一方面也是由于文化具有传递性，在上一代社会成员向下一代社会成员传递生活技能和价值规范的过程中，也就将一个社会的本质性的传统保存了下来，使得一个社会不至于因时间的流逝或上一代社会成员的消失而产生混乱，从而使一个社会获得了历史的稳定性。

在中国传统社会，以儒家文化为主干的传统文化也对传统乡村社会的整合与和谐发挥了重要的作用和功能。但是，新农村建设背景下的当代农村的整合与和谐，无疑不同于传统乡村社会的整合与和谐。换言之，新农村建设背景下的当代农村所要达到的整合与和谐，是按照“民主法治、公平正义、诚信友爱、充满活力、安定有序、人与自然和谐相处”的要求，在生产发展、生活宽裕、乡风文明、村容整洁、管理民主的基础上实现的。这是一种建立在新的经济社会发展水平基础上的更高形态的社会整合与社会和谐。农村社会的这种整合与和谐，显然需要建立在新的文化形态即先进文化的基础上。诚然，受以儒家文化为主干的传统文化浸润的传统乡村文化之优秀成分，仍然会对新农村建设背景下的农村社会的整合与和谐产生积极的作用和影响。传统是人类过去所创造种种制度、信仰、价值观念和行为方式等构成的表象意征，它使代与代之间、不同历史阶段之间保持了某种连续性和同一性，构成了一个社会创造和再创造自己文化的密码，并且给人类的生存带来了秩序和意义。

以儒家文化为主干的中国传统文化有着丰富的历史内涵，有着自己独特的品格、价值取向和文化表现形式，有着诸多积极向上的、肯定的精神文化成分。诸如，重视人际关系和谐，倡导以和为贵、和气生财、家和万事兴、和而不同、和衷共济、和睦相处的社会风尚，以国家、民族、乡里和家庭为重的伦理观念，等等。传统文化中的这些优秀精神文化成分不仅对于中国传统社会乡风民俗的形成，对于传统乡村社会的整合与和谐都产生了积极的作用，而且在推进当代新农村社会的整合与和谐中依然发挥着积极的作用和功能。但是，另一方面也应看到，在中国传统文化中也浸润着一些封建思想和小农落后意识的糟粕，如封建政治和文化的专制主义，“君为臣纲、父为子纲、夫为妻纲”的封建纲常伦理，“天命论”思想，封建迷信思想，庸俗的人生处世哲学，愚昧落后的生活方式，等等。这些传统文化中的消极成分，对传统乡村社会乡风民俗的形成无疑产生了不可低估的负面影响，对当代新农村社会的整合与和谐产生了很大的消极作用。因此，营造有助于促进农村社会和谐的文化氛围，需要对传统文化进行区分和辨析，弘扬其积极的一面，改造或消除其消极的一面，而这正是农村文化建设的一项重要任务。换言之，新农村建设中的农村文化建设的一个重要功能，就是吸收传统乡村文化的精华，弃其糟粕，在面向世界、面向现代化、面向未来的基础上，形成先进的农村文化形态，并以此作为新农村社会成员的新的行为模式、价值规范，从而支持新农村社会的整合与和谐，为新农村社会的整合与和谐创造一种良好的文化氛围。

四、培育与新农村建设相适应的新型农民

建设新农村的最终目的是为了农民，就是使农民共享改革发展和现代文明的成果。同时，农民是新农村建设的主体，新农村建设是关系农民自身利益的大事，必须依靠农民来建设。也就是说，农民是新农村建设的受益者，也是新农村建设的主

体。充分发挥农民在新农村建设中的主体地位，需要提高农民的素质，培育推进社会主义新农村建设的新型农民。正如《中共中央国务院关于推进社会主义新农村建设的若干意见》所指出的："提高农民整体素质，培养造就有文化、懂技术、会经营的新型农民，是建设社会主义新农村的迫切需要。"毋庸置疑，农村文化建设对于农民素质的提高、新型农民的培育，具有重要的功能和作用。

首先，新农村建设就是要实现生产发展、生活宽裕、乡风文明、村容整洁、管理民主"五位一体"的目标。新农村，是相对于传统农村，相对于自然经济、计划经济时代的农村，是改革开放后新时期的农村，是在新的时代背景下具有新内涵、新风貌的农村。与自然经济时代和计划经济时代相比，当今中国新农村的基本特点是"五新"，即新居住环境、新技术环境、新体制环境、新分工环境、新居民主体。在这一意义上，新居民主体可以说，本身就是新农村的一个重要标志，培育新型农民，本身就是新农村建设尤其是农村文化建设的题中应有之义。

其次，从更广阔的视野来看，培育新型农民，提高农民综合素质，发挥广大农民的主体作用，不仅是增加农民收入、发展农业和农村经济的根本之计，是建设社会主义新农村的迫切需要，而且与整个国民经济和社会发展密切相关，是把我国巨大人口压力转化为人力资源优势的重要途径。

新农村建设需要农民的心理、思想观念、态度和行为方式都经历一个大的转变。正如英格尔斯所说："一个国家可以从国外引进作为现代化最显著标志的科学技术，移植先进国家卓有成效的工业管理方式、政府机构形式、教育制度以至全部课程内容。在今天的发展中国家里，这是屡见不鲜的。进行这种移植现代化尝试的国家，本来怀着极大的希望和信心，以为把外来的先进技术播种在自己的国土上，丰硕的成果就足以使它跻身于先进的发达国家行列之中。结果他们收获的是失败和沮丧。最先拟想的完美蓝图不是被歪曲成奇形怪状的讽刺画，就是为本国的资源和财力掘下了坟墓。痛切的教训使一些人开始体会和领悟到，那些完善的现代制度以及伴随而来的指导大纲、管理原则，本身是一些躯壳。如果一个国家的人民缺乏一种能赋予这些制度以真实生命力的广泛的现代心理基础，如果没有执行和运用这些现代制度的人，他们自身还没有从心理、思想、态度和行为方式上都经历一个向现代化的转变，失败和畸形发展的悲剧结局是不可避免的。再完美的现代制度和管理方式，最先进的技术工艺也会在一些传统人的手中变成废纸一堆。"〔1〕"一个国家，只有当它的人民是现代人，它的国民从心理和行为上都转变为现代的人格，它的现代政治、经济和文化管理机构中的工作人员都获得了与现代化发展相应的现代性，这样的国家才可以真正称之为现代化的国家。否则，高速稳定的经济发展和有效的管理，都不会得以实现。即使经济已经开始起飞也不会持续长久。"〔2〕在这里，英格尔斯从更宏观的角度，阐发了人的现代化、新型社会主体的培养对社会现代化的功能和作用。毋庸置疑，作为社会主义现代化建设重要组成部分的农村现代化或新农村建设，同样离不开人的现代化即农民的现代化。如果农民缺乏一种能赋予新居住环境、新技术环境、新体制环境、新分工环境以真实生命力的广泛的现代心理基础，如果缺乏新居民主体，农民尚未真正从心理、思想、态度和行为方式上都

---

〔1〕［美］阿历克斯·英格尔斯：《人的现代化》，殷陆君编译，四川人民出版社 1985 年版，第 4 页。

〔2〕［美］阿历克斯·英格尔斯：《人的现代化》，殷陆君编译，四川人民出版社 1985 年版，第 8 页。

经历一个从传统向现代的转变，即使是最完善的新农村建设蓝图，也会在一群传统人的手中变成一堆废纸。

新农村建设过程中的新型农民的培育无疑是一项涉及方方面面的综合系统工程，而农村文化建设则是其中一条重要的实现途径。这是因为，文化建设的一项独特功能就是提高人民群众的精神文化素质，农村文化建设自然也不例外。农村文化建设的一项重要功能就是，在满足农民群众文化需求的同时，通过文化熏陶和教育的方式，从根本上改变农民传统的生产方式、生活方式、交往方式和价值观念，引导农民转变观念、提高素质，走向富裕、迈向文明。

五、满足农民群众的精神文化需求

农村文化建设是满足农民群众精神文化需求的主要途径。随着农村经济的迅猛发展，物质财富以及闲暇时间的逐渐增多，教育水平的逐步提高，农民群众的消费活动已经超出了维持“生活水准”的标准，不再仅仅是满足生存的生理性和物质性活动，同时也是一种符号活动、交流活动和表现活动。文化消费逐渐成为当代农民的一种基本的生活风格和生存体验。这正是近年来农村消费性、娱乐性、休闲性、益智性文化产品需求急速增长的一个重要社会背景。当前，各种不同层次的农村文化受众，呈现出对不同种类的文化产品的需求，其中既呈现出对无需支付费用就可满足的非商品性的娱乐性文化产品的需求，也呈现出对需支付一定费用才能满足的商品性的娱乐性的文化产品的需求；既呈现出对武打、言情等通俗文学和科普读物的需求，也呈现出对生理感官上的享受的需求。在这一背景下，广大农民期盼“文化下乡”，希望有更多的好书、好戏、好电影进村到户，希望能学到更多的文化知识和农村实用技能。农民群众也希望自己能够“种文化”，即自主地参与到农村文化建设中来，亲自在农村文化的大舞台上登台亮相，从文化活动的旁观者变成文化活动参与者，从观众变成演员。“种文化”就像种庄稼一样，要让文化的种子在农村生根、发芽、开花、结果。然而，与此同时，目前农村文化建设在相当程度上还存在着与农村经济社会发展不相适应，与农民群众日益增长的精神文化需求不相适应，与经济全球化、政治多极化、文化多元化、信息网络化的客观现实和发展趋势不相适应等问题。这就要求我们进一步深化文化体制改革，发展和壮大农村公益性文化事业和文化产业，提供更加丰富的精神文化产品，以满足农民群众日益增长的文化需求；同时也要求我们确立文化以人为本的理念，牢固树立农民群众既是文化的创造者，也是文化享有者的意识，积极推进农村文化建设，努力实现和切实保障农村最大多数人的基本文化权益。

六、培育社会主义农村新风尚

目前对社会主义新风尚这一概念还没有形成统一的标准，使用比较多的是：“团结互助、扶贫济困、平等友爱、融洽和谐、健康文明”。乡风文明是建设社会主义新农村的灵魂。立足提高农民文明素质和农村文明程度，广泛开展农村精神文明创建活动，推进和谐家庭建设，倡导相互体贴关爱的和谐新风，展现社会主义新农村新气象，进而引导农民树立正确的道德观念，养成良好的道德行为，形成团结互助、扶贫济困、平等友爱、融洽和谐、健康文明的社会主义农村新风尚。

（一）社会主义农村新风尚的主要内容

在建设社会主义新农村的伟大历史征程中，既要大力发展农村经济，积极促进农业生产方式的现代化，又要与时俱进地推动农民生活方式和价值观念的转变，努力培育文明向上的社会风尚，为社会主义新农村建设提供强大的精神动力和思想保证。

社会主义农村新风尚在内容上主要体现在：第一，塑造社会主义农村新乡风。乡风文明是建设社会主义新农村的灵魂。中国的文明乡风源远流长，但是，目前农村中的传统陋习依然广泛存在，迷信风、赌博风等大有死灰复燃之势，与健康文明乡风格格不入。第二，弘扬社会主义农村新道德。结合农村实际，积极倡导社会主义荣辱观，大力弘扬以爱国主义为核心的民族精神和以改革创新为核心的时代精神。第三，展现社会主义农村新气象。立足提高农民文明素质和农村文明程度，推进和谐家庭、和谐村组、和谐乡镇等多层次、多样化的精神文明创建活动，倡导相互体贴关爱的和谐新风。第四，培养社会主义农村新习惯。改善农村生态环境、人居环境，打造拥有新房舍、新设施、新环境、新风尚、新秩序的农村新面貌，开展各种形式的文明健康教育活动，使科学、健康、时尚的生活方式深入人心。

（二）营造社会主义农村新风尚的良好氛围

一是注重在为农民办实事中教育农民。在推进硬件建设的同时，着力培养和提升农民的思想道德素质和文明素质。二是开展城乡结对共建文明活动。顺应农村社会价值观日趋多元化的趋势，运用以城带乡的机制，推动城市现代文明加快向农村传播，推动现代文明生活方式对农民传统生活方式的改造，树立农村新风尚。三是引导教育农民移风易俗，树立健康文明的新风尚。社会发展规律告诉我们，农民的文明程度是农村经济、文化、政治、社会进步程度的重要标志。当前农村不文明现象仍然十分突出，为此，必须深入开展移风易俗活动，引导农民破除迷信风、赌博风、大操大办、铺张浪费等陋习，形成勤劳致富、勤俭持家、孝敬父母、男女平等、家庭和睦、邻里团结、社会秩序安定的良好风尚。

（三）大力培育社会主义农村新风尚

加强培育社会主义农村新风尚，必须着力提升农村文明程度，促进农村社会和谐，贴近实际、贴近生活、贴近群众，创新内容、形式和手段，为建设社会主义新农村打牢思想道德基础，创造良好文化条件。

努力推进农村思想道德建设。思想道德建设集中体现社会主义先进文化的性质和方向，是农村精神文明建设的核心内容和中心环节。当前，根据农村和农民实际，主要是进行社会主义荣辱观教育，引导农民群众坚定走中国特色社会主义道路的理想信念。

积极发展农村群众文化。农村群众文化活动普及性强，参与面广，是满足农民群众精神文化需求的重要途径。所培养的农村群众文化，必须是内容积极健康、形式丰富多彩、风格清新质朴，具有浓厚的乡土气息。鼓励各种形式的农民自办文化，培养一批文化中心户，组建一批农民书社、文化大院、电影放映队，扶持一批民间职业剧团、农村业余剧团，支持他们扎根民间、深入基层、服务农民，传承民间艺术，传播有益文化。鼓励城市专业文艺机构、表演团体等组织各种小分队下乡演出，把多姿多彩文化产品和文化服务送到农村，把欢乐送给农民群众。

广泛开展农村精神文明创建活动。农村精神文明创建活动是农民群众移风易俗、改造社会、建设美好生活的伟大创造。开展创建各种形式的文明户、文明村、文明企业、文明市场、文明城镇等活动，努力形成多层次、多样化的农村精神文明创建工作新格局，引导和帮助广大农民群众走生产发展、生活富裕、生态良好的文明发展之路。

第四章
中国新农村文化建设的目标、方针和原则

当代中国正处在贯彻落实科学发展观、构建社会主义和谐社会和全面建设小康社会、推进社会主义新农村建设的新时代。在这个时代背景下，如何构建和发展与时代相适应的社会主义农村先进文化，借以塑造农民的灵魂，这是中国共产党执政能力建设的一项重要任务，也是时代与人民的呼唤。

中国共产党是执政为民的政党，政府是为人民服务的政府，保障公民文化权利是党和政府义不容辞的责任。公民文化权利的实现程度，是一个社会文明进步的重要标志，也是衡量一个国家或一级党政组织文化工作绩效的基本指标。文化权利是一项基本权利，包括享受文化成果的权利、参与文化活动的权利和进行文化创造的权利，进行文化创造所产生的精神上和物质上的权利应当受到保护。

党的十七大报告首次把文化作为国家软实力，在党的代表大会上作为重要任务提出。中共中央办公厅、国务院办公厅《关于进一步加强农村文化建设的意见》指出："农村文化建设要坚持以邓小平理论和'三个代表'重要思想为指导，树立和落实科学发展观，全面贯彻党的十六大和十六届三中、四中、五中全会精神，始终把握社会主义先进文化的前进方向，努力满足广大农民群众多层次多方面精神文化需求。要坚持'多予

少取放活’，加大政府投入力度，调整资源配置，深化体制改革，加强文化基础设施建设，构建公共文化服务体系，实现和保障农民群众的基本文化权益。发挥市场机制作用，加强政策调控，积极发展文化产业，充分调动社会各方面力量参与农村文化建设，提供更多更好的文化产品和服务。大力发展先进文化，支持健康有益文化，改造落后文化，抵制腐朽文化，倡导科学、文明，克服愚昧、落后，促进农村物质文明、政治文明、精神文明协调发展。”这一规定为我国农村文化建设事业的发展指明了方向。

第一节　社会主义新农村文化建设的目标

新农村文化建设是一个综合性的系统工程，它包含思想道德建设、精神文明建设、教育文化建设、科学技术建设等各个方面，而文化建设作为承载思想、培养情操、传播知识、提供消遣、美化生活、丰富人生等方面的重要工具，在繁荣农村经济、促进农村社会进步方面具有不可替代的作用。

近年来，党和政府对文化事业在社会主义新农村建设中的重要性的认识进一步深化，从提升国家软实力的高度认识文化建设，这是中国共产党人对公共文化事业认识的一次质的飞跃。把公共文化服务均等化作为实现和保障农民基本文化权益的主要途径，覆盖全社会的普遍均等、惠及全民的公共文化服务体系建设取得了显著成效，“全国文化信息资源共享工程”“送书下乡工程”“乡镇综合文化站建设”等国家重大文化工程的实施，有力地改变了农村文化基础设施、文化产品供给和服务的水平。在农村的广阔地域，非物质文化遗产蕴藏丰富，积淀深厚，传承活跃，传承机制稳定持久，优秀传统文化延续健康发展。在社会主义新农村建设中，优秀传统文化仍旧发挥着重大作用。广大农民群众世世代代创造和享用的民间口头传说、音乐、舞蹈、戏剧等表演艺术，礼仪、习俗和节庆活动，有关自然界和宇宙的知识，传统手工艺等，都是极其宝贵的精神财富。这使他们在生活中充满了幸福感和成就感，不仅是他们才智、价值观、道德观的体现，也是他们和谐共处的媒介，处理人与自然亲善关系的精神纽带。

党和政府对农村文化事业的发展进行了长远规划，中共中央办公厅、国务院办公厅《关于进一步加强农村文化建设的意见》指出："农村文化建设的目标任务是，按照建设社会主义新农村的要求，经过5年的努力，基本形成适应社会主义市场经济体制、符合社会主义精神文明建设规律的农村文化建设新格局。县、乡、村文化基础设施相对完备，公共文化服务切实加强。农村文化工作体制机制逐步理顺，现有文化资源得到有效利用。文化队伍不断扩大，农民自办文化更加活跃。文化产业较快发展，看书难、看戏难、看电影难、收听收看广播电视难的问题基本解决。农村文明程度和农民整体素质有所提高，文化在促进生产发展、生活宽裕、乡风文明、村容整洁、管理民主等方面发挥重要作用。"这一规定为加快发展农村文化事业描绘了新蓝图。

一、完善基础设施，提高公共文化服务水平

由于受经济条件、地理位置等因素的制约，我国农村文化基础设施建设滞后，公共文化服务的水平较低；农民日益增长的精神文化需要同落后的文化生产力之间的矛盾更加突出，农民的文化需求未能得到有效的满足。所以，必须把加强农村文化基础设施建设作为重点，切实加大投入，以政府投入为主，整合社会力量参与建设，逐步建立国家、集体、个人、社会相

结合的多渠道投入体系，逐步改变群众文化活动场地、设备、器材和现代传媒、网络等硬件设施严重不足的状态。应当变“蜻蜓点水”式的“送文化”为实实在在的“建基础”，多给予物和资的投入，以“硬”托“软”。温家宝总理代表国务院在十届全国人大五次会议上所作的《政府工作报告》中指出，要“着眼于满足人民群众文化需求，保障人民文化权益，逐步建立覆盖全社会的公共文化服务体系。突出抓好广播电视村村通工程、社区和乡镇综合文化站建设工程、全国文化信息资源共享工程、农村电影放映工程、农家书屋工程”。不断完善公共文化设施网络布局，以大型公共文化设施为骨干，以社区和乡镇基层文化设施为基础，优先安排关系广大农民群众切身文化权益的设施建设，加强图书馆、博物馆、文化馆、美术馆、电台、电视台、广播电视发射转播台、互联网公共信息服务点等公共文化基础设施建设。

县级图书馆、文化馆，乡镇文化站及村文化室，是农村基层重要的文化设施网络和活动阵地。根据《国家“十一五”时期文化发展规划纲要》，我国将加大农村公共文化服务网络建设，坚持以政府为主导，以乡镇为依托，以村为重点，以农户为对象，到2010年，实现县有图书馆、文化馆，乡镇有综合文化站，行政村有文化活动室，争取达到“一乡一站、一村一室、一人一册”的目标，形成较为完备的县、乡、村三级农村公共文化服务网络。近年来，国家不断加大对农村文化建设的投入力度，加强基础设施建设，为农村文化建设提供了有力保障。国家发改委从2002年到2005年投资4.8亿元，用于扶持县级文化馆、图书馆设施建设，三年间全国共补助县级图书馆、文化馆建设项目1078个，县县有图书馆、文化馆的目标正在逐步实现。乡镇综合文化站是新农村文化建设的主阵地。乡镇可结合乡镇机构改革和站所整合，组建集图书阅读、广播影视、宣传教育、文艺演出、科技推广、科普培训、体育和青少年校外活动等于一体的综合性文化站，配备专职人员管理。村文化活动室可“一室多用”，明确由一名村干部具体负责。充分发挥农村中小学在开展农村文化活动方面的作用，提倡中小学图书室、电子阅览室定时就近向农民群众开放，把中小学校建成宣传、文化、信息中心。在欠发达地区，国家将新建、改建、扩建约2.5万个综合文化站，配备必需的设备，完成对农村危旧公共文化设施的改造，基本实现全国乡镇均建有综合文化站。对西部及其他老少边穷等地广人稀适宜开展流动服务的地区，建立流动综合文化服务车，配备流动文化服务车、流动电影放映车，开展集影视放映、文艺演出、图片展览、图书销售和借阅、科技宣传为一体的流动文化服务，形成灵活、多样、方便的文化服务体系。

不断完善广播电视“村村通”工程。完善农村广播电视公共服务覆盖体系，以提高广播电视节目入户率为重点，充分利用无线、卫星、有线、微波等多种手段，全面推进广播电视由模拟向数字化转换，积极发展多种形式的新兴传播载体，推进广播电视进村入户，为广大农村地区提供套数更多、质量更好的广播电视节目。努力做好农村接收广播电视的服务工作，加强各级广播电视无线发射转播台的维护，更新设备，保障正常运行。同时，积极探索适合当地实际的运行服务机制，确保“村村通”长期有效运行。

大力实施农村电影数字化放映“2131工程”。该工程是指到2010年全国要实现每一个行政村（社区）每一个月放一场电影的目标。《国家“十一五”时期文化发展规划纲要》将“2131工程”列入七项公共文化建设重点工程。在电影放映的过程中，可在片头放映针对不同观众内容丰富的知识、信息，如廉政、计生、法规、种养技术等，让观众在潜移默化中接受信息、掌握知识、更新观念。

加快建设文化信息资源共享工程，开展农村数字化文化信息服务。文化信息资源共享工程是充分利用现代高新技术手段，将中华民族上下几千年积淀的各种类型的文化信息资源精华以及贴近大众生活的现代社会文化信息资源，进行数字化加工处理与整合，建成互联网上的中华文化信息中心和网络中心，并通过覆盖全国所有省、自治区、直辖市和大部分地市县以及部分乡镇、街道（社区）的文化信息资源网络传播系统，实现优秀文化信息在全国范围内的共建共享。文化信息资源共享工程要与农村文化设施建设统筹规划、综合利用，使县图书馆、文化馆和乡镇综合文化站、村文化活动室逐步具备提供数字化文化信息服务的能力，以便更好地为广大农民群众服务。

实施好“农家书屋”工程。该工程是通过加大政府投入和充分调动社会各方面力量，切实解决农民群众“买书难、借书难、看书难”问题，实现好、维护好、发展好农民群众的基本文化权益。“农家书屋”工程是一项由政府统一规划和组织实施的利国惠民工程，是农村文化建设的基础性工程，要按照“政府资助建设、鼓励社会捐助、农民自我管理、市场运作发展”的要求，支持农民群众开办“农家书屋”。截至 2007 年 6 月底，全国新闻出版系统共建成“农家书屋”4996 家，加上原来各地新闻出版局在农村基层建立的各类书屋，全国已建成各类“农家书屋”10 000 余家，农民群众“买书难、借书难、看书难”问题得到一定程度的解决。

二、建立健全农村文化建设的长效机制

当前，农村文化体制机制与社会主义市场经济发展的要求

还不相适应。一些面向农村的文化部门和单位的具体工作，常常出现“巧妇难为无米之炊”的现象：有计划，没办法，结果是落实难到位。基层农村文化建设要想真正有所发展，核心是要有一个有保证的、较为固定的长效工作机制。

建立健全农村文化管理体制。在管理方面，目前在县一级，县委宣传部负责群众文化宣传工作，县广电局负责电视广播，县文化局负责群众文化，县体育局负责群众体育活动；在乡镇一级，党委有党委组织的文化活动，教育部门也有自己组织的文化活动。在不少情况下，见到利益都上，遇见困难都让，对工作开展不利。农村文化改革发展的新形势，对文化管理体制提出了新要求。一是加强和改善党对农村文化工作的领导，发挥政府的主导作用，加强对公共文化机构的指导、监督，创新文化管理方式，既体现政府的有效作为，发挥政府的主导性，又充分发挥社会的积极性。在区分公益性和经营性的基础上，用开放的、社会化的理念管理农村文化建设，既不能“弃之不管”，也不能“一转了之”。二是推动文化行政管理部门由办文化为主向以管文化为主转变，由微观管理向宏观管理转变，由主要面向直属单位向面向基层农村转变，不该由政府管理的事项坚决转移出去，该由政府管理的事项切实管好，以便更好地履行政策调节、市场监管、社会管理和公共服务的职能。县级文化主管部门和乡镇政府在农村文化建设中的主导作用则应体现在文化活动的采购、文化遗产的保护、文化阵地与设施建设以及文化市场管理上。三是进一步理顺政府部门与文化单位的关系，探索建立统一的文化市场综合执法机构，强化政策调节、市场监管、社会管理和公共服务的职能，切实提高管理效能。

建立健全农村文化运行机制。首先，农村文化建设要根据当地的经济条件和现有可利用的文化设施资源状况，结合当地的人文风俗、经济特点、文化发展状况、农民需求和文化建设目标，进行统筹规划，既要考虑到农民的现实需求，又要考虑当地可供利用的资源和经费状况，尽量利用现有资源，做到节俭办事。其次，由党组织牵头，构建乡镇、村社有机联系的文化网络体系，充分发挥农村各种组织和能人的作用，积极组织开展农民群众喜闻乐见的文化活动，保证这些活动有场所、有引导、有组织，同时也能够使农民群众对它们产生兴趣。为保证活动的经常性，要形成各种活动的骨干队伍，使农村中有文化专长的人员成为体系中的中坚力量，带动和培训一批积极分子，奠定能使活动长期持续开展的人才基础。注重乡土文化活动项目的开展，把乡土文化活动和发展旅游经济、农村文化结合起来。引进新的文化活动项目，丰富农民群众的多层次文化需求。活动的经常性要融入农民日常的生产生活实际之中，在日常的生产生活中渗透文化建设，尽可能发挥文化“潜移默化”“润物细无声”的道德教化功能。

建立健全农村文化保障机制。毋庸置疑，农村文化建设需要强大的保障体系予以支撑，既要有物质支持，又要有政策支持，还要有业务支持和舆论支持。物质支持就是各级党委、政府、村社的资金投入以及通过其他渠道获得或创造的物质支持。为此，政府应完善投入机制，建立和完善以政府投入为主、多元融资为辅的农村文化设施建设投资机制，省、市、县三级应设立农村文化建设的专项资金，明确农村文化设施建设、配套设备及其维修、文化馆（站）活动、图书馆购书等经费硬性指标，逐步加大对农村文化建设的资金投入，确保农村文化事业经费的增长不低于同期财政收入的增长幅度。政策支持是通过政策的调节，确保农村文化建设有一个相对稳定的政策基础和政策保障。业务支持主要是县级群众文化工作单位的业务指导、人才培养、活动引领、经验导向方面的支持。舆论支持是相关媒体要形成良好的舆论氛围，加强对农村文化建设的报道和宣传，为农村文化建设呼吁、鼓劲、助威。

三、提高农民素质和农村文明程度

农民既是农业生产的主体，也是农村文化建设的主体。发展农村文化，建设社会主义新农村，关键和核心就是要迅速提高广大农民的思想道德素质和科学文化素质。首先，加强对农民的思想道德教育。这必须与大力发展农村生产力、推进农村民主法制建设等有机结合起来。以马克思列宁主义、毛泽东思想、“三个代表”重要思想为指导，深入贯彻落实科学发展观，积极宣传党的路线、方针、政策，大力推进爱国主义、集体主义、社会主义教育，使广大农民坚定走中国特色社会主义道路的信念；引导农民发扬顾全大局、互助友爱和扶贫济困的精神，正确处理国家、集体、个人三者的关系，自觉履行应尽的义务。其次，转变农民的思想观念。培育符合发展的开放观、市场观、竞争观，让农民尊重科学、懂得科学、自觉创造，运用科学手段发展经济；培养农民的法制观念、平等观念、契约观念，激发农民致富的热情且懂得致富的法宝；采取不同方式引导农民转变因循守旧、小富即安等传统落后的小农意识，逐步形成适合于农业现代化建设需要的思想道德和价值观念。再次，加强对农民的技能培训。加大实用技术和致富技术的培训，向农民传授经济林果业的栽培技术、各种饲养技术、病虫害和自然灾害的防治技术，提高科技成果在农业中的运用效果和普及程度，真正让农民掌握一些农业技术，进而掌握致富的本领，使农民尽快致富。通过教育和培训，使农民真正成为有文化、懂技术、善经营、会管理的新型农民。

在农村开展“告别陋习，走向文明”的常态化活动，使农民的精神面貌发生显著变化，农村文明程度不断提高，农村社会更加和谐稳定。美化家园，加大环境治理力度，杜绝“脏、乱、差”不文明现象，家家户户养成讲卫生的良好习惯。组织专家到农村举办《公民道德建设实施纲要》讲座，倡导文明从我做起，深入开展文明乡村创建活动。广泛开展文化、科技、卫生“三下乡”活动，动员广大农民群众与封建迷信、大操大办等陈规陋习和不良生活方式及行为彻底决裂。

第二节　社会主义新农村文化建设的方针和原则

一、社会主义新农村文化建设的指导方针

农村文化建设服从于中国特色社会主义文化建设大局，农村文化建设自然也必须遵循中国特色社会主义文化建设的指导方针。党的十七大提出了“十一五”时期社会主义新农村文化建设要坚持的指导方针：“坚持为人民服务、为社会主义服务的方向和百花齐放、百家争鸣的方针，贴近实际、贴近生活、贴近群众，弘扬主旋律、提倡多样化，始终把社会效益放在首位，做到经济效益与社会效益相统一。”〔1〕

（一）必须坚持马克思主义的主导地位，确保社会主义新农村文化建设的发展方向

马克思主义认为，统治阶级的思想在每一个时代都是占统治地位的思想，是占统治地位的物质关系在观念上的表现。每一个国家、每一种社会制度都有表达国家意愿与统治阶级根本利益的意识形态，这就是主流文化。马克思列宁主义、毛泽东

---

〔1〕 胡锦涛：“在中国共产党第十七次全国代表大会上的报告”，载《光明日报》2007年10月25日。

思想、邓小平理论、“三个代表”重要思想、科学发展观是工人阶级认识和改造世界的强大思想武器，是全人类精神文明的伟大成果，是我国社会主义意识形态的最重要组成部分和中国先进文化建设的根本，决定着我国文化事业发展的性质和方向。中国特色社会主义文化要求农村文化以弘扬时代和国家主旋律为己任，是党的理想的体现，是党的路线、方针、政策的文化解释。它的使命是在全社会形成统一的理想信念，引导人们树立正确的世界观、人生观、价值观，提高民族整体素质，为国家经济发展和社会进步提供强大的精神动力和智力支持。

随着全球化趋势的不断加强，国际上各种文化和意识形态的激烈冲突对中国文化产生了重大影响。中国农村文化的现实状况如何，存在怎样的问题，怎样迎接全球化的挑战，等等，都是我国农村文化建设必须面对的课题。同时，在改革开放的时代背景下，人们的理想信念、价值观等也发生了深刻的变化，西方意识形态和价值观对我国的主流文化形成了严峻的挑战，外来的黄色文化、颓废主义、极端利己主义甚至邪教等也在我国传播，人们的思想认识呈现多元化态势，其负面影响对经济发展和社会进步造成破坏。因此，在各种意识形态的冲突和斗争中必须坚持马克思主义在社会主义新农村文化建设中的主导地位，反对指导思想的多元化。而要做到这一点，最根本、最重要的是重视对马克思主义的学习，以马克思主义中国化最新理论成果武装教育农民群众。

（二）必须贯彻“二为”方向和“双百”方针，确保社会主义新农村文化建设的利益导向

中国共产党在领导社会主义建设的过程中形成了一套基本的文化建设方针：为人民服务、为社会主义服务（简称“二为”方向），百花齐放、百家争鸣（简称“双百”方针）。文化为人

民服务，最根本的就是要创造出更多人民喜闻乐见、健康向上的精神文化产品，满足人民群众日益增长的文化生活需要。“双百”方针，就是提倡在理论工作、文艺工作和科学研究工作中具有独立发表自己见解和保持自己意见的自由，反对将学术问题与政治问题等同起来。党领导文化建设的实践证明，当我们正确贯彻这些方针时，文化事业就繁荣；反之，文化事业就遭受挫折。

（三）坚持弘扬主旋律、提倡多样化的方针，促进社会主义新农村文化的大发展大繁荣

弘扬主旋律的本质是，在中国特色社会主义理论体系和党的基本路线指导下，大力倡导一切有利于改革开放和现代化建设的思想和精神，大力倡导一切有利于发扬爱国主义、集体主义、社会主义的思想和精神，大力倡导一切用诚实劳动争取美好生活的思想和精神。弘扬主旋律、提倡多样化是对“双百”方针的坚持、丰富和发展。

建设社会主义新农村文化，必须坚持社会主义先进文化的前进方向，坚持马克思主义在意识形态领域的指导地位，树立新的文化发展观；坚持优化资源配置，凝聚各方力量，形成合力；坚持实施项目带动，大力培育文化精品品牌；坚持开发与保护并举，实现文化的可持续发展。

二、社会主义新农村文化建设的基本原则

我们建设的农村文化是中国特色社会主义新农村文化，应顺应时代发展需要，朝着符合绝大多数农民根本利益的方向，坚持如下基本原则：

（一）以人为本原则

以人为本，就是指通过发展实现人的价值，表现人的尊严，

体现人性的关怀。具体地说，以人为本就是：一要不断满足人民群众物质文化生活的需要，不断提高生活水平，让发展的成果惠及全体中国人民；二要尊重和保障人权，切实保障人民群众的经济、政治和文化权益；三要不断提高人们的思想道德素质、科学文化素质和健康素质；四要创造人民平等发展、充分发挥聪明才智的社会环境。

社会主义新农村文化建设面向基层、面向农民群众，坚持以人为本，贯彻落实科学发展观，是提高农民群众生活质量、实现和保障农民基本文化权益的必然要求。积极构建布局合理、设施完善、功能齐全、服务方便的公共文化服务体系，实现工作重点下移、文化资源下移和文化服务下移，进一步满足基层农民群众的精神文化生活需求。

（二）多予、少取、放活原则

“多予、少取、放活”是党中央提出的建设社会主义新农村的战略决策，也是社会主义新农村文化建设应坚持的主要原则之一。在这里，“多予”，就是要加大对农村文化建设的资金投入，加强农村公共文化基础设施建设，建立健全社会主义新农村文化发展、文化权益的保障体系，巩固和壮大社会主义新农村文化发展的组织基础。“少取”，就是要在巩固现有成果的基础上，创造条件减轻农民负担，最终实现城乡文化权益的统一。“放活”，就是要为农村文化松绑，消除体制束缚和政策障碍，解放文化生产力，在政府主导和市场机制的双重作用下，激发全社会各方面力量参与社会主义新农村文化建设的积极性，充分发挥广大农民群众创造新文化的主动性。

（三）地域特色原则

地域特色原则，是指在建设社会主义新农村文化的过程中，根据当地农村独具特色的地域文化特征，因地制宜，走出适合本地农村文化发展的新路，防止不切实际地照搬照套，采取同一种模式。

中国是一个农业大国，由于各个村落分布区域的不同而具有独特的自然环境和人文环境，尤其在文化方面，已形成独具特色的地域文化。遵循地域特色原则，就是要挖掘和展示地方特色，打造具有地方特色的文化品牌，发展富有浓郁地方特色和蓬勃活力的内生型文化，不断推进社会主义新农村文化向前发展。

三、社会主义新农村文化建设的基本规律

中国共产党在发展农村文化的历史过程中积累了许多宝贵的历史经验，这些经验经受了长期实践的检验，已上升为如何发展农村文化的规律性认识。发现规律，进而利用规律，促进农村文化大发展大繁荣，对于实现农村经济发展与社会和谐稳定具有十分重要的意义。

（一）阶段性与长期性相统一的规律

文化自身发展的渐进性，决定了文化建设不可能一蹴而就。当前，在农村文化建设中必须反对追求即时效应——做表面文章，搞“政绩过程”。文化理论的创新发展是文化发展繁荣的前提。理论导向不正确，文化建设就死气沉沉；理论正确，意识形态和文化建设就充满生机和活力。实践证明，文化建设不能搞一阵风，也不能搞文化“大跃进”，而要在遵循文化发展规律的基础上稳步推进。文化发展与经济发展是相互作用、相互促进的，循环反复，螺旋上升，具有阶段性和长期性特征。新农村文化建设必须坚持阶段性与长期性相统一的规律。在一个地方，农村经济与农村文化是相互交融，相互促进的。有农村经济就有农村文化，没有农村文化的不断发展繁荣，也就不可能

有农村经济的可持续发展。文化经济化，经济文化化，文化经济一体化，显然已成为一种时代潮流。农村经济发展有阶段性和长期性目标，农村文化发展也概莫能外。《国家“十一五”时期文化发展规划纲要》指出：到 2010 年，实现县有图书馆、文化馆，乡镇有综合文化站，行政村有文化活动室，争取达到“一乡一站、一村一室、一人一册”的目标，形成较为完备的县、乡、村三级农村公共文化服务网络。这个文件比较全面地规划了农村文化建设在 2010 年这一阶段的奋斗目标。中新社 2007 年 7 月 11 日报道，中国还有 159 个县没有图书馆，628 个图书馆全年没有一分钱购书费。据文化部 2009 年的最新统计结果，2008 年全国 34 304 个乡镇中的 91 个乡镇没有综合文化站。因此，阶段性目标也存在极大的困难和挑战。

建设社会主义新农村，是一项长期的历史任务，实现这一宏伟目标，对于构建社会主义和谐社会具有重要的战略意义。而新农村文化构建是一项涉及经济建设、民主政治建设、和谐社会建设等各方面的综合工程，更是一项长期的工作任务。

（二）传承与创新相统一的规律

创新是发展的不竭动力，不断传承与创新是提高国家文化软实力的本质要求和核心体现，经济社会的创新发展首先取决于文化的创新与发展。追本溯源，人类从类人猿到人，文化的传承与创新是关键。当人的实践经验不断转化为间接形态的知识时，又通过教育塑造人，使人类的智慧实现了一次又一次的发展和升华。新农村文化构建表现为既能吸收传统文化的精华，又能根据时代发展的要求创造出新的知识。正因为有了文化的存在，人类社会才有了不断的进步和发展，而且呈现出一种良性的递进状态。

第一，推进文化创新。文化创新是指知识、制度和观念复合体的创新。必须建立国家文化创新基地，建设国家文化创新体系，提升国家文化创新能力。文化创新是文化要素的创造、选择、传播和退出交互进行的复合过程。文化创新的内涵丰富，如文化要素、文化内容、文化形式、文化知识、文化制度、文化观念、文化产品、文化服务、文化体系和文化生活等的创新。按照科学发展观的要求，协调推进网络文化创新、生态文化创新、工业文化创新、和新文化创新、知识文化创新和民族文化创新。

社会主义新农村文化建设只有紧跟时代步伐，在内容形式、体制机制、表现手段上不断勇于创新，才能创造出新的文化成果，推动新农村文化大发展大繁荣。

首先，内容形式创新是文化创新的核心。“内容为神”，农村文化的内容如何，始终是最关键的因素。必须进一步把握农村文化产品创新的重点内容，加强针对农村实际的现实题材文化产品的创作。同时努力打造传承历史优秀文化传统和美德、具有新的时代内涵的文化产品。内容创新的同时也要注重形式创新，采用不同风格、不同流派、不同审美倾向的形式创新，开发出更多更好的农村文化产品。另外，在表现形式上还需进行“古为今用，洋为中用”的改造创新。

其次，手段与方式的创新是文化创新的重要方法。文化作品的同一主题内容，也可以尝试通过不同的文化载体（如广播、电影、歌舞等）、文化方式（如说、唱、弹等）、文化手段（如送书、送戏等）来表现。把握分寸，掌握火候，调整风格，同类主题作品也能获得新的生命力和表现力。

第二，推进文化传承。优秀传统文化，是一个民族的精神内核，是一个民族的灵魂血脉，是一个民族的永久记忆。优秀传统文化随着历史的发展历久弥新，始终保存着祖先遗留下来的文化基因和文化特征。在当今时代，各种文化思想相互交流、激荡、竞争日趋激烈的形势下，丢弃传统文化必将导致严重后果。文化传承是对传统文化有所淘汰、有所弘扬，从而使传统文化得到发展。同时，又不断摈弃陈旧的、过时的、落后的文化，推出体现时代精神的新文化。文化传承就是在继承的基础上发展，在发展的过程中继承。

建设社会主义新农村文化，必须立足实际，尊重传统，注重传统文化因素在社会主义新农村文化建设中的精神传承作用。在全球化的时代潮流中，正确处理文化传承与文化创新的关系显得尤为重要。一方面，不能离开文化传统，空谈文化创新。如果漠视对传统文化的批判继承，民族文化的创新就会失去根基，变成无源之水、无本之木。另一方面，体现时代精神，是文化创新的重要追求。文化创新表现在为传统文化注入时代精神、时代元素、时代风尚的努力当中。文化传承与文化创新是相辅相成、不可分割的整体。

《国家“十一五”时期文化发展规划纲要》对传统文化的传承和保护给予了高度重视，正如该文件在序言中所指出的：“五千年悠久灿烂的中华文化为人类文明进步作出了巨大贡献，是中华民族生生不息、国脉传承的精神纽带，是中华民族面临严峻挑战以及各种复杂环境屹立不倒、历经劫难而百折不挠的力量源泉。”传承文化必须尊重传统，尊重传统是为了文化创新。

（三）服务性与产业化相统一的规律

发展文化事业的目的是，继承和弘扬优秀传统文化，吸收和同化优秀域外文化，提高人们的审美水平、思想道德素养和文化知识素质，净化社会风气，稳定社会秩序，规范社会行为，形成良好的价值取向，为人的全面发展和社会全面进步提供精神动力和智力支持。文化权益是群众的基本权益。坚持把发展公益性、服务性文化事业作为保障人民群众基本文化权益的主要途径。满足群众的精神文化生活需求，必须大力促进服务性文化事业建设。途径之一是通过公共文化服务来满足；途径之二是通过文化市场来满足。公益服务性文化事业对满足人们精神文化生活需求具有基础性、根本性的作用。新农村文化的大发展大繁荣必须构建起完善发达的农村公共文化服务体系，使农民群众享有充分的文化权益。发展农村服务性文化事业要通过增加投入、转换机制、增强活力、改善服务来实现，这样才能解决好农民自娱自乐、自我教育的问题，从而实现和保障广大农民群众的基本文化权益。农村服务性文化事业的发展既要积极探索、勇于创新，又要细致稳妥、有序推进，确保党对农村文化事业的领导，确保正确导向。通过关心农村及其贫困地区农民群众的文化生活，满足其看电视、听广播、读书看报、参与公众文化活动等方面的需求。“文化贫困”是贫困的一种，它不仅指知识贫乏，更指某一群体、家庭或个体在知识水平、思维方式、科技修养、思想道德素质、心理素质、主体性以及行为趋势上落后于社会经济的发展，跟不上时代的步伐，从而影响到自身的生存和发展，它是文化权益、文化利益分配、享用不均等、不健康的反映。在农村，“文化贫困”现象还比较普遍。

文化产业化是指文化生产、文化产品和文化消费直接进入市场，按照经济法则和价值规律组织规模化生产，以发展经济、赢利为目的的文化经济形态。以往由于我们忽视了文化的经济功能，纯粹以社会公益性投入建设文化，结果根本无法满足人们日益增长的精神文化需求，文化生活单调乏味。而文化产业依托人的文化消费需求，以市场法则运作，在政府的相关政策、体制、机制引导下，推动文化生产、文化产品进入消费环节，形成文化市场，有效地弥补了文化投入的局限性，拓宽了文化建设的发展空间。同时，通过满足消费者对情感愉悦的需求，又获取了经济利益，实现了社会效益和经济效益的“双赢”。

坚持服务性与产业化相统一的规律，推进社会主义新农村文化建设，应尽快在观念上实现四个转变：一是从只抓文化事业转变到一手抓公益性文化事业，一手抓经营性文化产业上来；二是从只片面强调文化产品的意识形态属性转变到既讲文化的意识形态属性，又讲文化的商品属性上来；三是从只重视文化的社会效益、忽视文化的经济效益转变到把文化的社会效益放在首位，坚持文化的社会效益与经济效益相统一上来；四是“文化只是文化”的“小文化”观念转变到“文化也是经济”的“大文化”观念上来。政治要进步，经济要发展，社会要和谐，文化是灵魂。文化发展必须全面统筹城市文化与农村文化、文化事业与文化产业、文化硬件与文化软件、文化产品数量与质量等多重关系，最主要的是坚持文化的服务性与产业化相统一的规律，推动社会主义新农村文化的大发展大繁荣。

第五章
中国新农村文化建设的内在驱动力分析

第一节 农民自创文化的理论视野

党的十八大报告指出：建设社会主义文化强国，关键是增强全民族文化创造活力。内部力量和外部因素的相互促进，必将大大推动中国新农村文化建设。从内部力量分析，农民自创文化无疑成为中国特色社会主义新农村文化建设的内在驱动力。尽管在我国广大农村地区农民自创文化十分普遍和活跃，但与这一振奋人心的实践状况相比，有关农民自创文化的理论研究却显得滞后和暗淡。为了深化农民自创文化的理论研究，充分发挥理论的指导作用，首先必须对农民自创文化的科学含义、基本特征和意义等问题有一个准确的把握。

一、农民自创文化的概念界定和基本特征

近年来随着农村文化的蓬勃发展，农民自办文化这一概念频频进入人们的视野，但究竟何谓农民自办文化？无论是理论界、学术界还是有关政府部门，至今未能就此达成一致的看法，给予科学的界定。有论者从生发空间和外延范围的角度指出："农民自办文化来自于农村基层，成长于乡间田头，服务于农村群众，是近几年来农村文化建设的新生现象，包括民间职业剧团、农村业余剧团、农村文化户、文化大院、农民电影放映队、

农家书屋、农村文艺经纪人等各类形式。”[1]还有论者从与民办文化比较的角度指出，农民自办文化具有如下特征：“第一，农民自办文化的主体都是本地农民；第二，农民自办文化的活动方式大都是满足于自娱自乐，突显群众文化特点；第三，农民自办文化的规模一般比较小，许多都是以单个家庭为文化单位，设备也很简陋；第四，农民自办文化一般是公益性的；第五，农民自办文化的产权许多是不明晰的，集体的、个人的、国有的都有；第六，农民自办文化的发展趋势是建立农村公共文化服务体系，或作为农村公共文化服务体系的补充部分，等等。”[2]应该说，这些论述都从不同角度、不同程度地对农民自办文化作出了诠释。但笔者认为，应该用“农民自创文化”这一新概念代替“农民自办文化”，基于两个方面的考虑：一是党的十八大报告指出，让一切文化创造源泉充分涌流，开创全民族文化创造活力持续迸发、社会文化生活更加丰富多彩、人民基本文化权益得到更好保障、人民思想道德素质和科学文化素质全面提高、中华文化国际影响力不断增强的新局面。二是时代要求，当今的中国已经进入大众创业、万众创新的“双创”时代。因此，“农民自创文化”这个概念可以界定为，农民个体或群体基于满足自身或群体的精神文化需求或物质利益需要的目标而依靠其拥有的各类文化资源而进行的具有创造性特点的各类文化实践活动。

根据上述界定，农民自创文化应具有以下基本特征：第一，农民自创文化的主体是农民。这就是说，所有的农民自创文化，

〔1〕 骆威：“新农村文化建设长效机制探讨”，载《浙江文化月刊》2006年第9期。

〔2〕 陈仁铭：“必须区分农村民办文化和农民自办文化”，载 www.ccmedu.com，2006-07-25。

其主要的策划者、组织者和参与者皆为农民群众。据此特征，那些由政府有关部门策划和组织提供的文化下乡演出，虽然同样面向农村地区和农民群众，但因其主体是政府，故不属于农民自创文化的范畴，而属于公共文化服务之列。第二，农民自创文化的各类文化资源为农民个人或集体所有。这就是说，农民在自创文化过程中，其所拥有和凭借的各类文化资源皆是农民个人或集体的。因而，尽管某些农民自创文化的部分文化资源最初可能源自有关政府部门的赠送或企业的捐赠，但就其产权归属而言，仍属农民自创文化。第三，农民自创文化的准入条件较低。农民自创文化固然需要各类文化资源，但由于它以满足自身或群体的精神文化需求或物质利益需要为目的，因而其准入条件较低，无论是资金条件，还是设备、人才条件，都不需太高。这正是农民自创文化与那些专业文化工作者所从事的文化实践活动的显著差异之处。第四，农民自创文化能为农民群众带来强烈的满足感和成就感。与政府有关部门组织的文化下乡演出等农村公共文化服务不同的是，在农民自创文化中，农民群众往往要亲自当演员、管理者、组织者，而不是单向接受的观众与看客，这也就意味着，农民自创文化能为农民群众带来更为强烈的满足感和成就感。究其原因在于，在农民自创文化过程中，农民群众往往更能体会到因为自己的技艺、智慧、品德和能力而带来的可喜结果，无论是剧团效益的增长，还是村民的赞誉和社会的好评，都将使他们更具满足感和成就感。第五，大多数农民自创文化带有一定的创新性，凝聚了农民自身的创造性劳动，能够坚持与时俱进，成为吸引农民群众的一道亮丽风景线。

二、农民自创文化的成因

农民自创文化作为一种历史悠久、广泛出现和生机勃发的文化现象，其背后自有某些必然性因素。

（一）广大农民群众参与自创文化的强大动力源于求乐、求异、求同的内在动机

毋庸置疑，求乐是人的本能的内在需求，趋乐避苦是人的本性。当我们对农民自创文化予以审视时，就会发现，绝大多数农民自创文化都包含了娱乐的内容和求乐的目的。无论是静态的文化实践活动还是动态的文化实践活动，无论是经营性还是公益性农民自创文化，它们普遍具有超越现实生活、充满技巧和艺术、富有美感等特征，能给人带来身心的轻松愉悦和心灵的慰藉。现实生活中，人们常将“文化”与“娱乐”二词相连，将求乐概括为农民文化的主要功能，显然都表明了娱乐与文化的深度内在关联。社会心理学认为，人们对于活动本身感兴趣，活动能使人们得到满足，是对自己的一种奖励和报酬，无需外力作用的推动。这种心理倾向属于人的内在动机。人们对某一事物的内在动机越强烈，其对该事物的注意力也就越强、越持久。〔1〕因此，我们有理由相信，正是由于演唱、戏剧、舞蹈、各类球赛等不同内容和形式的农民自创文化，能满足广大农民群众的求乐心理，从而激发了他们自创文化的强大和持久的动力。

由社会意识发展的滞后性、文化结构的复杂性等特点所决定，文化普遍具有异彩纷呈、差异性显著的特征，农村文化、农民自创文化也不例外。正如我们看到的一样，乡村文化的内容和形式普遍各具特色。以戏剧为例，仅在浙江省，便有因语言、唱腔和使用乐器等因素的不同而形成的诸多地方戏种，如越剧、婺剧、绍兴莲花落等；即便同属一种地方戏剧，也会因

〔1〕 时蓉华：《社会心理学》，浙江教育出版社 1998 年版，第 224~228 页。

故事编排、表演水平、道具配备等方面的不同，而产生不同的艺术效果。一句话，在农村文化、农民自创文化的内部结构之中，充满着内容和形式方面的“异”。而好奇求异正是人的本能，属于人的内在动机之列。这也就意味着，正是由于农民自创文化能给广大农民群众带来各式各样、各具风味的精神食粮，满足其好奇求异之心，从而催生出了庞大的农民自创文化参与者和消费者队伍。

马克思指出：“人的本质不是单个人固有的抽象物，在其现实性上，它是一切社会关系的总和。”〔1〕人天生就是一种社会动物，其生存和发展始终不能离开人们之间的互动与交往，而人们之间的互动与交往恰恰是以人们共同熟悉和理解的语言、行为方式和观念为前提和基础的，反过来说，一个人与社会中的其他人在语言、行为方式和观念等方面的共同之处越少越富有追求群体认同和渴望群体生活的内在需要。在乡村社会，对于其中的任何一位成员来说，其所参与的农民自创文化越多越久，也就意味着与本村其他村民在地，他的生存与发展所面临的困难就越大，他内心的安全感就越加缺乏。著名心理学家马斯洛也明确肯定了归属和爱对于人的重要性，认为归属和爱的需要是人的基本需要之一。可以认定的是，人为了生存和发展的需要，几乎天生地具有缘或血缘基础上的趣缘和职缘的增加，意味着彼此的关系更加紧密、互动更加频繁，以及共同熟悉和理解的语言、行为方式、观念更多，由此也就进一步增强其集体安全感。这也就是说，正是由于农民自创文化能为广大农民群众带来更强的群体认同以及更加和谐愉快的群体生活，从而驱动着他们积极参与丰富的农民文化生活。

〔1〕《马克思恩格斯选集》第1卷，人民出版社1995年版，第60页。

（二）巩固和强化农民积极参与自创文化的动力源于荣誉和利益的外在动机

无论何时何地，农民自创文化的开展一般都能为农民群众带来不同程度的荣誉和利益激励。譬如，农村各类文化赛事活动中，往往会为优胜者评奖，并给予一定的物质奖励。即便是那些没有设置奖项和给予物质奖励的农民自创文化活动，参与其中农民也往往能因此赢得别人关注和钦佩的目光，赢得他人的掌声和赞誉，获得良好的社会声望。显然，所有这些是对农民群众一种荣誉的激励。尤其值得注意的是，在一个重面子的乡村熟人社会，农民群众对于名誉和声望的需要尤为强烈，或者说，荣誉和利益对农民群众的吸引力和激励作用尤其显著。社会心理学认为，荣誉和利益属于外在动机之列，并肯定了外在动机对个体行为发生的推动作用。马斯洛同样认为，尊重属于人的基本需要之一，人有着对于实力、成就、优秀、胜任的欲望，要求自己有名誉、威望和地位。具体到农民自创文化的情境中，我们可以得出的结论是，正是由于各类农民自创文化能为广大农民群众带来不同程度的荣誉和利益回报，产生强大的外在动机激励作用，从而有助于农民自创文化的巩固和持续发展。

（三）农民自创文化吸纳广大农民群众参与其中源于准入条件较低、组织运作灵便的特点

无论是求乐、求异、求同等内在动机的激励，还是求荣誉、求利益的外在动机激励，其结果都是导致广大农民群众产生了对农民自创文化“必要性”的自觉和判断，而农民自创文化所具有的准入条件较低、组织运作灵便的特点，则为广大农民群众参与农民自创文化提供了可能性。准入条件较低，即指农民自创文化在资金、设备、专业技艺乃至人数等方面的要求均不

太高，它们不像城市图书馆那样，需要较大的占地面积，较大的资金投入，较多的管理人员和较多的藏书；它们也不像国办剧团一样，需要先进的音响灯光设备，需要优秀的艺术人才等。总之，准入门槛低和条件要求少，是农民自创文化的一大特征。此外，农民自创文化的受众主要是农民；也因为其资源的非公有性，而不像公共文化那样，在文化实践活动的时间、数量和质量等方面承担着公众规定的责任，由此也就使得农民自创文化具有组织运作灵便的特点。正是由于准入条件较低、组织运作灵便特点的存在，农民自创文化因而可以将尽可能多的农民群众吸引过来，可以使农民群众获得尽可能多的从事文化实践活动的机会。

三、农民自创文化的意义探究

作为乡村社会的内部构成要素之一，农民自创文化自产生之日起，便有其特定的功能和意义。在当前我国各地如火如荼地开展社会主义新农村建设的时代背景下，对于建设新农村文化和构建社会主义和谐社会，意义重大。

（一）借助排挤机制，净化农村文化市场，树立乡村文明新风

如前所述，绝大多数农民自创文化是农民群众在求乐、求异、求同等内在机制和荣誉、利益等外部动机共同激励的产物，因而，总体说来，农民自创文化普遍具有文化实践活动吸引力强、内容比较健康、参与者身心满足感强等特点。这也就意味着，在乡村社会，农民自创文化越来越普及，则深度参与其中的农民群众必然越多，流连于、沉湎于腐朽和落后文化的农民群众就越少。换言之，面对同样的受众，在农民群众业余时间和身心能量既定的情况下，农民自创文化必然会对腐朽落后文化产生排挤效应，使得腐朽落后文化难以俘虏广大农民群众，

难以在农村文化市场立足，从而为形成文明乡风提供健康的养料和良好的导向，为农村精神文明建设清理污秽和扫除障碍。许多农民自创文化丰富的农村地区，在总结其农村文化建设的成效时概括出来的“两多”与“两少”现象（学习科学文化知识的多了，参加健康有益的活动多了；搞封建迷信活动的少了，聚众赌博的少了），就是农民自创文化因其排挤机制而产生的积极效应的生动表述。

（二）借助继承机制，传承乡土文化，推进农村精神文明建设

正如我们所观察到的那样，相当一部分农民自创文化源自乡村民俗文化，或具有不同程度的民俗特征，是对乡村民俗文化的继承。农民自创文化与民俗文化的紧密相关，其实不是偶然的，而是有其必然性的。由于乡村民俗文化在时间安排、内容和形式上往往与农民群众的生产互补和平衡，与其生活相适应和相融合；并且由于乡村民俗文化在村民中孕育了共同的文化基因，培养了共同的兴趣爱好，为农民群众提供了丰富的现代文化资源，因而乡村民俗文化很容易被今日的农民群众在生产之余和生活之中所沿袭、所采用，也就是说，乡村民俗文化很容易转化为农民自创文化。当然，由于乡村社会是一个同质性很高的熟人社会，农村各类文化实践活动很容易被彼此相邻、拥有个体的语言和行为模式的农民群众所熟悉，容易被他们相互提醒、相互激活，因而农民自创文化也很容易向乡村民俗文化转化。总之，由于农民自创文化吸收和存储了乡村民俗文化的诸多要素，农民自创文化对乡村民俗文化具有相当程度的包涵和继承，因而大力发展农民自创文化，无疑有助于传承历史悠久和优秀的乡土文化。而悠久和优秀的乡土文化，正是今日之中国文化的根源和灵魂，是中国文化的特色和魅力所在，并且其中许多成分和要素可直接化为农村社会主义精神文明建设

的资源、养料和动力。这也就是说，农民自创文化因其继承机制，为今日之农村精神文化建设作出重大贡献。另外值得一提的是，在乡村民俗文化越来越因其差异性和独特性而显示其文化艺术价值和经济价值的时代，大力发展具有民俗内容和民俗特色的农民自创文化，还可为促进农民增收致富、实现农村生产发展和农民生活宽裕作出较大贡献。现今许多地方的农村民俗文化旅游业逐渐趋旺，便是这一美好前景的生动展示。

（三）发挥“启智”效应，提高农民文化素质，增强农民致富能力

众所周知，文化能使人增长知识，掌握科学技术，树立新的观念，提高生产经营能力等，所有这些可概括为文化的“启智”效应。在丰富的农民自创文化中，以开启明智为主要目的和主要内容的农民自创文化不在少数，典型者如许多地方的农民读书社、农家书屋、农家文化大院、农民故事会、农民电影放映队等。显然，此类农民自创文化开展得越多、越普及，则越有助于提高广大农民群众的科学文化素质，而农民科学文化素质的提高，正是增强农民群众的致富能力、全面建设小康社会、促进社会和谐的基础和关键。此外，尽管有些农民自创文化不以直接传授知识、科学和技艺为主要目的，但其内部结构中不乏有助于提高农民克服和解决自然或社会各类困难的能力的知识、观念、经验和技巧，具体如合作能力、组织能力、管理能力、宽容精神和价值观等。也就是说，这些自创文化不同程度地含有“启智”的内容和作用，并同样有助于农村的经济发展。以浙江诸暨等地的“板凳龙”为例，有论者就曾分析指出：“由各家自愿自备、自舞自乐，但巧妙链接、分合自如的板凳龙，可以随时扩大或缩小规模，相当壮观。重要的是，这种自愿而又协调的‘板凳龙’文化，由于财产明晰，分工明确，

因而在潜移默化中形成了最底层的老百姓既独立又合作的理性精神、财产权明晰的责任意识和对外交往的天然敏感性。”〔1〕

（四）借助聚合机制，增加沟通交流，促进农村社会和谐

农民自创文化依其组织形态可分为个体型与群体型两种。毋庸置疑，群体型农民自创文化，必然意味着众多的农民群众常常聚集一块，合为一群，以群体的形式开展各类文化实践活动。个体型农民自创文化，实际上也不同程度地具有聚合的特征，存在着群体聚合的现象，只不过聚合并未贯穿于所有的环节和场合罢了，群体成员在文化实践活动中的关系比较松散。总之，由于农民自创文化必然伴生着农民群众的聚合，从而也就大大增加了农民群众互动、交流和沟通的机会，其结果往往是促进了邻里之间、婆媳之间、党员干部之间的关系和谐化，有助于实现农村社会的和谐与稳定。著名人类学家马林诺斯基也曾指出：“友谊与爱情的联络、远亲或族人的相会、对外的竞争和对内的团结——这些社会的品质，可以由公开的游艺中发展出来。”〔2〕在农民自创文化的实践过程中，其借助聚合机制促进沟通交流的具体机理主要在于两个方面：一方面，农民群众彼此聚集一处，合为一群，可以加强彼此的信息沟通，消除隔阂和误会，从而增进彼此的理解、宽容和体谅。许多原先常常忙于各类公务、疏于与村民群众交流的农村干部，参与本村的农民自创文化活动后，往往能在不同程度上增进干群感情，这种典型例证十分普遍。另一方面，在家庭和邻里等特定社会关系中，部分农民群众所扮演的角色间本身存在不同程度的冲突

〔1〕 白小虎：“文化内生制度与经济发展的文化解释——鸡毛换糖、义乌兵与板凳龙”，载《浙江社会科学》2006 年第 3 期。

〔2〕［英］马林诺斯基：《文化论》，费孝通译，华夏出版社 2002 年版，第 90 页。

性，但是当他们经常参与到强调聚合与协作的各类农民自创文化实践活动之中，原有的冲突和矛盾往往因彼此之间更多的协作与配合，因共同的集体荣誉和利益，而得到缓解和淡化。正因如此，农民自创文化往往成了诸多邻里矛盾和家庭矛盾的消化场。无论是干群之间，还是家庭内部之间，抑或是邻里之间，所有这些矛盾和冲突的化解，最终都将有利于农村社会的和谐与稳定，有助于农村和谐社会的构建。

（五）借助对外交流机制，激发村民的集体荣誉感，增强乡村社会的内部凝聚力

农民自创文化的不断发展，必然催生出各地、各村之间农民自创文化的交流活动。这不仅是农民自创文化期望通过彼此的交流以取他人所长，从而提高自身水平的需要，还与农民自创文化希望在更大空间不断获取更多荣誉和利益的强大动力有关。不管怎样，农民自创文化具有其自身的对外交流机制是毋庸置疑的，现实生活中，各地农民经常性地自发组织各类跨区域的友谊赛事、巡回演出等对外文化交流活动，便是这一机制存在的有力证明。实践反复证明，当农民自创文化以村为单位或在不同程度上作为村民集体的代表而开展和运作时，所有参与者作为该村村民的共同身份意识往往得到强化，参与文化实践活动的农民群众的内部凝聚力以及他们对所属集体的荣誉感、归属感往往得到显著增强。这正符合梁漱溟先生所说的团体发展规律，即团体“界别愈严，则团结愈固”，“团体必须有其对抗者或竞争者，而后其生活振奋组织紧张”。[1]因此，对于乡村社会来说，借助农民自创文化的对外交流机制，不仅可以激发广大农民群众的集体荣誉感和认同感，增强其内部凝聚力，而

---

〔1〕 梁漱溟：《中国文化要义》，上海世纪出版社2005年版，第51页。

且可以在此基础上，促进其自我治理的改善和美好家园的建设，因为，农民的集体荣誉感和凝聚力，正是乡村治理、乡村建设的强大动力和深厚群众基础。

第二节 发展农民自创文化的现实路径

如前所述，农民自创文化在当今农村的现实生活中虽然具有不可代替的作用，但其功能和地位未被加以重视和关注，导致诸多问题的存在。探索解决这些问题的现实路径，对于推进社会主义新农村文化建设，促进农村社会的和谐与稳定，具有十分重大的意义。

一、公益性农民自创文化的扶持和发展

鉴于农民自创文化所具有的多方面的重要意义，政府对作为农民自创文化中的基本类型之一的公益性农民自创文化予以扶持，促其发展，自然是合情合理之事。这不仅仅是政府自身的职责所在，更为重要的是，公益性农民自创文化在农村公共文化服务体系建设中具有以下突出的优势和作用：

第一，发展公益性农民自创文化，有助于充分调动社会文化资源，弥补国家公共文化资源的不足，从而加快推进农村公共文化服务体系建设。当前，无论是官方还是学界，对农村公共文化服务体系的概念理解基本都是一致的，即指政府主导、社会参与的面向农民提供的公益性文化机构与服务的总和。显然，农村公共文化服务体系这一概念，本身就内含着调动民间文化资源的要求。从现实来看，尽管国家增加对农村公共文化资源的供给具有很大的空间及毋庸置疑的必要性，但无论政府如何加大其对农村公共文化资源的供给力度，都不可能在短期内最终实现完全满足广大农民群众的基本文化需求的目标，这

一方面是中国农民数量过于巨大，原先的公共文化服务体系的底子过于薄弱的缘故；另一方面，也与农民的基本文化需求本身就是动态的、与时俱进的，以及农民的文化需求存在内部的显著差异有关。既然国家对农村公共文化资源的供给始终存在不同程度的短缺，那么，充分调动包括公益性在内的各类社会文化资源以补其不足，从而加快推进农村公共文化服务体系建设，也就势在必行了。尤其还应认识到的是，公益性农民自创文化参与农村公共文化服务体系建设，并不会对举办或参与公益性自创文化活动的农民群众造成任何妨碍，基本不影响其文化实践活动的开展，也就是说，公益性农民自创文化参与农村公共文化服务体系建设，最终往往能达到利己利他的双赢效果。以农民家庭图书室这类典型的公益性农民自创文化为例，农民出资兴办家庭图书室，既可满足自己和家人的阅读爱好，同时在对本村村民的开放过程中又满足了邻里他人的精神文化需求，为提高村民的科学文化素质、充实村民的业余文化生活、促进邻里的交流作出了积极贡献；而且，家庭图书室的举办者因其参与公益性农民自创文化这一行为，往往能赢得邻里的尊敬，获得良好的社会声望。显然，这一事例充分表明，公益性农民自创文化参与农村公共文化服务体系建设，能极其有效地获得一个利己利他的双赢结果。

第二，发展公益性农民自创文化，有助于提高文化资源的配置效率，提升农村公共文化服务的质量，更好地满足农民群众的精神文化需求。建设农村公共文化服务体系的过程，在很大程度上也就是在农村地区对各类公共文化资源进行有效配置的过程。要使农民获得更多更好的公共文化服务，就必须提高公共文化资源的配置效率，而要提高农村公共文化资源的配置效率，也就不能不对公益性农民自创文化予以扶持，并促其大发展、大繁荣。事实告诉我们，公益性农民自创文化除了其文化实践活动终极目标的合理性之外，还具有资源配置效率较高的优势。相比于政府举办的文化院团、乡镇文化站等标准的公办文化，以及农村集体举办的准公办文化，公益性农民自创文化则因其空间的分散性、时间安排的灵活性以及文化资源的特色性等内在特征，往往能取得更高的资源配置效率，可以更好地满足广大农民群众对公共文化服务的需求。以文化示范户为例，当政府授予某位爱好农业科技且拥有一定数量的科技报刊和音像的农民以科技文化示范户的称号，并给予不同程度的技术培训辅导和文化资源捐赠，以帮助其更好地为本村及周边农民群众提供农业科技文化服务时，该农村文化示范户显然属于典型的公益性农民自创文化范畴。而这样的农村文化示范户恰恰有助于农民群众更方便地获得公共文化服务，因为周边的农民群众往往不需跑更远的路去借阅科技文化书刊，还可以在晚间去他家向他请教，等等。总之，类似于文化示范户的公益性农民自创文化在广大农村地区，尤其是那些集体经济比较薄弱、农民居住地比较分散的农村地区，往往能取得更高的文化资源配置效率，具有很强的生命力。

一旦我们认识到了公益性农民自创文化既有农民自创文化的一般意义和共性价值，又有其独特的优势和作用，我们也就解决了扶持和发展公益性农民自创文化的思想障碍和认识误区，政府对公益性农民自创文化的扶持也就主要成了操作层面的问题。因此，从政府的角度，对于公益性农民自创文化，可采取如下的扶持政策和发展举措。

第一，对于各类农村文化示范户，应增加文化资源的供给，加强教育培训力度，并对优秀农村文化示范户实行奖励。

已有的农村文化示范户，虽然不同程度地拥有各类文化资源，诸如图书、设备、器具等，并具有一定的文化指导和服务能力，但鉴于文化资源本身的逐步损耗，农村文化示范户自身的提高素质的渴求，以及农民各类服务要求的增长，更主要的是为了传递政府的鼓励信号，体现政府的真正扶持，宣传、文化、农业、科技等有关政府部门应不断增加其对农村文化示范户文化资源的供给，加强对他们的业务指导和专业培训。增加文化资源的供给，主要是政府有关部门应多向农村文化示范户免费提供那些适应农民生产、生活需要的图书、技术资料、音像制品、书架或者由政府有关部门出资免费安装电话、网络等基础设施。加强教育培训，则主要是有关政府部门应将农村文化示范户纳入其组织的各级各类文化和业务培训对象之列；或者经常指派有关专业技术人员下乡，对农村文化示范户直接给予教育、指导和帮助。

无论是增加文化资源的供给，还是加强教育培训，其目标主要是提高农村文化示范户的文化服务能力。而对农村文化示范户进行奖励，则主要是为了提高其服务积极性。目前，就全国整体而言，从省到市、县（区、市）、乡镇，普遍缺乏对农村文化示范户的奖励制度。因而，政府有关部门可以根据资源拥有数量、服务人次和群众评价等指标，对文化示范户进行总体评价，并按一定比例评选出优秀农村文化示范户；优秀文化示范户可以给予相应的物质和精神奖励，这不仅是对优秀文化示范户为农民群众提供良好文化服务的机会成本的适度补偿，更主要的是为了激励更多的农村文化示范户投身于农村公共文化服务，更好地服务于农民群众。

第二，对于农民自办的各类文化赛事，应通过提供场地、设备及资金补助等举措，给予鼓励和支持。

目前，除了在政府有关部门组织和举办的文化赛事活动中，越来越多地出现农民自创文化的身影之外，由农民群众自己组织、举办、全程参与的文化赛事活动也日益增加。农民自己组织和举办文化赛事，不仅有助于通过搭建舞台，更好地发现、展示和造就丰富的农民自创文化，而且有助于增强农民自身的组织能力和合作能力，有助于强化和健全农民自创文化的自我运作机制，促进农民自办文化的可持续发展。农民自己组织举办的文化赛事活动无疑是一种典型的公益性农民自创文化，对此政府自然不必过多介入其中，但本着鼓励和扶持的目的，有关政府部门可在两个方面发挥作用：一是提供场地和设备。农民群众囿于经济实力及其他原因，往往不完全具备举办文化赛事活动的条件，如场地、设备等；或者虽然买得起，但使用频率不高。因而，政府应无偿提供场地和设备，这不仅可实现政府扶持农民自创文化的目的，从整个社会角度来说，还将有助于提高文化资源的使用效率。二是提供资金补助。其资金补助的方式一般有两种：或者根据文化赛事活动的实际支出费用按一定比例报销；或者不考虑文化赛事活动的种类和实际开支，对每次活动均给予统一的一定数额的资金补助。前者比较公平和科学，但操作比较复杂；后者操作性强，但公平性、科学性稍有欠缺。

第三，对于农民业余文化团队，可以通过统一设置专门活动室、经常邀请参加公益文化活动、免费培训文化骨干、设置专项奖励等举措给予扶持和激励。

鉴于农民业余文化团队在功能上的诸多积极效应，以及农民业余文化团队在农村地区分布密度较低的实际，对于农民业余文化团队的扶持和激励显得尤为重要和紧迫。在实践中，对于农民业余文化团队的扶持和激励，可尝试如下的具体举措：一是在乡镇文化活动中心和村文化活动室，统一为各农民业余文化团队设置专门活动室。这主要是为了满足农民业余文化团队开展演练等日常活动的专门场地之需，进而促进农民业余文化团队的活动经常化和可持续发展。二是经常邀请参加公益文化活动。实际上，许多农民业余文化团队不仅可以为广大农民群众奉献出水平较高且各具特色的精彩节目，而且他们往往具有很强的责任心和很高的积极性。在他们看来，能够被邀请参加政府组织的公益文化活动，本身就意味着对他们的作用和影响的充分肯定；能够为更多的来自本区域外的群众奉献他们的文化产品，本身就是其价值的实现。三是免费培训文化骨干。如前所述，文化骨干的引领和聚结作用对于文化团队的形成和发展具有重大的意义，因而，为了扶持农民业余文化团队，促进其健康持续发展，必须高度重视农民业余文化团队中的文化骨干的业务培训工作。鉴于文化骨干们在专业方向和素质高低方面的较大差异，有关部门在组织面向他们的培训时，可实行培训科目自选制度，自主选择其感兴趣和需要的科目课程。当然，同时必须要求他们遵守和接受一定总量的培训课时的硬性规定。四是，设置专项奖励。其称号或为“优秀农民业余文化团队（文化骨干）”，或为“百佳农民业余文化团队”等，各地可自主确定，但宜实行县、区（市）整个行政区域内的统一。专项奖励制度的重点和难点，在于优秀农民业余文化团队和优秀农民文化骨干的评价标准的确定，在于其科学性、公平性和可操作性。笔者认为，在实践中，应以各县、区（市）文化主管部门、各县、区（市）文化馆和各乡镇文化站三方工作人员为主，组成评奖小组，承担全部的评奖工作；以文化团队的成员数量、活动次数、参与公共文化服务次数、村民评价及获奖等方面的情况为主要指标，并赋予不同的权重，构建一个合理科学的评价体系；在报刊、电视等地方媒体上实行公示制度，接受广大群众的监督。有关部门应对那些优秀者给予较大力度的物质和精神奖励；同时，有关媒体也应通过专题采访、报道等途径，对其进行大力宣传，以进一步扩大农民业余文化团队及其文化骨干的知名度，着力营造重视和支持公益性农民自创文化的社会氛围，更好地发挥媒体对社会主义新农村文化建设的推波助澜作用。

二、经营性农民自创文化的扶持和发展

作为农民自创文化的基本类型之一，经营性农民自创文化无疑具有农民自创文化所蕴含的一般价值和意义。由于经营性农民自创文化以利益激励为发展动力，以文化产业为发展方向，在充分实现追求社会效益的同时，又能充分实现经济效益，因此，经营性农民自创文化不仅激发了广大农民群众的积极性和创造性，而且颇受地方政府的重视，得到了政府不同程度的扶持。这也正是改革开放后尤其是近年来经营性农民自创文化快速发展的重要原因。

相比于一般的农民经营性文化，经营性农民自创文化别具其特色和优势，主要体现在两个方面：一是经营性农民自创文化为农民群众提供的文化服务往往比较近便。例如，如今在农村地区不难见到的个体书报销售点和音像出租店，其固定服务点，或在乡镇中心，或在某些交通方便、经济发达、人口较多的中心村，距离群众不远，自然农民群众要获得由经营性农民自创文化提供的文化服务也就往往近便和容易。正如我们所看到的那样，农民职业剧团总是从一个村演到另一个村，农民电影放映队常常翻山越岭到偏远的农村放映电影，让农民群众就近欣赏精彩的影片。二是经营性农民自创文化提供的文化服务，其内容往往适应农民群众的需要。由于经营性农民自创文化的

参与主体一般来自农村，熟悉农村的环境和生活，了解农民的习性和偏好，因而，其提供的文化服务的内容很合农民群众的口味，适应农民群众的需要。

基于经营性农民自创文化的多方面意义和特殊优势，政府自当为经营性农民自创文化的发展给予各种必要的扶持。具体来说，可以从以下几个方面加以考虑。

第一，对于农民职业剧团，通过提供剧本、加大政府采购力度、税费减免、允许参加职称评定和政府评奖等举措予以扶持，促其发展。

第二，通过政府宣传推介、授予民间工艺大师、纳入乡村文化旅游路线等举措，鼓励和扶持民间工艺品生产。

第三，通过鼓励注册文化经纪公司和实行奖励等举措，壮大文化经纪人队伍。

第四，通过鼓励有关政府部门实行宣传社会化以及对农民电影放映队实行奖励等举措，扶持农民电影放映队的发展。

政府在积极扶持经营性农民自创文化的同时，当然也不应放弃其应有的管理责任，唯有坚持大力扶持和加强管理两手一起抓，经营性农民自创文化才有可能得到健康持续的发展。基于农村文化消费市场和经营性农民自创文化的实际情况，政府的责任应主要包括：

首先，加大对农村地区腐朽、落后文化产品的打击力度。目前，在部分农村地区，不时出现流动摊贩和乡镇音像出租店非法销售盗版、反动、淫秽的图书和音像制品以及某些草台戏班表演淫秽、庸俗节目的现象。应该说，这些现象反映了农村文化市场管理存在着一些漏洞和不足。为了规范经营性农民自创文化的发展，创造健康良好的农村文化市场环境，有关部门应加大对这些腐朽、落后文化的清理和打击力度。从实践层面来说，政府尤其要重视基层文化稽查队伍的建设和举报奖励制度的建立。目前各地都建立了文化市场稽查队伍，且配备较好的硬件设施和较高素质的工作人员，但由于他们的行动空间有限，主要集中于城市，因而往往使得广大的农村地区成为文化管理的盲点，成为文化垃圾的藏身之地。为了及时掌握基层农村的文化市场动态，迅速有效地找准和打击违法行为，就必须充分发挥基层文化干部和广大农民群众的作用。各地除了将其文化稽查队伍网络向下延伸至各乡镇，由乡镇文化站工作人员适当地承担农村文化市场的监管职能之外，还应将各村主要干部纳入文化市场管理队伍之中，并赋予他们一定的权力和职责。与此同时，有关部门还应设立举报奖励制度，以激发广大农民群众的积极性，使各种腐朽、落后的文化产品和服务在广大群众的监视之下无法现身于农村。一旦经营性农民自创文化被发现有违法行为，有关部门除了依法给予适当的行政处罚之外，还可通过取消参加各类评奖资格等手段，加大对其违法行为的惩处力度。

其次，加强对经营性农民自创文化从业人员的法制教育。与行政处罚相比，法制教育可谓一种事先的、柔性的管理，但其效果可能更为持久且管理成本较低，因而必须予以重视。有关部门应每年不定期地组织若干次面向经营性农民自创文化从业人员的法制教育和培训，其内容应主要集中于某些相关法律法规的学习和解读，其手段可以是专家现场讲学、电化教育等多种教学手段的组合。同时，有关部门应将经营性农民自创文化从业人员参加法制教育和培训的情况，列入政府有关奖项评比的指标体系之中。

第六章
中国新农村文化建设的内容探究

学界关于农村文化建设的内容研究，主要着眼于思想道德建设和教育科学文化建设，这是从农村文化建设的根本任务和目标出发加以考虑。在坚持前人研究成果的基础上，笔者认为，确保农民共享社会文化发展成果的农村公共文化服务体系建设也是当前社会主义新农村文化建设的重要内容之一。随着科学发展观和构建社会主义和谐社会等一系列指导思想的日益成熟以及建设社会主义新农村与解放文化生产力等相关政策的陆续出台，作为公共文化服务体系中最薄弱的环节，社会主义新农村建设背景下的农村公共文化服务体系建设，已经成为实现全面建设小康社会战略目标的关键环节，成为一个重要的、越来越受到广泛关注的民权和民生议题。

第一节　农村公共文化服务体系建设

改革开放后，由于我国在国家权力退缩的同时未能及时实现公共服务向农村的扩展，以及在以经济建设为中心的同时却将文化建设长期置于不适当的从属地位，因而导致了农村文化生活的种种乱象和农村文化建设的堪忧局面，例如赌博之风盛行，宗教庙堂遍地开花等。正是在这样一种农村文化建设日趋衰败的形势下，农村公共文化建设才引起了党和政府的高度重视，成了广大农民群众的殷切期盼，并成为学术界关注的焦点之一。首先是中共中央办公厅和国务院办公厅于2005年11月7日联合出台了《关于进一步加强农村文化建设的意见》[中办发(2005) 27号]；然后是2007年6月16日中共中央政治局召开会议，专题研究加强公共文化服务体系建设，其中主要是农村的公共文化服务体系建设，此后不久，《中共中央办公厅、国务院办公厅关于加强公共文化服务体系建设的若干意见》[中办发(2007) 21号] 也于2007年8月正式颁发。这些方面表明了农村公共文化建设已经进入了党和政府高层决策的视野，农村公共文化建设即将进入一个更为广阔的实践空间和更快的发展轨道；另一方面也对农村公共文化建设的理论研究提出了紧迫的要求，要求我们对农村公共文化建设的内涵、特征等基本理论问题作出科学的阐释和解答，以便更好地回应和指导蓬勃发展的农村公共文化建设的伟大实践。

一、农村公共文化服务体系建设的理论视野

（一）农村公共文化服务体系建设的内涵与特征

所谓农村公共文化服务体系建设，指的是由政府主导，以公共财政为主要依托，以满足广大农民群众基本文化需求、保障广大农民群众基本文化权益为目的，而开展实施的各类文化实践活动的总和。这一概念的界定表明，农村公共文化服务体系建设是农村文化建设这一宏大系统工程的主体部分和主要内容，而非农村文化建设的全部，因为后者还包括更丰富的内容。譬如，在广大农村地区还存在着种种由企业或农民个体等主体出资举办的文化设施和文化活动，它们就不属于农村公共文化建设的范畴，而属于农民自创文化或社会参与农村文化建设的范畴。此外，农村公共文化服务体系，与农村公共文化建设这

一较早出现的概念相比，两者的内涵基本一致，区别主要在于前者突出了建设服务型政府的语境和农民权利主体的本位。

一般来说，农村公共文化服务体系建设具有三方面的基本特征，即主体的政府主导性，对象的平等性和开放性，内容的公益性和系统性。

1. 主体的政府主导性

这一特征意味着，农村公共文化建设必须由政府承担着资金投入、规划制定、管理监督等责任，各类文化产品和服务应主要由政府通过公共财政的途径提供。农村公共文化建设之所以在主体方面具有政府主导性的特征，主要是因为农村公共文化建设中的各类文化产品和服务具有公共产品的性质，所以不能由以营利为目的的企业以及非政府组织、非营利组织来承担主要的资金投入责任，而必须由代表着社会公共利益、承担公共服务职能的政府主导，由政府担负起资金投入的主要责任。当然，主导不是唯一，政府主导并不意味着拒绝和排斥其他社会力量的参与，相反，农村公共文化建设同样需要其他社会主体的积极参与和贡献，事实上也为各种社会力量参与农村公共文化建设、履行社会责任、实现自身价值提供了机会和可能。上述提到的中办和国办联合下发的《关于进一步加强农村文化建设的意见》等有关农村公共文化建设的文件，都在明确政府主导责任的同时，表明了明确的态度，欢迎和鼓励其他社会力量参与农村公共文化建设。

2. 对象的平等性和开放性

这一特征指的是，农村公共文化建设中的各类文化产品和服务应该向所有人免费开放，每位村民都有权享受和参与。农村公共文化建设是由政府主导，以公共财政为主要依托，为普及基本文化知识、满足农民的基本文化需求而实施的，对于提升整个民族的文化素质、确保国家意识形态的领导具有显著的正外部效应，因而农村公共文化建设中的各类文化产品和服务属于公共产品之列，并相应地具有免费和开放的特征，乃无疑之事。倘若有乡镇文化站实行收费准入、有偿服务的做法，从而造成有钱人能享用、没钱人不能享用的不平等结果，那自然有违农村公共文化建设的宗旨和本质。当然，如果某些公共文化服务机构的个别服务项目或其他某些公共文化产品的生产和提供成本过高，并无法内部消化，那么，适当地收取某些费用，实行微薄的有偿服务也未尝不可。譬如，文化信息资源共享工程的基层站点，以及乡镇文化站中的图书阅览室，便可对享受政府该项公共文化服务的农民一次性收取办证的成本费。不过，从本质意义上及长远角度看，农村各类公共文化产品和服务实行无偿提供、免费开放的做法是必需的，同时也是必然的。此外，对象的平等性与开放性这一特征也要求在确定和选择农村公共文化建设的主体和受众的过程中，不应对本地人与外地人、城里人与乡里人加以区分，这是因为，如果这样做，那就直接背离了农村公共文化建设的宗旨，在实践中也是极为有害的。

3. 内容的公益性和系统性

公益性是从内涵方面讲的，指的是在农村公共文化建设中，各类文化产品和服务的内容必须健康有益，符合广大农民群众根本利益和国家长远利益的需要。农村公共文化建设的内容之所以具有公益性的特征，主要是因为农村公共文化建设是由代表着全体人民根本利益的政府所主导，以国家的公共财政作依托，因而必须并有可能做到超脱某些小群体或个人狭隘的利益需要或不健康的兴趣偏好，而从整个国家和民族的根本利益以及整个社会的长远发展的角度，进行文化产品的生产和文化活动的组织。正是基于农村公共文化建设的这一特征，故而乡镇文化站和村文化活动室，就不会给各类含有反党反社会主义主张、宣扬“法轮功”等思想导向错误和内容不健康的读物留有余地；政府组织的送电影下乡，就不能将那些宣传暴力和色情的影片放映给农民群众观看，因为这些文化产品首先不符合公益性的要求，与农村公共文化建设的宗旨背道而驰。

至于系统性，则是从外延上讲的，它要求农村公共文化建设中的各类文化产品和服务应该具有各种形式，能够满足农民群众多方面的精神文化需求。譬如，中央已经确定实施的广播电视“村村通”、全国文化信息资源共享、乡镇综合文化站和基层文化阵地建设、农村电影放映、农家书屋建设五大农村公共文化服务工程，就涵盖了电影、电视、广播、图书、戏剧、歌曲等多种内容，满足了农民群众有电影和电视看、有书报读、有文化艺术可欣赏、有文化活动可参加等多方面的基本文化需求。系统性特征主要源于农村公共文化建设目标指向群体或受益对象——农民群众的精神文化需求丰富多样性，从感官需求的多样，到兴趣爱好的多样，到人的全面发展的需要，所以这些因素决定了人们的精神文化需求是多样的，因而也就决定了农村公共文化建设中的文化产品和服务的形式及种类同样必须是丰富多样的，即使它们满足的仅是人们基本的精神文化需求。当然，农村公共文化建设内容的系统性也是相对的，也就是说，在农村公共文化建设中，政府提供的文化产品和服务的种类也会随着政府财力的增长、科技的进步和人们认识的深化而不断发生变化。譬如，在过去电视机尚未进入寻常百姓家的时代，农村公共文化建设就不可能提出电视“村村通”的目标；又如，在过去没有网络的时代，也不会有文化信息资源共享工程的提出，借助网络满足人们对各类文艺和信息知识的需求，只有在现代网络技术得到发展和普及之后才成为可能。

（二）农村公共文化服务体系建设的内容分类

如前所述，农村公共文化建设的内容比较繁多，具有系统性的特征。为了更好地认识和理解农村公共文化建设，并有效地指导农村公共文化建设的实践，首先有必要对丰富多样的农村公共文化建设内容作一比较科学的分类。

很长一段时间内，许多人对农村公共文化建设的内容一般采取所谓“四基”的分类形式，即基础设施建设、基本活动建设、基层人才队伍建设和基层体制机制建设。这一分类形式在文化行政部门中使用得尤为普遍和长久。应该说，这一分类形式简洁明了，但也存在着过于粗略和一般化的缺陷。由于这一分类方法可以适用于许多其他领域，因而不利于详细描述和深入分析农村公共文化建设，不利于展示农村公共文化建设的特性。此外，还有学者认为，“农村公共文化包括农村公共文化活动和农村公共文化设施两部分。”〔1〕这种分类方式固然采取了新的文化形态的标准，但同样存在着过于简略的弊端。

笔者认为，对农村公共文化建设内容的分类，应着眼于时代之发展和实际之境况，遵循内容详细和便于操作的原则，具体可分为：第一，公共文化建设资金投入，包括确定资金投入主体、确保稳定和足够的财政投入等；第二，公共文化产品的生产和供给，包括确定生产供给主体、选择和确定公共文化产品和服务的内容和形式、确保有效提供价廉质优量足的服务供给等；第三，公共文化设施网络建设，包括设施网络建设的标准确定、功能定位和空间配置等；第四，公共文化建设人才技术保障，包括招聘足够的优秀文化人才、加强文化队伍的技术和业务培训等；第五，公共文化建设组织支撑，包括各级党委

〔1〕 曹志来：“发展农村公共文化建设事业应以政府为主导”，载《东北财政大学学报》2006年第5期。

政府建立有效的领导机制和相应的组织机构等；第六，公共文化建设运行评估，包括从内外两方面对公共文化机构的运行质量和服务绩效进行评估等。这一分类既涵盖了延续已久的“四基”内容，又从政府提供公共文化服务过程的角度，对农村公共文化建设的内容进行了更加完整和细致的划分，从而有助于深入地分析和较好地解决农村公共文化建设中的现实问题。

在实践中，政府的文化主管部门为了便于操作，常通过项目或工程的形式，对农村公共文化建设的内容进行简要概括，换言之，农村公共文化建设的内容分类的另一个重要维度就是农村公共文化建设工程或项目。综合2005年11月颁发的《中共中央办公厅、国务院办公厅关于进一步加强农村文化建设的意见》、2006年9月颁发的《国家“十一五”时期文化发展规划纲要》、2007年8月颁发的《中共中央办公厅、国务院办公厅关于加强公共文化服务体系建设的若干意见》精神，目前及今后相当长的一段时间内，我国农村公共文化建设的主要工程项目有广播电视“村村通”工程、农村电影放映工程、乡镇综合文化站建设、流动综合文化服务车、文化信息资源共享工程、农家书屋工程和“三农”出版物工程等。应该说，虽然这些工程、项目未能全部包括农村文化建设的内容，但基本上将农村公共文化建设的内容涵盖其中。

（三）农村公共文化服务体系建设的意义探究

1. 农村公共文化建设是保障农民群众基本文化权益、落实“以人为本”科学发展观和政府公共服务职能的应有之义

农村公共文化建设是“以人为本”的科学发展观的题中之义。农村文化建设的根本目的，是满足农民群众日益增长的精神文化生活需要，促进人的全面发展。人的全面发展既是一个理想境界，又是一个现实的历史演进过程。农村公共文化建设

的现实功能，是实现农村公民基本文化权利、提高农村公民综合素质和能力、提升农民精神境界和精神风貌、促进人的全面发展的重要路径。保障公民享有基本文化权利是宪法赋予公民的一项基本权利。农村公民应当同城市公民一样，享有公共文化服务和基本的文化生活。这是强调“以人为本”和“人的全面发展”的科学发展观的题中应有之义。

1966 年，联合国大会通过的《经济、社会和文化权利国际公约》（2001 年 2 月中国加入该条约）第 15 条规定，人人有权参加文化生活，有权享受科技进步及其应用产生的利益。法定权利必然是普遍的和强制性的。就此而言，以保障人民群众基本权利为天职、以提供公共服务为基本职能的政府，主导农村公共文化建设，承担主要出资人的责任，可谓天经地义之事。作为执政的中国共产党以执政为民为宗旨，这也就决定了其领导下的政府完全有必要主导并实施这一惠及亿万农民群众的农村公共文化建设的宏伟工程。20 世纪 90 年代以来，“文化权利”问题在我国日益引起关注和重视，保障和实现广大人民群众充分享受文化成果的权利被视为执政党建设的重要内容。党的十六大明确提出了全面建设小康社会的奋斗目标，要求人民的政治、经济和文化权益得到切实的尊重和保障。当前，我国城乡公民之间的文化权益不公平现象十分突出，这种不公平现象导致了农民生存心理的严重失衡，往往成为影响社会稳定、引发治安事件的源头，成为构建社会主义和谐社会的严重障碍。此外，由于我国长期存在的城乡二元体制的影响，政府的公共财政阳光对农村地区的覆盖一直十分有限，政府为广大农民群众提供的公共文化产品和服务素来稀缺，在农村公共文化建设方面欠账甚多。因此，加快建立覆盖全社会尤其是基层和农村的公共文化服务体系，大力实施政府主导的农村公共文化建设，不仅是实现好、维护好、发展好广大农民群众基本文化权益的主要途径，也是为了不断满足农民群众日益增长的精神文化需求，为广大农民群众提供足够的公共文化产品和服务，并实现公共文化服务的城乡区域公平化和不同群体之间的公平化。对于政府来说，这也是其建设公共服务型政府的应有之义。

2. 农村公共文化建设是培育新型农民、确保社会主义新农村建设持续顺利推进的内在需要

社会主义新农村建设是党中央在新的历史条件下，按照科学发展观的要求而提出的重大战略。在这一战略的实施过程中，最重要的问题和核心的环节莫过于培育“有文化、懂技术、会经营”的新型农民。这是由于广大农民群众是社会主义新农村建设的主体，只有不断提高广大农民群众的思想道德和科学文化素质，不断发展农民群众的精神资本和人力资本，才能真正实现生产发展、生活宽裕、乡风文明、村容整洁、管理民主的目标，而这也就对农村公共文化建设提出了迫切的要求。从一定意义上讲，农村公共文化建设就是一项综合性的农民素质提升工程，因为，无论是文化站、文化活动室等基本文化阵地设施，还是影视广播、各类书刊、借助网络传输的各类文化信息资源，或是组织开展的各类文化活动，其目标指向都是增加农民群众的文化知识，增长农民群众的生产生活技能，引导农民群众树立新的正确的思想观念和行为习惯，一句话概括就是，促进农民群众知识、技能和价值观等各个层面的文化的优化与提升。也就是说，农村公共文化建设始终以促进农民文化素质的提高为目标，总是在不同程度地起着推进社会主义新农村建设的巨大作用。现实生活中，诸如农民群众借助文化信息资源共享工程学会了许多农业实用技术，获得了许多有价值的市场信息等一个个实例，也为此提供了生动注脚。就此而言，大力

实施农村公共文化建设，可谓培育新型农民、持续顺利进行社会主义新农村建设的内在需要。

3. 农村公共文化建设是化解农村社会矛盾、构建农村和谐社会的有效途径

和谐的农村社会必须是一个邻里关系和谐、情感亲密深厚的社会。现实生活中，由于邻里之间缺乏足够的情感交流，往往使得彼此视同陌路，口仗不息甚至拳脚相向，从而在一定范围内损害了农村和谐社会构建的情感、道德和秩序基础。特别是当这些邻里矛盾和冲突大面积扩展开来和长时间延续下去，其对农村和谐社会构建的阻碍和危害也就更为严重。为了促进相互信任、相互慰藉、守望相助、亲密和谐的社区邻里关系的形成，必须高度重视农村公共文化建设。丰富健康的农村公共文化生活，可以为邻里提供许多共享闲暇、沟通信息、交流情感与合作互助的机会和平台，而社会成员之间的沟通交流与合作互助的机会越多，彼此的矛盾和冲突就会越少，感情关系就越融洽。此外，农村和谐社会的构建还离不开社会成员共同价值观的引导和规范，而为了减少村庄的不轨言行和内部冲突，就必须重视农村公共文化建设。这是因为，农村公共文化建设是一个促进农民群众彼此的认识、观念、情感频繁交流互动的过程，是一个以先进的主流文化引领、改造和同化其他非主流文化的过程，因而，农村公共文化建设的推进，必然有助于农村社区内部共同价值观和正确村庄舆论的形成，进而有助于村民之间的和睦相处，有助于对某些重大问题达成共识，促成彼此间的集体行动。

4. 农村公共文化建设是传播社会主义先进文化、巩固党在农村地区执政基础的客观需要

作为执政党的中国共产党，要加强其执政能力建设，巩固

其执政地位，就必须以社会主义先进文化引领全体民众，对于拥有全国人口半数以上的广大农村地区来说，这一任务就转化为实现社会主义先进文化在农村地区的广泛传播，以社会主义先进文化浇灌广大农民群众的心灵，武装他们的头脑。很显然，这一任务必须依靠农村公共文化建设才能完成。农村公共文化建设作为政府主导的公益性文化实践活动，其宗旨之一就是传播社会主义先进文化，就是依托公共财政，借助广播电视“村村通”、文化信息资源共享等系列公共文化服务工程，为广大农民群众提供丰富多彩、健康有益的精神文化产品，满足他们的基本文化需求，并逐步确立他们对社会主义先进文化的认同和接受，进而确立他们对党的领导和坚决拥护。正是由于农村公共文化建设与传播社会主义先进文化、巩固党的执政基础有着如此密切的关联，由于前者是后者的有效途径和重要基础，因而在我国农村的现实生活中处处可以发现，一个地方的公共文化事业越发达，当地的乡风就越文明，当地的党群关系就越和谐；相反，一个地方的公共文化事业越薄弱，那么当地的“黄、赌、毒”现象就越严重，社会的不和谐因素也就越多。

5. 农村公共文化建设是保护农村非物质文化遗产、繁荣社会主义文化的必然要求

近年来，由于保护中国传统节日运动、举办国家文化年等一系列文化事件的影响，随着国家和省市多级非物质文化遗产名录的陆续颁布、中国“文化遗产日”的确立，越来越多的中国民众对非物质文化遗产事关国家文化安全、中华文化创造力和文化多样性等问题有了深切的认同，对我国的非物质文化遗产的保护给予了高度的关注和殷切的期望。由于各类非物质文化遗产的代表是集合性的、较大数量的人，非物质文化遗产的所有权和受益权主体往往大于直接传承群体，因而非物质文化

遗产具有明显的公共文化特征。[1]非物质文化遗产不仅由各级政府及其文化主管部门来主张和申报，并由上级政府正式确认和给予一定的公共资源支持，这一系列事实都充分表明了非物质文化遗产的公共文化特性。反过来说，为了保护我国丰富的非物质文化遗产，进而为繁荣社会主义文化、保护国家文化安全、保护文化多样性和增强我国文化创造力作出贡献，就必须加强我国的公共文化建设，尤其是农村公共文化建设，这是因为大多数非物质文化遗产的传播范围是农村，大多数非物质文化遗产的传承者在农村，从这个角度来说，农村公共文化建设无疑是保护非物质文化遗产、繁荣社会主义文化的必然要求。

（四）社会主义新农村公共文化服务体系的构建主体

社会主义新农村公共文化服务体系（即农村公共文化建设）是由政府主导、以农民为主体、社会力量广泛参与形成的普及文化知识、传播先进文化、提高精神食粮、满足农村群众精神文化需求、保障农民群众基本文化权益的各种公益性文化机构以及提供的各类文化产品和服务的总和。

新农村公共文化服务体系建设的责任主体除了政府，还包括农民自身和其他社会力量。要发挥不同主体的力量，形成构建农村公共文化服务体系的合力。

1. 政府——社会主义新农村公共文化服务体系构建的主导力量

政府是社会主义新农村公共文化服务体系构建的主导力量，是由中国国情和政府的现代职责所决定的。

中国目前还是一个处在现代化进程中的发展中大国，人民群众迅速增长的文化需求，与文化产品和服务的有限供给之间

---

〔1〕 高丙中："作为公共文化的非物质文化遗产"，载《文艺研究》2008 年第 2 期。

存在较大差距的状况仍将长期存在。这就决定了政府在公共产品的提供、资金的投入、制度的创新等方面都具有不可推卸的责任和不可替代的作用，政府无疑成为新农村公共文化服务体系构建的主导力量。

政府的现代职责要求也决定了政府是新农村公共文化服务体系构建的主导力量。公共事业的建设是政府的重要职责。随着政府行政理念的创新和政府职能的转变，“社会管理”“公共服务”在政府职能定位中日益突出，基层政府尤其如此。农村公共文化服务体系作为文化领域的社会公益性服务体系，其构建是各级政府履行公共服务职能的本质要求。加强公共文化服务体系建设，是构建社会主义和谐社会的基本要求，是执政为民理念的重要体现，是建设服务型政府的客观需要，更是各级政府部门应尽的职责和义务。

我国农村地区情况复杂，地方差异大，政府在发挥主导作用时要因地制宜，把握尺度，科学发挥。在大部分农村地区，文化基础相对薄弱，政府职能上的“缺位”多于“越位”，政府应积极发挥主导作用，积极介入文化基础设施建设、文化队伍建设和开展各种文化活动等各个方面，建立健全农村公共文化服务体系，同时佐以市场服务，保障农民的文化权益，满足农民群众最基本的公共文化需求。在经济相对富裕的农村地区，政府应着重发挥引导和规范作用，更多考虑农民的建设者身份，释放农民创造新文化的主体性，激活农民的文化创造力。从满足农民个性化和较高层次的文化消费需求，满足农民的选择性文化需求出发，培育农民的公共精神，在政府主导和市场机制的双重作用下，充分调动农民群众参与建设的积极性，让农民从参与公共文化建设中获得幸福感和自豪感，满足享受型文化需求。

2. 农民——社会主义新农村公共文化服务体系构建的主体力量

改革开放以来造成农村文化建设困境的根本原因就是农民创造文化的主体力量没有得到高度重视和充分发挥。如果在社会主义新农村文化的创造上，农民成为旁观的局外人、简单的劳动者，这种身份不但会造成农民对文化建设的冷漠，而且会使我国农村文化的发展丧失源头活水，更不用说中国特色。

当前，在我国新农村公共文化建设的实践中，农民主体力量尚未得到充分发挥，究其原因，主要有以下几个方面：

一是农民的公共服务意识淡薄。一直以来，农民公共文化观念还停留在公共文化活动的参与和文化权利的享受上。作为文化活动主体，农民的自主性、寻求文化提升的文化自觉尚未真正形成。农民的公共服务意识还比较淡薄，尚未形成公共文化大家办的观念，缺乏主体角色意识。农村文化建设缺乏农民群众广泛、热情的支持和参与。二是对政府主导力量的依赖。我国传统的农村公共文化服务是政府选择、政府供给的国家垄断性体制，政府办文化的观念根深蒂固。目前农村文化建设仍以各级政府包办的形式为主，农民的依赖思想比较严重。三是农民自身素质的制约。当前农民的文化水平不高是造成农民公共文化参与意识不强、文化创造力不够的关键原因。四是制度的缺失。部分农民群众对积极健康的先进文化需求强烈，但是在自主举行文化活动、兴办文化产业时，缺乏有效的引导，缺乏制度的保护，甚至常常受到制度的约束。

农民是社会主义新农村文化建设的主体，农民问题是新农村文化建设的首要问题，更是方向问题。农民在新农村文化建设中的主体地位，决定了中国特色社会主义新农村文化建设就是为农民服务。马克思主义认为，人民群众是物质财富和精神财富的创造者，是进行社会变革和推动社会进步的主体和决定性力量。农民，不仅仅是新农村文化的享受者和受益者，也应该是新农村文化的创造者和建设者。

满足农民自身的文化需求也决定了农民是社会主义新农村文化建设的主体。当前农民群体存在着两种文化消费需求：一种是基本的文化需求。这是农民基于生活和劳动需要而产生的，带有集体参与和群体需求的性质，满足的是农民作为社会主义劳动者的最基本的文化需求，对于整个农村地区具有共性。比如收听广播和观看电视、电影的要求，对休闲娱乐和体育健身的要求，对参与节庆文体活动的要求，等等。另一种是享受型文化需求。这种需求体现的是带有农民个体倾向的文化消费和自我实现的需求，满足的是农民群体中较高层次的文化消费和自我实现的需要，具有较强的个性。比如因个人爱好而产生的对现代娱乐的需要，因生产需要而产生的对图书、报刊借阅和电子信息服务的需要，等等。农民，不仅仅是文化的享受者和受益者，也是文化的创造者和建设者，是文化建设的生力军。只有最大限度地把农民吸纳到文化建设队伍中来，才能更好地摸清农民群众的文化需求，更有针对性地提供和满足农民的文化需求。因此，让农民参与到文化建设中来，是满足农民文化需求的本身要求和特殊途径。

农民是社会主义新农村文化建设的主体，是弥补政府主导作用有限性的需要。随着农村改革的全面发展，政府独家承办文化的体制已经越来越不适应农村的发展变化，不符合由“小文化”向“大文化”发展和逐步完善“大文化”的职能的规律。政府在新农村公共文化建设中的服务者角色，要求政府为农民群众提供更多更好的公共文化产品和服务，以维护和保障农民的基本文化权利。但是政府的主导力量即使是最大限度发挥也是有限的，农村的文化局面不是政府下大决心、下大力气就可以一手包办和改变的。政府在实现农村公共文化服务供给的最大化和最优化以及满足农民群众的文化需求上难免有缺失，需要农民这支生力军的加入。

农民是社会主义新农村文化建设的主体，有着历史和现实的生动证明。由于人类的求同、寻求群体归属感以及求异、满足天生好奇心两种内在动力机制的共同作用，广大农民群众对文化娱乐活动有着近乎本能的接近和参与的愿望。譬如，湖南在清朝时期总共有 400 多个大剧场，国家没有投入一分钱也搞得红红火火。在现实生活中，当前农民自办的许多文化团体运转顺利，而政府主办的许多文化单位却惨淡经营就是生动的例证。可以说，在政府尚未建立和完善农村公共文化服务体系的时候，广大农民群众已经是农村公共文化服务体系建设的骨干力量。历史和现实均表明，农民办文化既有热情，又有信心，也有能力办好。

综上所述，农民在社会主义新农村公共文化服务体系建设中的主体地位是毋庸置疑的。关键的问题是应使农民认识到自己的主体地位，自觉承担起主体角色，摆脱依赖思想，真正成为社会主义新农村文化建设和发展的主体。社会主义新农村公共文化建设要突出农民这个主体，必须综合运用各种文化手段，把握和适应广大农民群众文化需求的兴奋点，满足农民文化需求的新变化。

3. 社会力量——社会主义新农村公共文化服务体系构建的重要力量

社会力量是社会主义新农村公共文化服务体系的建设主体之一。社会发展的经验告诉我们，由于政府行为的有限性和人们需求的逐渐多元化之间产生了矛盾，政府无法满足人们日益增加的多样性需求，这就要求政府必须回馈或让渡部分权益给社会，让社会有能力自己承担起社会发展的主体责任，形成政府、市场和社会的有序运行。随着经济社会的发展和政府职能的转变，原来由政府垄断的公共服务职能将越来越多地被释放出来。政府在构建新农村公共文化服务体系方面既要发挥主导作用，又不能单方面垄断公共文化服务的提供，而是应该开放农村公共文化服务领域，鼓励广泛的社会参与。政府要制订规划和政策，动员其他社会力量参与，为其他力量参与公共文化服务提供更大的活动空间和可能。社会力量具有强大的生产能力与市场竞争力，在文化基础设施的建设以及某些具体文化产品的生产中具备比政府及其所属文化事业单位更多的优势。社会力量参与到新农村公共文化建设中来，有利于弥补政府对农村公共文化服务投入力量的不足，丰富新农村公共文化服务的内容，提高农村公共文化服务的数量和质量，促进行政管理体制改革和政府职能转变，推动农村公共文化服务体系的建立健全和高效运转，从而满足广大农民群众多样化的文化需求，最终实现“乡风文明”和农村社会和谐的目标。

二、社会主义新农村公共文化服务体系建设的基本现状

就当下而言，我国的农村公共文化建设在纵向比较上取得了显著的成就，可谓大发展、大进步，但与其他农村公共事业相比，农村公共文化建设还存在不小的差距，农村公共文化建设的现状表明，广大农民群众日益增长的精神文化需求还远远不能得到满足。

（一）中国农村公共文化服务体系建设的主要成就

2005 年以来，我国农村公共文化建设的进展和成就是多方面的，在许多环节和领域皆有不同程度的表现，尤其突出地体现在以下两个方面：

1. 各级党委政府出台了一系列具有长期指导性的关于农村公共文化建设的政策文件，农村公共文化建设的政策和舆论环境明显改善

2005年以来，从中央到地方，具有较高含金量和较强指导性的有关农村公共文化建设的政策文件密集出台，这不仅表明各级党委政府对农村公共文化建设的高度重视，而且明显地改善了农村公共文化建设的政策和舆论环境，使农村公共文化建设赢得了更多的政策支持和广泛的舆论支持。譬如，2005年11月，中共中央办公厅和国务院办公厅联合下发了《关于加强农村文化建设的意见》，其内容主要是围绕农村公共文化建设问题，为我国农村公共文化建设的实践提供了明确和权威的政策依据。又如，2006年9月，我国发布了《国家“十一五”时期文化发展规划纲要》，首次以专项规划纲要的形式，对包括农村公共文化建设在内的我国文化发展作了全面和权威的规划，为我国今后较长一段时期的农村公共文化事业提供了清晰的发展思路和强有力的政策指导。“十二五”时期是全面建设小康社会的关键时期，也是促进文化又好又快发展的关键阶段。2012年，为深入贯彻落实党的十七届六中全会精神，深化文化体制改革、推动社会主义文化大发展大繁荣，进一步兴起社会主义文化建设新高潮，努力建设社会主义文化强国，根据《中共中央关于深化文化体制改革、推动社会主义文化大发展大繁荣若干重大问题的决定》和《中华人民共和国国民经济和社会发展第十二个五年规划纲要》，编制了《国家“十二五”时期文化改革发展规划纲要》。与此同时，各地各级党委政府也根据本地实际情况，制定和出台了许多有关农村公共文化建设的专项或综合性的政策文件。以浙江省为例，从省到各县市，几乎无一例外地根据中央文件精神，纷纷制定加强本地农村公共文化建设的政

策文件。如2007年浙江省出台了《浙江省委办公厅、省人民政府办公厅关于进一步加强农村文化建设的实施意见》，2012年又制定了《浙江省推动文化大发展大繁荣纲要（2011~2015）》，提出要着力建设“三大体系”，即社会主义核心价值体系、公共文化服务体系、文化产业发展体系；杭州市制定了《杭州公共文化服务体系建设规划纲要》；嘉兴市先后出台《关于全市加强农村文化阵地的实施意见》和《关于加强基层文化建设的若干意见》，等等。

2. 政府对农村公共文化建设的资金投入显著增长，基础文化设施、公益性的文化活动、农村公共文化资源的存量等明显增加，广大农民群众的基本文化权益保障得到较大程度的改善

政府公共财政的投入是农村公共文化建设的基础环节和主要内容。据时任文化部部长的孙家正介绍，仅2002~2006年，中央财政累计对农村文化建设投入159.44亿元，年均增长速度为16.5%。[1]2013年4月，从财经部获悉，为支持农村文化事业发展，中央财政设立了农村文化建设专项资金，今后农村文化设施维护和开展文化体育活动等支出每村每年基本补助标准为10 000元。与中央财政一样，地方财政对农村公共文化建设的投入同样增长显著。以浙江省为例，2002年全省农村文化事业费为1.76亿元，2006年达到3.91亿元，五年之内年均增长速度为22.09%。浙江省仅是我国经济发达地区的一个缩影，实际上不仅是经济发达省市，就是中西部地区许多经济欠发达的省市，其对农村公共文化建设的财政投入近几年同样保持了较高的增长速度。例如，2002年江西省的农村文化事业经费为0.42亿元，而到2006年，则增长为1亿元，五年之内年均增长24.22%。

〔1〕孙家正：“大发展大繁荣是广大文化工作者的不懈追求”，载《求是》2007年第9期。

强大的资金注入，使得各地的农村文化基础设施建设顺利进行，一系列重要文化工程如期启动，其结果是面向农村的文化资源总量有了明显的增加，许多地区农民群众的基本文化需求较好地得到了满足。譬如，全国文化信息资源共享工程自实施以来，到2007年底，中央财政投入资金9.03亿元，地方财政安排配套资金超过7亿元。该工程已整合数字资源量达到60TB，相当于1500万册电子图书或55 560小时视频节目，辐射上亿人口，在丰富广大人民群众特别是经济欠发达地区人们的精神文化生活，缩小城乡之间、区域之间文化发展差距等方面发挥了重要作用。又如，2003年开始实施的送书下乡工程，到2007年底，已完成投资8000万元。还有各地艺术院团深入广大农村包括贫困地区、革命老区、少数民族地区进行慰问演出，2002年至2006年五年期间，在农村演出场次达136万场，观众人数超过20亿人次。至于农村公共文化建设的基本阵地——乡镇文化站和村文化活动室的建设情况，则同样有了明显的改善，不过地区差异十分显著。譬如，就浙江省而言，2006年进行了一次比较彻底的文化资源大普查。普查的结果显示，全省1525个乡镇中，已建文化站的为1493个，平均建筑面积为543.48平方米，而2000年底只有392.27平方米，5年之中增长了38.55%；在全省35 061个行政村中，有19 395个建成了村级文化活动中心或村文化活动室，占全部行政村的55.3%。其中行政村文化活动室建筑面积达到100平方米以上的行政村共有9264个，占已建村文化活动室的47.76%；行政村文化活动室建筑面积达到500平方米以上的行政村共有2236个，占已建村文化活动室的11.53%。[1]

---

〔1〕 肖剑忠：《农村文化建设调查与思考》，江西人民出版社2008年版，第15页。

（二）中国农村公共文化服务体系建设存在的突出问题

通过网络搜集到的信息和笔者多方面的调查，当前我国农村公共文化建设依然存在着诸多突出问题，值得我们深思。

1. 不健全的政府资金投入机制

从近几年的实际情况看，各级政府对农村公共文化建设的财政资金投入状况往往取决于各级党委政府主要领导的个人认识、兴趣偏好和注意力所在，因而主观随意性强，起伏变化较大，人治色彩浓厚。现实生活中，我们经常可以发现，许多地方前后几任领导干部对农村公共文化建设的资金投入出现大方、大手笔和小气、抠门之间的来回变动，这正是政府资金投入机制不健全的表现和必然结果。政府资金投入机制不健全的原因主要有：一方面，许多领导干部对农村公共文化建设的意义和作用认识不足，理解不深，注意力不在于此，习惯性思维方式导致对农村公共文化建设的不重视，认为将资金投入到农村公共文化建设领域没有必要，甚至认为是一种浪费，因此，政府对农村公共文化建设的资金投入是省之又省，减之又减，拖之又拖，甚或挪作他用；另一方面，有些领导干部虽然能够认识到农村公共文化建设的重要意义，甚至对农村文化事业充满感情，但为了宣扬政绩、向上表功的需要，他们依然乐于采取临时批条、临时增加投入的做法，而不愿意通过法律法规和政府预算内支出等制度化途径实现对农村公共文化建设资金投入的增加，毕竟制度化的做法在很大程度上会导致领导者个人因素的弱化乃至消解，所以，那些习惯人治、追求个人政绩的领导干部往往拒绝采用制度化的做法，当然也不排除当地经济发展水平等因素的影响。

政府对农村公共文化建设的资金投入机制不健全，缺乏刚性，必然制约农村公共文化事业的持续发展。因为，农民群众的基本文化需求具有相当的刚性，许多文化活动的开展也需要长期持续下去，这样才能逐步显现其效益，而资金投入的不足或随意性，必然使得农民群众的文化胃口时常处于饱一阵、饥一阵的状态，使得农村公共文化建设的社会效益无法充分实现，并有可能导致农村公共文化建设这一民心工程因资金投入的缺陷而出现丧失民心的结局。此外，不可忽视的是，政府的资金投入过程中人治因素过多，必然同时导致腐败风险的增加，容易诱发腐败行为，部门负责人为了获得已定的财政拨款或增加财政拨款，而向党政一把手行贿，早已不是个案和鲜例，对此决不可掉以轻心。

2. 缺乏适合农民群众需要的优秀文化产品

就总体而言，政府主导的农村公共文化建设中各类文化产品的质量是有保证的，深受农民群众欢迎的优秀文化产品屡见不鲜，但我们也不得不承认，在当今的农村公共文化建设中，适合农民群众需要的优秀文化产品依然比较缺乏。譬如图书，现在的图书不仅价格高昂，而且贴近农民生产生活实际、符合农民知识状况和审美倾向的优秀图书颇为缺乏，许多文化站或文化活动室的图书阅览室内尽管藏有不少图书，但其中以武打、言情或教材类图书居多，即便是有一些属于农民需要的农业科技图书，但这些图书由于在具体内容、文字表述和配图等方面的缺陷，也往往难以激发农民群众的阅读热情，更不用说运用了。又如，在影视作品方面，虽说现在拥有电视的农民家庭越来越多，广大农民群众对观看电视剧也有着强烈的偏好，但相当一部分电视剧所展现和体现的生活场景、生活方式和价值观，与农民群众熟悉且习惯的实际生活、价值观和生活方式之间存在很大的距离乃至背离。我们固然承认，人总是天生地具有不同程度的偏好异质要素的心理倾向，但同时不可忽视的是，在价值观、审美情趣等深层文化层面，人们追求更多的是同质要素。因此，这些电视剧不仅未能给广大农民群众带来美的享受和心灵的愉悦，甚至相反，招致了他们的不满和排斥，这种状况亟待改变。

农村公共文化建设中，适合农民群众需要的优秀文化产品之所以缺乏，主要归因于文化产品生产者与文化产品消费者之间的审美情趣、价值偏好和价格定位存在较大差距。正如我们所观察到的那样，农村公共文化建设中的各类文化产品和服务绝大多数并非农民自身生产、创造和提供，而是由久居于城市之中的作家、剧团、出版社等文化生产个人或单位制造和提供。这些文化产品的生产者对农村的生产生活实际往往不甚了解和熟悉，使用的语言文字表述形式和艺术表现形式也往往不为多数农民所适应和喜欢，其个人价值偏好和审美情趣虽不乏同路人，但与长期生活在一个环境、有着另外一套生存逻辑和行为方式的农民相比，其价值追求和审美情趣必然存在不小的差距。此外，基于对当今农民文化消费能力较低和农村文化市场较小的判断，城市中多数作为市场嗅觉敏锐的文化产品生产者，往往自觉地作出了减少或停止生产面向农民的文化产品的反应。所有这些因素综合作用的结果，就是广大农民群众难以获得量足质优价廉的公共文化产品和服务。

适合农民群众需要的优秀文化产品的缺乏和不足，给农村公共文化建设带来了不少消极后果，其中主要的是，农民群众的基本文化需求无法得到充分满足，基本文化权利无法得到充分保障，农民群众的文化胃口依然处于不同程度的饥渴状态。许多山区农民群众为了观看文化下乡的文艺演出而翻山越岭或顶风冒雨，这种现象在很大程度上就是农民群众处于文化饥渴状态的具体表现；许多农村乡镇的书摊上摆满了劣质的旧图书或形形色色的风水、色情图书，信手浏览者或购买者不少，这在很大程度上证明了农民群众的基本文化需求因缺乏足够的优秀文化产品和服务而处于文化饥渴的状态。在这种文化饥渴的状态下，人们往往会不加选择地采取拿来主义的做法，而不管自己所得到的文化产品是好还是坏、是优还是劣。此外，由于优秀文化产品在生产源头上的不足，致使农村公共文化建设中存在不同程度的滥竽充数现象，不少在思想导向、内容题材和外在形式上与农民群众的主流价值、审美倾向有着不同程度的差距和背离的文化产品进入了农村公共文化服务体系的资源网络，一旦这些文化产品在农民群众中长期传播和广泛扩展，必将在引导农民群众树立良好的价值观、树立文明的社会风尚等方面产生不同程度的消极影响，其后果不言而喻。

3. 文化基础设施和文化资源分布不均衡

这种分布不均衡并非指城乡之间的不均衡，而是指文化基础设施和文化资源在农村地区内部的分布不均。具体来说，这种分布不均又有两类：第一类是省与省之间，省内的各县、市之间，以及同一县、市境内各乡镇之间，乃至同一乡镇内各行政村之间，这种由省到村各个层面都不同程度存在的分布不均，可以称为横向的分布不均。应该说，这种分布不均在我国各地农村普遍存在，鲜有例外。第二类不均是指，在乡镇内部，文化基础设施和文化资源过多地分布于乡镇中心所在地，而底层、最靠近农民群众的行政村与自然村则缺乏足够的文化基础设施和文化资源，这种分布不均可以称为纵向的分布不均，它在现实中同样比较广泛地存在。

农村公共文化建设中，文化基础设施和文化资源的上述两种分布不均，虽然都比较普遍，但形成原因则有显著的差异。由于农村公共文化建设由政府所主导，各类文化基础设施和文化资源一般由政府买单，而各地的经济发展水平高低不同，各地政府的财政实力或强或弱，差异很大，因而各地农村公共文化基础设施建设情况和公共文化资源配置状况彼此不同，差距明显，几乎难以避免。国务院发展研究中心《推进社会主义新农村建设研究》课题组于2006年对全国17个省（直辖市、自治区）、20个地级市、57个县（市）、166个乡镇、2749个村庄的调查表明，东部地区被调查村庄中建有村文化活动中心的比例为40.9%，而中部和西部地区这一比例分别为21.1%和20.1%，东部地区村文化活动中心的建成比例是中部和西部地区的两倍多。[1]另据文化部社会文化司司长张永新介绍，2006年在经济发达的上海、江苏、浙江、广东四省市，每个文化站有设备购置费11 035元，而其他27个省、自治区、直辖市，平均每个文化站设备购置费仅有777元。[2]尽管上级政府常用针对经济欠发达地区的倾斜政策，但所下拨的资金在文化基础设施建设和文化资源配置的所有资金投入中只占小部分，并且许多资金还需要当地政府按一定比例予以配套，也就是说，地方的经济实力才是农村公共文化基础设施建设和公共文化资源配置的主要决定因素。这一事实也就意味着，农村公共文化建设中，文化基础设施和文化资源的横向分布不均，往往是由地区之间的经济发展水平差异所造成的，并且这种分布不均在短期内难以改变。至于文化基础设施和文化资源的纵向分布不均，其形成原因则应主要归结为以服从命令为主要特征的垂直权力体系和基层民主制度的不够完善。具体来说，那就是，由于乡镇政

〔1〕 国务院发展研究中心《推进社会主义新农村建设研究》课题组："新农村调查——走进全国2749个村庄"，载中国改革论坛，www.chinareform.org.cn。

〔2〕 张永新："加快构建覆盖全社会的公共文化服务体系"，载人民网，theory.people.com.cn，2008年3月17日。

府对于本级公共财政中的公共文化建设资金以及上级下拨的文化建设资金拥有全部或主要的决定和处置权力，可以决定这些资金投向什么地方和什么项目，因而，在来自农民群众的民主监督薄弱乏力，而上级领导的考核评价更加关乎个人前途的形势下，许多乡镇党委政府的主要领导往往将这些宝贵的财政资金主要用于乡镇中心的文化基础设施建设和文化资源配置，以便更加有效地突出其政绩，取悦上级领导，或满足自身需要，其结果自然是乡镇中心的文化基础设施和文化资源呈密集状态，而村落的文化基础设施和文化资源则处于稀缺状态。

文化基础设施和文化资源的分布不均，对农村公共文化建设的主要影响是，导致了相当多的农民群众无法获得充分的公共文化产品和服务，使得许多农民群众的文化需求无法得到充分而有效的满足。其中，文化基础设施和文化资源的横向分布不均所产生的结果是显而易见的，那就是，经济欠发达地区的农民群众无法像发达地区的农民群众那样，可以获得充分的公共文化产品和服务。至于文化基础设施和文化资源的纵向分布不均，其结果同样可以预知，那就是相当多的农民群众无法就近便捷地获得充分的公共文化产品和服务。我们知道，在农村地区，哪怕是一个乡镇，其行政区域同样比较广阔；何况，在中国农村地区，山高路远、交通不便的乡镇为数甚多。因此，可以肯定的是，在文化基础设施和文化资源纵向分布不均的形势下，农民群众对公共文化产品和服务的享受，以及对公共文化活动的参与，必将受到重重制约和阻挠，而这其实就是对大多数农民群众基本文化权益的漠视和损害。对于农村公共文化建设的主导力量——政府来说，文化基础设施和文化资源的纵向分布不均，不仅无法实现其满足农民群众基本文化需求、保障农民基本文化权利的目标，而且还在一定程度上造成了政府财政资源使用效益的低下。因为文化基础设施和文化资源的纵向分布不均，事实上意味着某些公共文化产品和服务同时存在着过剩和稀缺的现象，意味着公共财政资金的边际效益未能到达理想状态。

4. 文化人才队伍数量不足，整体素质不高

农村公共文化建设，从一定意义上讲，其实就是文化人力资源和文化物质资源互相匹配、高效组合的过程。文化人才队伍，包括管理人才、技术人才和专业文艺人才等，是农村公共文化建设最基本和最重要的构成要素。没有数量充足、素质优良的文化人才队伍，农村公共文化建设必将无法正常运行，更遑论持续发展。就目前而言，农村公共文化建设中人才队伍方面的问题比较突出。人才队伍既有数量不足的问题，也有整体素质不高的问题。由于面向农村的常设性公共文化服务机构的运转离不开一定数量岗位固定的公共文化服务人员，而其他各类公共文化服务项目，如送戏下乡等，则对公共文化服务人员的数量和岗位固定情况没有严格要求，因而，数量不足的问题主要存在于乡镇公共文化服务机构。根据浙江省 2006 年文化资源普查结果，作为农村公共文化建设的基本阵地和主要公共文化服务机构的乡镇文化站，其工作人员的缺编比例全省平均为 22.6%，兼职比例为 31.2%（见表 1）。这也就意味着将近一半的公共文化服务岗位处于空缺状态，其原因虽然多样，如乡镇机构人员退出渠道不畅和政府财力较弱等，但主要的原因是缺乏合适的文化人才。此外，当我们将视野投向农村社区层面，则可以发现同样存在着文化人才数量不足的问题。尽管各行政村建成的文化活动室，其建设成本和管理人员的劳务支出主要由村承担，但由于村文化活动室的服务对象是全体村民，并且这种文化服务具有无偿免费的性质，因而，村文化活动室同样

可以被认定为属于农村公共文化服务机构之列，至少属于农村准公共文化服务机构的范畴，假如考虑到它不由公共财政承担这一特征的话。上述普查结果显示，截止到2006年，浙江全省已经建成的所有文化活动室中，其管理人员的兼职比例高达75.7%（见表2）。这也就在事实上表明，大部分的村文化活动室没有配备专职的管理人员，其原因或许主要是财力所限，但找不到合适的人选来承担文化活动室的管理职责也是不可忽视的重要原因。

表1　浙江省11个地市的乡镇文化站缺编比例和兼职比例

地市	缺编比例（%）	兼职比例（%）
杭州市	29.8	38.3
宁波市	33.7	31.0
温州市	5.1	60.3
湖州市	36.7	29.1
嘉兴市	30.7	20.7
金华市	13.9	10.2
绍兴市	14.9	40.1
衢州市	14.7	19.3
舟山市	40.0	50.0
台州市	13.7	43.0
丽水市	15.1	1.1
全省平均	22.6	31.2

数据来源：浙江省行政村村文化活动室基本情况普查汇总表

表 2　浙江省 11 个地市的村文化活动室管理人员兼职比例

地市	村文化活动室管理人员兼职比例（%）	平均兼职比例（%）
杭州市	73. 1	75. 7
宁波市	67. 2	
温州市	78. 3	
湖州市	85. 9	
嘉兴市	70. 6	
金华市	80. 8	
绍兴市	66. 6	
衢州市	80. 9	
舟山市	76. 1	
台州市	70. 4	
丽水市	83. 3	

数据来源：浙江省行政村村文化活动室基本情况普查汇总表

农村公共文化建设中，文化人才队伍整体素质不高的问题同样存在于乡镇文化站和村文化活动室的工作人员身上，尤其是前者。乡镇文化站的服务对象广泛，一般都是面向本乡镇所有农户，履行和承担的文化职能也颇为复杂多样，诸如安装有线电视、广播，图书借阅，文化演出的组织，文化骨干培训，民间文化活动的指导，农村文化市场的管理，各类文化技术培训活动的组织与管理，等等。所有这些对乡镇文化站工作人员的文化和专业素质提出了较高的要求，在一定意义上说，也就是要求乡镇文化站工作人员成为多面手，成为高素质的综合性人才。但事实无疑表明了他们在这些方面的差距和不足。以杭州市为例，在专业素质的主要表征物——职称方面，全市所有乡镇文化站的正式工作人员中，中级职称所占比例约为36%，高级职称仅有1位。这些数据显然不尽人意。杭州作为浙江省的省会城市，作为全国范围内文化教育事业比较发达的城市尚且如此，全国众多的农村地区，其公共文化人才队伍的低素质状况自然可想而知。当然，职称更多的是反映过去已经达到的专业水平，实际上，对于乡镇文化站的工作人员来说，需要他们学习和掌握的新的专业知识和技术也在不断涌现，其中主要是现代计算机和网络技术，如今无论是图书管理，还是新推出的文化信息资源共享工程、电化教育等，都十分普遍地运用现代计算机和网络技术，这种专业技术可谓乡镇文化站公共文化服务人员的必备知识和基础本能。但由于乡镇文化站的工作人员年龄偏大、学习动力欠缺、工作环境和待遇较差等原因，他们中的多数往往是时代的落伍者，是现代知识技术的陌路人。

造成农村公共文化服务的人才队伍数量不足且整体素质不高的原因是多方面的，其中固然有乡镇或行政村经济发展落后、财力支持有限等短期内难以彻底改变的客观原因，但主要是人为的主观方面的原因。

第一，领导干部的观念或认识错误。在许多领导干部的视野中，文化站等农村公共文化服务机构的作用不大，尤其是对促进当地经济发展和显示领导政绩的作用不大，属于只有虚功的边缘部门；文化工作人员的专业性不必太强，专业素质要求不必太高。基于诸如此类的错误认识，许多领导干部往往将乡镇文化站作为安排分流人员或闲杂人员的去处，其结果自然是导致文化站工作人员的非专业化和低素质化。

第二，乡镇公共文化服务机构的准入制度不够健全。在人事部《事业单位公开招聘人员暂行规定》颁布实施之前很长一段时期，包括乡镇文化站在内，几乎所有的事业单位都未建立严格且科学的准入制度，并由此造成不同程度的走后门等不公平现象。同样，文化站工作人员队伍之所以整体素质不高，其重要原因在于，许多并非高素质专业人才的人员，借助种种非知识技能的因素而加入这支队伍的行列。

第三，文化服务机构的工作人员职业发展前景有限。在现有体制背景下，文化站属于享受全额财政拨款的事业单位，其工作人员不属于公务员之列。尽管文化站工作人员可以参加专业职称的评定，但在乡镇政府的分配机制下，他们并不能因此而获得更多的经济收益。即便是他们可以进入更高级别、属于同样性质的公共文化服务机构，如群艺馆、图书馆之类，但毕竟此类机构数量极其有限，能够给予他们的机会几乎很少。事实上，所有这些导致了这样的结果：文化站工作人员无论在横向和纵向上的发展还是经济和政治的收益，都面临着空间有限、落差明显的艰难困境，在这样一种形势下，乡镇文化站期望吸引许多优秀文化人才，自然是可望而不可即之事。

第四，针对乡镇或村公共文化服务机构工作人员的业务培训机制不够健全。在很长一段时期内，文化主管部门对于乡镇文化站和村文化活动室工作人员的业务培训并未给予足够的重视，安排培训的机会少，培训对象的范围小，导致许多文化工作者不能得到充分的文化知识和业务技能培训。此外，由于培训机制中存在诸如培训项目安排不合理、培训效果评估机制缺乏等方面的不足，也导致文化站工作人员借助培训提高其业务素质的目标未能充分实现。

文化人才队伍数量不足和整体素质不高，对农村公共文化建设的直接影响就是，许多公共文化服务项目无法提供，许多公共文化活动无法顺利开展。譬如，许多实行兼职制的村文化活动室，由于兼职管理人员时常外出或忙于自己的私事，因而导致文化活动室的实际开放率低下，这也就是说，一方面是许多文化设施和文化资源经常处于闲置状态，未能产生足够的社会效益和经济效益；另一方面，许多村民未能在村文化活动室获得满意的图书借阅、室内健身等多方面的公共文化服务，其基本文化权益未能得到有效的保障。再如，由于懂文化的专业人才缺乏，乡镇或村的大型文化活动往往难以找到合格的主持人、音响灯光管理人员和各类专业演员，其结果要么是文化活动的质量差，要么是无法开展。

5. 公共文化服务机构的内部管理机制不健全

乡镇文化站等农村常设性公共文化服务机构是由政府主导的公共文化服务的主要提供者、组织者和实施者。构建一个完善的内部管理机制，是充分发挥这些公共文化服务机构的服务功能的基本前提。但就现状而言，这些公共文化服务机构比较普遍地存在着内部管理机制不健全的问题，具体表现在以下几个方面：

第一，岗位目标责任制处于缺位状态。相当多的乡镇文化站等农村公共文化服务机构，未能根据各类岗位需要，制定科学合理、具有约束力的工作目标责任制以及相应的奖惩制度，从而导致其所属部门及工作人员存在不同程度的工作态度消极、工作动力不强、工作效率低下等不良现象。尤其是当今农村，各类乡镇文化服务机构的合并呈普遍之势，其功能综合化趋势日益明显，这就更需要尽快建立一套科学和完善的适应各个职能部门、各个岗位需要的工作目标责任制。譬如，从事文艺辅导或文艺创作的工作人员，其目标管理应该主要根据下乡辅导次数、组织文化活动情况、创作成果的社会评价等方面的结果，对其工作目标的完成和工作职责的履行情况作出合理的评价，即实行结果评价制。

第二，日常管理制度不完善。不少乡镇文化站等农村公共文化服务机构，无论是对其文化设施的管理，还是对工作人员的日常工作管理，都缺乏系统、规范和明确的制度规定。在这样一种制度环境下，建成之后的文化设施往往不能正常开放和发挥作用，相反，文化设施被损毁或改作他用、文化资源遗失等现象却是屡见不鲜；许多工作人员也是人浮于事，工作拖拉。即便是有些农村公共文化服务机构也制定了一些日常管理的规章制度，但常常是有制不依、执行不力，规则制度形同虚设。

农村公共文化服务机构的内部管理机制不健全，其主要原因是源于乡镇事业单位固有的体制缺陷。在全国大多数地区，乡镇公共文化服务机构一般实行以乡镇块管理为主、纵向条管理为辅的管理模式。在公共文化服务缺乏刚性的支持，以及当地乡镇党委政府主要领导对农村公共文化建设不够重视的情况下，往往容易导致公共文化服务机构的工作人员兼职多于专职、文化人不干文化事的现象，进而导致公共文化服务机构工作目标难以确定、责任主体难以落实等内部管理问题。当然，不可否认的是，一些有着悠久历史和深远影响的传统政治文化和机关行政文化，诸如不求有功但求无过、管好自己事少管他人事等，也使得许多农村公共文化服务机构的管理者缺乏健全自身内部管理机制的动力和勇气。

6. 公共文化服务的绩效评估机制普遍缺失

所谓农村公共文化服务的绩效评估机制，指的是以农民群众为评估主体、以农民群众对各类农村公共文化服务机构的履行其各项公共文化职能状况以及一些重要的农村公共文化服务项目的社会效益状况的主观满意度为主要评价内容的系统化评估体系。由于农村公共文化建设以满足广大农民群众基本文化需求、保障广大农民群众基本文化权益为目的，因而，包括农村公共文化服务的绩效评估这一环节和内容乃是理所当然之事。唯有针对各类农村公共文化服务机构和重要的农村公共文化服务项目进行持续、科学的绩效评估，才能及时发现和纠正农村公共文化建设过程中的各类偏差、不足和错误，才能确保农村公共文化建设始终固守公共文化服务的性质，合乎广大农民群众根本利益的需要，从而真正实现农民群众的基本文化权益。与重经济轻文化、重建设轻管理这类农村文化建设的突出问题相比较，有文化服务但缺绩效评估无疑属于更加普遍的问题。

时至今日，全国各地几乎普遍缺乏针对县图书馆和文化馆、乡镇文化站和村文化活动室等各类面向农村和农民的公共文化服务机构，以及农村电影放映、农村信息资源共享等重要的公共文化服务项目的绩效评估。在实践中，人们多见的是各类达标评级活动，如国家一级图书馆等，这些达标评级活动一般由政府主管部门组织实施，而作为各类农村公共文化服务机构的服务对象的农民群众，则往往在达标评级活动中缺位，从而使得这些达标评级活动在收集农民群众的意见或建议、改进农村公共文化服务的质量、提升农村公共文化服务水平、更好地满足农民群众的文化需求、保障农民群众的基本文化权益等方面效果颇为有限。

近年来，有些地方政府在公共文化服务理念的指导下，制定出台了有关公共文化服务的指标体系。譬如，山西省制定了“公共文化服务体系的达标率”的考核指标，深圳市提出了2010年公共文化服务基本指标，但这些指标体系与先前的各类达标评级活动一样，主要是由上级政府部门主导的针对资金投入和硬件设施建设等方面的评估，而不是以农民为主体针对农村公共文化服务绩效的评估。以深圳市为例，其于2007年新推出的2010年深圳市公共文化服务基本指标也主要是在公共文化服务指标的具体化和明确化方面取得了突破，在由人民群众主导实施各类公共文化服务绩效评估方面却同样缺乏，更遑论专门面向农村公共文化服务的绩效评估。尽管政府对农村公共文化建设财政投入的多少、硬件实施建设的好坏在很大程度上决定着农村公共文化服务的绩效，但是很显然，居于农村公共文化建设过程末端的绩效，因为受到包括投入和硬件在内的多种因素的影响，并直接反映了农村公共文化建设的目标对象群体——农民群众的受益状况和主观感受，因而显得更具综合性和根本性，更加体现了政府主导的农村公共文化服务以人为本的理念，更加体现了农民群众的权利主体地位。换句话说，农村公共文化建设的最终成效如何，应主要由农民群众来评判，而农民群众评判的过程就是农村公共文化服务的绩效评估过程，评判的结果只能来自农村公共文化服务绩效评估的结果。毕竟高投入和好设施不等于高绩效，政府的主观判断不等于农民群众的实际感受，领导的受益不等于群众的受益。譬如，有些乡镇文化站尽管文化设施齐备先进，人员配备也到位，但可能因为管理制度混乱、工作人员服务态度差而影响了服务绩效，导致开放时间不足和群众借阅率很低，招致许多农民群众的抱怨和不满，如此等等。所有这些都表明，目前实践中的评估体系与建立以人为本和公共服务理念的绩效评估机制之间还存在很大的差距，科学合理的农村公共文化服务绩效评估机制尚未构建。

在农村公共文化建设中，农村公共文化服务的绩效评估机制之所以普遍缺乏，固然与此类评估机制的操作难度大、设施成本高等因素有关，但更重要的原因则在于，各类公共文化服务机构及其工作人员在牢固树立以人为本和公共服务的理念方面至今有着不同程度的欠缺。正是由于许多农村公共文化服务机构的工作人员未能牢固树立以人为本和公共服务的理念，因而他们往往痴迷于官本位，将农村公共文化服务视为可以随意为之且不计成本的政府恩赐，将农民群众看作幸运的受众，将自己视为农村公共文化建设的最终和最权威的唯一评判者，而不是将农村公共文化服务视为农民群众的固有基本权利，将农民群众视为自己服务的对象和自己工作好坏与否的评判者和监督者。因此，在现实生活中，这些农村公共文化服务机构的领导者和工作人员，要么就是很难冒出由农民群众对政府主导的各类公共文化服务进行评估的念头，进而推行制度创新，要么就是对此类想法和做法予以压制和抵制。

不管怎样，全国各地农村公共文化服务的绩效评估机制普遍缺乏是不可否认的客观事实，这一现状的存在所造成的消极影响也十分明显。一方面，各类农村公共文化服务机构因未能受到由绩效评估机制而产生的监督效应的制约，而可能置公共文化服务的宗旨和性质于不顾，一味追逐产业经营和经济效益，进而导致广大农民群众的文化需求未能得到有效满足，文化权益未能得到有效保障。许多农村公共文化服务机构被挪作他用，甚至赤裸裸地追求赢利目标，就是这一消极结果的体现。另一方面，政府及其主导的各类农村公共文化服务机构因未能充分感受到农民群众对农村公共文化建设的各种诉求和愿望，因而懈怠于改进公共文化服务，提升公共文化服务质量，造福农民群众，并可能导致政府对农村文化建设工作不应有的忽视。此外，由于绩效评估机制的缺位，使得农民群众在本来可以充分体现其主体地位的环节中未能充分发挥其积极参与作用，进而使得他们对农村文化建设的认同感和主体意识都受到不同程度的削弱和打击，最终影响到他们对农村公共文化建设其他环节和领域的参与。

三、社会主义新农村公共文化服务体系建设的现实路径

在社会主义新农村建设持续推进的大背景下，农村公共文化建设逐步进入一个黄金发展时期。为了顺利推进农村公共文化建设的历史进程，促进农村公共文化事业持续快速健康发展，笔者认为，应遵循这样一条现实路径：加大农村公共文化建设资金投入→大力生产和供给农村公共文化产品→加快推进农村公共文化设施网络建设→确保农村公共文化建设人才队伍→建立健全农村公共文化建设组织领导机制→构建科学而权威的农村公共文化建设效果评估体系。

（一）加大农村公共文化服务体系建设的资金投入

1. 建立农村公共文化建设专项资金，将主要的农村公共文化服务项目纳入地方政府财政预算

鉴于农村公共文化建设属于政府固有的公共服务职能之一，且必具持续性，方可健康发展，取得成效，因而应首先建立农村公共文化建设专项资金，将当地政府所实施开展的面向农村和农民的基本公共文化服务项目纳入政府财政预算，并确保政府对农村公共文化建设的财政投入随着政府财政收入的增长而逐年增长，前者的增幅不低于后者的增幅。这是健全政府投入机制的基本要求，也是解决政府对农村公共文化建设投入偏少或不稳定问题的治本之策。一旦这一做法得到认真实施，则那些与农民群众基本文化需求满足、基本文化权益保障密切相关的持续实施的公共文化服务项目，或者以年度为周期固定开展的其他公共文化服务项目，如乡镇文化站的维护和管理费用、“2131”农村电影放映工程等，所有这些都将获得稳定且充足的政府财政资金支持；在此范围之外，那些具有短期性或以数年为周期的公共文化服务项目，如文化场馆的新建扩建、两年一

次的文体赛事等，则通过纳入非专项资金的政府财政预算予以解决。至于纳入政府专项资金的基本公共文化服务项目的确定，则由各地政府在确保中央要求的公共文化服务项目的前提下，根据自身财力和本地居民的文化需求状况而确定。

2. 通过多种形式，吸引社会资金广泛参与农村公共文化建设

相比于社会资金对农村教育等其他社会事业以及农民自办文化的参与，社会资金对农村公共文化建设的参与和贡献明显要少得多、小得多，这既有多年来社会捐赠资金使用情况不透明等普遍原因，也有农村公共文化建设的公益性不如教育等特殊原因。当然，即便如此，也并不意味着吸引社会资金参与农村公共文化建设是不可能的；相反，这方面的前景是十分广阔的，关键在于各地的积极探索。由于社会资金往往是基于扩大知名度、树立新形象的目的而投身于公益事业的，因而在农村公共文化建设过程中，应尽可能地针对社会资金的需求偏好，广泛创造各类可行形式，以吸引社会资金积极广泛地参与到农村公共文化建设之中。譬如，由企业资助并独家冠名一些有影响力的农村公共文化活动或农村公共文化服务项目，像许多农村地区的讲故事比赛、篮球赛等公共文化活动或服务项目，即可通过此类形式而获得社会资金的支持。此外，尽可能利用各种媒体向社会各界人士积极宣传农村公共文化建设的重大意义，假以时日，包括企业家在内的社会各界对农村公共文化建设重要性的认识必然逐步提高，对农村公共文化建设的参与也会变得更加积极、踊跃，这样既充分发挥了社会资金对农村公共文化建设的积极作用，又满足了农民群众对公共文化服务的迫切需要。

（二）大力生产和供给农村公共文化产品

1. 坚持“三贴近”原则，生产更多符合农民群众价值观和审美情趣的公共文化产品

固然，人们对异质文化有着浓厚的兴趣，总想体验和接近它，但这主要是发生在非价值观层面；在价值观层面，人们寻求更多的是同质文化，也就是说，人们一般偏好体现相同或相似价值观的文化产品，这也是大多数农民群众对国外大片兴趣不浓的重要原因。基于价值观的稳定性以及它对文化产品接受的主导性，在农村公共文化建设过程中，应特别要求文化工作者坚持“贴近群众、贴近实际、贴近生活”三贴近原则，站在农民群众的立场上，创作和生产出更多符合农民群众价值观的文化产品。此外，文化工作者还应充分考虑农民群众的审美情趣，选择符合他们需求的语言和艺术表现形式。譬如，同样是送戏下乡，在浙江农村地区，越剧和小品等艺术形式往往比话剧更受农民群众的欢迎，其原因就在于前者比后者更符合农民群众的审美情趣。为了使剧团、出版社、电视台以及作家、演员、记者等各类承担文化产品任务的机构和个人能够坚持“三贴近”原则，生产出更多符合农民群众价值观和审美情趣的文化产品，应建立相应的激励机制，鼓励和引导他们深入农村，同农民近距离接触，熟悉农民生活，了解农民需求，从而实现其文化产品符合农民群众价值观和审美情趣的目标。

2. 拓宽民主参与渠道，充分发挥农民群众在公共文化产品生产与供给中的主体作用

由于农村公共文化建设属于政府公共服务的范畴，对应于广大农民群众的基本文化权益，因而在整个农村公共文化建设过程中，应尽可能地让他们参与进来，并发挥他们的主体作用。具体在公共文化产品的生产和供给这一环节，可将许多公共文

化产品和服务的选择决定权交给农民群众，由他们根据自身的利益需要和兴趣爱好而选择确定政府应该为他们提供的公共文化产品的数量、质量和种类。譬如，乡镇文化站、村文化活动室的功能设置，以及图书的购买，都可通过组织村民代表商议或实施调查问卷的形式，获得充分代表民意的主导性意见。总之，在农村公共文化建设过程中，农民群众的民主参与不仅是必要的，而且其参与的具体途径和形式应该多样化、广泛化，当然，这并非意味着所有的公共文化产品都由农民群众根据自己的利益需要和兴趣爱好来确定，这里还有一个基本前提，那就是农民群众的利益需要和兴趣爱好必须符合国家、民族或地方集体根本和长远利益的需要。

3. 采用新技术，提高农村公共文化产品生产供给效率

在当今时代条件下，公共文化产品和任何其他性质和形式的产品一样，越来越多地受到了科学技术的影响和推动。为了提高公共文化产品生产供给的效率，使广大农民群众获得更多的公共文化产品和服务，就必须在农村公共文化建设过程中尽量引进和采用先进的技术手段。例如，推广数字电影放映技术，改造和取代传统的 16 毫米胶片放映，可以全面提升放映质量，降低放映成本，更好地满足农民群众看电影的文化需求。可以说，新技术在农村公共文化建设过程中有着广泛的实践空间，广播电视村村通、乡镇综合文化站和基层文化阵地建设、文化信息资源共享、农家书屋、农村电影放映等主要公共文化服务工程中的不同环节都存在着使用先进技术的需求，这就要求各级文化主管部门和各类农村公共文化服务机构密切跟踪科技发展动态，及时引进推广新的技术，从而提高公共文化产品生产供给的效率，造福于广大农民群众。

4. 借助多种途径，提高农村公共文化产品生产供给能力

在农村公共文化建设过程中，政府固然是农村公共文化产品和服务的主要提供者，但这并不意味着政府是所有面向农村和农民的公共文化产品的生产者，也就是说，生产与供给是有区别的，二者并不等同。例如，中央电视台购买国外的优秀电视节目在农业频道播放，生产者来自国外，但供给者仍然是我国政府。这也就表明，国家在农村公共文化建设过程中，既可以直接组织公共文化产品的生产，也可以通过购买的形式交由其他主体生产，只要这些途径或形式是以公共财政作依托的，就都属于政府提供公共文化产品的范畴。前者的典型如国办剧团下乡送戏演出、建设乡镇文化站为当地农民提供文化服务等，而政府出资购买由民办剧团送戏下乡则属于后者。政府自身直接生产公共文化产品，对于持续性地满足广大农民群众日常性的基本文化需求，传播社会主义先进文化和增强党在农村的凝聚力、影响力等具有显著的积极作用，因而应该成为面向农村和农民提供公共文化产品的主要途径。但与此同时，政府也应该根据实际情况的需要，根据成本效益的比较，尽可能地通过政府购买的途径为农民群众提供公共文化产品，这是因为，由非政府的社会主体生产某些文化产品，有时成本更低，且更加合乎农民群众的兴趣偏好。譬如，政府出资由农民电影放映队为农民免费放映电影，显然比政府为了完成“2131 工程”[1]的目标任务而自建专门的电影放映机构要省钱省事得多。总之，为了提高公共文化产品的生产能力，更加有效地满足农民群众

---

〔1〕 国家计委、广电总局、文化部联合下发文件《关于进一步实施农村电影放映“2131 工程”（到 2010 年基本实现全国农村一村一月放映一场电影的目标）的通知》（国办发［2007］38 号文件）指出，到 2010 年基本实现全国农村一村一月放映一场电影的目标，以切实解决农村看电影难的问题。“21”指 21 世纪，“31”指三个一，即一月一村一场电影。

的文化需求，应积极采取多种途径生产更多的适合农民群众需要的公共文化产品。

（三）加快推进农村公共文化设施网络建设

1. 加大投入力度，推进乡镇综合文化站和基层文化阵地建设工程

在当前掀起的公共文化服务体系建设高潮过程中，乡镇综合文化站和基层文化阵地建设被列为其中一项重要工程，这表明从中央到地方各级党委政府已逐步将关注的焦点投向农村，也表明农村公共文化设施网络建设向实质性方向推进。在相关政策的指引和推动下，各级党委政府都必须加大对乡镇综合文化站和基层文化阵地建设工程的投入力度，尤其要加强对欠发达地区和贫困农村地区的投入力度，使乡镇综合文化站和基层文化阵地成为继县、市文化馆和图书馆之后，又一批扎根农村、为农民群众提供公共文化产品和服务的基础阵地，使农村公共文化设施网络发挥应有的作用。在当下的乡镇综合文化站和基层文化阵地建设过程中，应根据土地日趋紧张、科技水平不断提高的新情况，将乡镇文化站和村文化活动室尽可能地建设成为涵盖电化教学、图书阅读、体育健身、影视播放等多种功能的综合性文化场所，从而吸引更多的农民群众参与，更好地满足他们多样化的文化需求。

2. 加大整合力度，提高农村公共文化设施的使用效率

在基层农村，除了文化主管部门和既有的农村公共文化服务机构及其拥有的公共文化设施之外，一般都或多或少地存在着由其他社会主体所有或归其他条块所有和管理的文化设施。譬如，宗族型村落拥有作为文化活动中心之一的宗祠；乡镇所在行政村区域内同时建有归乡镇所有的文化站；又如，在行政村，既有文化室，又有组织部门主持建成的党员电化教育中心。

这些身处农村基层的文化设施，都具有相同或相近的功能，即丰富农民群众的精神文化生活、满足其精神文化需求，服务于同一目标群体——农民群众，因此，有必要也有可能推进这些文化设施的整合，以提高农村公共文化设施的使用效率，增加农村公共文化设施的供给。譬如，对于农村宗祠，可以通过增加器材、完善装置、增改门牌等办法，使其更多地具有农村公共文化设施性质。

3. 实现重心下移，优化农村公共文化设施网络结构

就总体而言，目前我国各地农村公共文化建设的重心仍然在乡镇文化站，相比于县、市一级的图书馆和文化馆建设来说，这无疑属于重心下移的结果，但很显然，这种重心下移的程度还不够，因为在农村地区，地域的广大和少数山区的特殊地形，往往使得乡镇文化站距离大多数农民群众较远，不利于他们经常性地、便捷地参与公共文化活动，享受公共文化服务。这也就是说，为了更好地优化农村公共文化设施网络结构，更好地满足广大农民群众的文化需求，保障他们的基本文化权益，就必须进一步实现重心下移，将行政村乃至自然村文化设施作为农村公共文化设施网络建设的重点。这种必要性无论在发达农村地区还是在欠发达地区都是同样存在的，当然，在发达地区农村，由于当地政府财政实力比较雄厚，因而将更多的财政资金投向行政村一级的公共文化设施建设更具可能性；在欠发达地区农村，虽因财力不足，无法依靠自身力量实现农村公共文化设施建设重心进一步下移的目标，但这些地方由于往往具有地域广、交通不便的特点，因而其农村公共文化设施建设的重心转向行政村乃至自然村，就显得更为迫切。合理的解决方法应该是，发达地区地方政府和基层组织应加大行政村公共文化设施建设的力度，而欠发达地区则依靠上级财政转移支付等途

径，加大本地基层农村公共文化设施建设的力度。

（四）确保农村公共文化服务体系建设人才队伍

1. 确保足够编制，充实农村公共文化建设人才队伍

人才保障是新农村公共文化建设的基本前提，这就要求各地文化主管部门及其各类农村公共文化服务机构多方积极招揽人才，以充实农村公共文化建设队伍。就当下的农村公共文化建设人才招聘工作而言，面临的难题主要不在于人才难觅，而在于基层政府难以为农村公共文化服务工作提供足够的岗位编制，这固然与有些地方经济发展水平偏低、政府财政收入较少等有关，但联想到许多基层政府冗官以及吃财政饭的闲杂人员比比皆是的事实，可知其根本原因乃在于地方和基层党委政府的认识偏差。在发展社会主义市场经济、建设服务型政府、构建社会主义和谐社会的背景下，农村文化事业的重要性是不言而喻的，这就要求地方基层党委政府在主动放弃许多不需管也管不好的事务的同时，为农村公共文化建设腾出一定数量的岗位编制，并确保做到专职专岗。目前，相当多的地方实行兼职兼岗的做法，或者让一些文化业务技能差、属于农村文化工作门外汉的干部同时担负农村公共文化建设工作，或者让农村公共文化服务机构的工作人员另外承担其他跨度很大、性质迥异的工作。前者因为无法一时很好地满足农村公共文化服务专业性的要求，从而不利于提升农村公共文化建设水平，后者则不利于调动农村公共文化事业从业人员的工作积极性，不利于提高他们的素质和技能，因而同样制约了农村公共文化事业的发展。

2. 加强继续教育，提高农村公共文化建设人才素质

自 2006 年 2 月人事部颁发《事业单位公开招聘人员暂行规定》以来，各地农村公共文化服务机构招聘的人才基本上都经

历了一系列准入门槛的选择与辨别，也就是说，他们基本都合乎农村公共文化服务岗位的要求，具备相应的素质和技能。但正如我们所认识到的那样，专业素质也有一个与时俱进的问题，也就是说，从事农村公共文化建设工作的人才在上岗之后依然完全有必要经常性地、及时地参加继续教育，学习新的知识和技能，以适应工作的需要，这在科学技术日新月异、文化工作创新不断的当今时代显得尤为突出。譬如，为了适应文化信息资源共享工程建设的需要，许多年龄较大的文化工作者必然面临着学习和掌握计算机、网络等现代知识和技术的迫切要求。此外，基层的农村公共文化服务机构，其人员配置往往数量很有限，这也就愈加要求他们积极参加各类继续教育，增长和掌握新的知识和本能，唯有如此，方能更加有效地为农民群众提供各类公共文化服务，满足农民群众多样化的文化需求。为了使继续教育惠及更多的农村公共文化工作者，一方面要求文化主管部门加大对农村公共文化建设人才继续教育的财政支持力度，另一方面必须考虑将参加继续教育的情况纳入农村公共文化服务机构工作人员的职称评定和评优评先工作之中。此外，还可通过文化技能竞赛等各类活动，以激发他们学习新技术、掌握新技能的积极性，最终实现其素质不断提升的目标。

（五）建立健全农村公共文化服务体系建设组织领导机制

1. 适应时代要求，建立体现科学发展观的政绩考核体系

鉴于农村公共文化建设以政府为主导，因而建立健全相应的组织领导机制乃是农村公共文化建设的应有之义，唯有如此，有关部门承担的规划编制、政策法规制定、督察考核等职责方能得到有效实施。而为了实现这一目标，最根本的莫过于建立一套体现科学发展观、针对各级领导干部的政绩考核体系。对于各级党委政府来说，政绩考核体系就是他们施政的指挥棒。

发展农村公共文化事业，建立农村公共文化服务体系，乃是落实以人为本的科学发展观的必然要求，是推进城乡和经济社会统筹发展的重要途径，这也就意味着，以科学发展观为指导的政绩考核体系的制定和实施，必然要求各级党委政府将农村公共文化建设作为政府工作的重要职责之一，纳入政府的重要议事日程，纳入经济和社会发展规划，从而使农村公共文化建设获得有力有效的领导组织保障，进而促进农村公共文化事业持续健康发展。

2. 细化领导责任，建立农村公共文化建设目标责任制

建立体现科学发展观的领导政绩考核体系，仅是从宏观层面为农村公共文化建设提供了组织领导机制的保障，在具体实践中，农村公共文化建设的顺利推进还有赖于一系列微观组织载体和责任机制的建立。由于农村公共文化建设总体属于精神文明建设范畴，其涉及的部门大多属于宣传文化系统，因而可将它列入各级党委政府成立的精神文明建设领导小组的职责之中，由这一领导小组机构承担起农村公共文化建设的规划、协调、督察等领导职责，而不必另外建立专门的领导小组等类似的组织领导机构。在此基础上，建立农村公共文化建设目标责任制，将农村公共文化建设的具体目标责任进一步落实到文化、广电、新闻出版等政府部门的工作考核目标之中，以确保农村公共文化建设的各项工作任务在有关部门的组织领导之下顺利开展和圆满完成。

（六）构建科学而权威的农村公共文化服务体系建设效果评估体系

1. 多元主体结合，科学评估农村公共文化建设成效

在以往的农村公共文化建设实践中，虽然不乏一些文化主管部门牵头组织的考核评比活动，但由于这些考核评比不同程

度地具有维度单一、内容狭窄、方法简单等弊端，因而往往不能全面科学地对整个农村公共文化建设的成效作出评估。作为政府履行公共服务职能的一部分，农村公共文化建设接受科学评估的必要性是毋庸置疑的，其关键在于如何确定评估的科学性和权威性，而这就需要从根本上改变存在弊端的原有评估方法，推行多元主体共同参与的科学评估方法。首先，这种评估需要作为农村公共文化服务的对象——农民群众的参与。为此，可考虑通过选择具有一定数量并具有广泛代表性的农民代表，对农村公共文化服务机构以及重要的农村公共文化服务项目进行评估，其评估内容主要是农村公共文化服务机构的环境、设施、工作人员态度、服务效率和受益程度等方面，还包括重要服务项目的内容质量、惠及面大小、农民群众的受益程度等。其次，这种评估需要各级党委政府有关部门的参与，其评估内容主要涉及农村公共文化建设是否纳入议事日程、经济和社会发展规划、政府财政预算、政绩考核体系等情况，还包括农村公共文化建设的进程以及完成上级党委政府所交付的任务等情况。再次，这种评估还需要专家学者的参与，其评估内容主要包括农村公共文化建设的创新、成本效益比较等方面。总之，只有实行多元主体结合，才能从多个维度、多个方面，全面地、科学地评估农村公共文化建设的总体状况。

2. 充分利用评估成果，促进农村公共文化建设持续健康发展

农村公共文化建设成效的评估，其意义不在于评估本身，而在于总结经验，发现问题，推动创新，激发群众参与，促进农村公共文化建设持续健康发展，这就需要对农村公共文化建设的评估成果加以充分利用。利用评估成果包括两个方面：一是将农民群众、专家和政府官员一致认可的好做法、好经验推

广到其他地方的农村公共文化建设实践中，使更多的农民群众受益；二是将各方评估尤其是农民群众评估的结果，与涉及的农村公共文化服务机构和农村公共文化服务项目的领导干部奖惩升降和经费的增减紧密挂钩，使农民群众以及其他主体参与评估的最终结果，影响到农村公共文化服务机构和农村公共文化服务项目的领导干部奖惩升降和经费的增减，从而促进各级党委政府更加重视并认真做好农村公共文化建设工作，以满足农民群众的基本文化需求，造福于广大农民群众，从而实现村风文明、社会和谐的目标。

第二节　农村社会主义核心价值体系建设

社会主义新农村的“新”，不只是体现在农村有多少间新房，修了多少条新路，更重要的是要体现在广大农民思想道德素质和科学文化素质的提升和乡风文明上。同时，当前中国农村精神文明建设面临诸多严峻的新形势、新任务。建设社会主义新农村，倡导新风尚，培育新型农民，离不开社会主义核心价值体系的引领。社会主义核心价值体系是社会主义意识形态的本质体现，反映当前农村政治、经济、文化和社会生活的发展状况，代表广大农民的根本利益。因此，在社会主义新农村建设过程中，大力加强社会主义核心价值体系的普及，使之深入人心，逐步内化为广大农民群众的思想和行动准则，既是社会主义新农村文化建设的重要内容，也是社会主义新农村建设的重要保障。

一、社会主义核心价值体系与农村文化建设的关系

社会主义核心价值体系是由马克思主义指导思想、中国特色社会主义共同理想、以爱国主义为核心的民族精神和以改革

创新为核心的时代精神、社会主义荣辱观等一系列内容构成的相互联系、相互贯通、相互促进的完整体系，是社会主义精神文明建设的重要组成部分，是社会主义新农村建设的思想根基。马克思主义是认识世界和改造世界的伟大武器，是农民建设新农村的理论基础和行动指南。中国特色社会主义共同理想集中反映了广大农民追求幸福生活的共同利益和愿望，是保证广大农民团结一致，万众一心，积极投身到社会主义农村建设中去的强大精神动力。以爱国主义为核心的民族精神和以改革创新为核心的时代精神，不仅是中华民族生生不息、薪火相传的精神支撑和中华民族伟大复兴的不竭动力，也是广大农民建设新农村，创造美好生活的精神动力。以“八荣八耻”为主要内容的社会主义荣辱观，为农民群众判断得失、作出道德选择、确定价值取向提供了基本的价值标准和行为规范，引领农村新风尚。因此，加强农村文化建设，必须牢牢把握社会主义核心价值体系这个根本，切实保证社会主义核心价值体系能够在农村得以贯彻和落实。

（一）社会主义核心价值体系是农村文化建设之本

价值观是文化的核心。坚持什么样的文化方向，建设什么样的文化，就是坚持和倡导什么样的价值观。农村文化走向哪里，是由它的核心价值观决定的。任何一个社会都有自己的核心价值。社会主义核心价值体系是社会主义文化的内在精神和生命之魂，也是农村文化建设之本。

1. 马克思主义指导思想决定社会主义新农村文化建设的前进方向

马克思主义指导思想是社会主义核心价值体系的灵魂，决定社会主义核心价值的性质和方向，决定社会主义新农村文化建设的方向。随着市场经济体制改革不断深入，农村社会出现了不同的利益主体和多样化的利益要求。一个社会要稳固，除了以绝对的法律权威和强制机构的巨大后盾作根基之外，它必须还有一种理念权威作为粘合剂凝固社会各种力量，否则社会就是一盘散沙。因此，任何一个社会在意识形态领域都有占支配地位的思想。中国农村社会的市场化与经济利益导向，导致了一些人更为关注自身现实的物质利益，拜金主义、功利主义、享乐主义思想在部分农民心里日益盛行，而忽略精神与文化层面的修养。他们更多的是关注“我”的利益，而不是从“我们”这种整体意识出发思考问题，这不利于社会主义新农村建设。

2. 中国特色社会主义共同理想是社会主义新农村文化建设的奋斗目标

中国特色社会主义共同理想是社会主义核心价值体系的主题。党的十七大报告指出，中国特色社会主义，是当代中国发展进步的旗帜，是全党全国各族人民团结奋斗的旗帜。社会主义文化是中国特色社会主义的重要组成部分，而农村文化又是社会主义文化的重要组成部分。当前，农村文化建设必须要引导树立社会主义的坚定信念，以建设和发展中国特色社会主义伟大事业为阶段性共同理想和奋斗目标，以满足人民群众日益增长的多层次多样化的文化需求为目的，倡导人与人平等和谐相处、人与自然协调发展，努力构建“生产发展、生活宽裕、乡风文明、村容整洁、管理民主”的社会主义新农村。

3. 以爱国主义为核心的民族精神和以改革创新为核心的时代精神是社会主义新农村文化建设的内核

邓小平同志曾经说过：“中国人民有自己的民族自尊心和自豪感，以热爱祖国、贡献全部力量建设社会主义祖国为最大光荣，以损害社会主义祖国利益、尊严和荣誉为最大耻辱。”这段话精确地概括了我国现阶段爱国主义的主体特征。以爱国主义为核心的民族精神和以改革创新为核心的时代精神，是社会主义核心价值体系的精髓，是全国各族人民共同奋斗的精神支柱，也是社会主义文化建设的内核。中华民族上下五千年的文明史，积淀了许多中华民族的思想文化精华，形成了丰厚的民族文化底蕴，保家卫国、奋发进取、自强不息的民族精神深入人心。

在当前的农村文化建设中，弘扬民族精神和时代精神，使广大农民始终保持昂扬向上的精神状态，既是农村文化建设的精髓之所在，又有利于培养农民的创新精神、爱国主义精神和集体主义精神，激励广大农民为维护祖国统一，实现国富民强，建设社会主义新农村而奋斗。

4. 社会主义荣辱观是社会主义新农村文化建设的道德规范和行为准则

随着我国农村经济社会的不断发展，农民的科学文化素养得到不断提高，农村社会的文明程度也日益提升，但是目前我国农村社会仍然存在诸多不文明、不和谐的现象和因素，成为制约新农村建设的重要障碍。以“八荣八耻”为主要内容的社会主义荣辱观概括了新时期思想道德建设的基本内涵和主要任务，旗帜鲜明地提出了提倡什么，反对什么，体现了马克思主义的世界观、人生观和价值观，进一步明确了中国特色社会主义的根本价值取向，明确了各类社会活动的道德评价标准。

“八荣八耻”是从公民道德建设的角度为全社会树起了一个新的标尺，要求广大农民群众和基层党员干部在建设新农村的过程中，不断地提高自己的思想道德水平和科学文化素质。具体地说，就是热爱家乡、团结互助，移风易俗、破除陋习，崇尚科学、尊知重教，勤劳节约、艰苦奋斗，诚实守信、遵纪守法，尊老爱幼、互敬互爱，树立先进的思想观念和良好的道德风尚，提倡科学健康的生活方式，在农村形成文明向上的社会风貌。可见，社会主义荣辱观对新时期我国农民的文明素养、道德行为和价值取向都具有重要的引导和规范作用。

（二）农村文化建设是弘扬社会主义核心价值体系的重要载体

城乡文化建设是弘扬社会主义先进文化的主要载体，也是先进文化的现实体现。在当前的新农村建设中，农村文化建设则成为弘扬社会主义先进文化和社会主义核心价值体系的重要载体。

具体地说，当前在建设社会主义新农村的过程中，加强以构建社会主义核心价值体系为重要内容的农村文化建设，而农村文化建设必须始终贯彻社会主义核心价值体系，最大限度地在农村社会形成先进思想共识。在农村文化建设中，坚持以马克思列宁主义、毛泽东思想和中国特色社会主义理论体系为指导，根据时代的要求和社会发展的需要，逐步培养农民开拓进取的精神和开放的胸怀，培养他们的主体意识、市场意识、竞争意识、民主法制意识和科学观念，使他们真正成为“有文化、懂技术、善经营、会管理”的适应现代化要求的新型农民；加强社会主义荣辱观教育，在鼓励农民继续发扬尊老爱幼、诚实守信等中华民族传统美德的同时，提高他们的思想觉悟、道德水平和明辨是非的判断能力，倡导健康、文明、向上的社会主义新风尚。可见，农村文化建设既得益于社会主义核心价值体系的指导，又为社会主义核心价值体系在农村的进一步弘扬和实现提供了重要载体。

二、农村社会主义核心价值体系的构建路径

加强农村文化建设，其中面临的一项重大政治任务就是建设社会主义核心价值体系。当前，在农村构建社会主义核心价

值体系，比在城市难度大得多，主要是面临经济基础、制度安排、社会环境和意识载体等一系列特殊难题。因此，只有紧密结合社会变革的大环境，对于影响和制约我国农村发展的各种因素加以通盘考虑，才能为农村构建社会主义核心价值体系提供可能的路径。

（一）农村构建社会主义核心价值体系面临的难题

农村价值体系呈“碎片化”状态，整合难度大。改革开放以来的当代中国正处于由传统农业社会向现代工业社会，由计划经济向市场经济的剧烈转型期，农村社会也在经历着深刻的变化，其中尤其值得关注的是农民价值观和人生观的变化。首先，在大众媒体和城市消费主义文化的双重建构下，农村传统的道德观念受到解构，农村固有的价值标准受到挑战；其次，农村呈现出多种社会思潮交织的格局，价值多元主义、历史虚无主义、宗族本位主义、极端民族主义等思潮在不同地方不同程度地存在，一些农民群众出现了信仰危机，更有许多人处于信仰“真空”状态，农村社会陷入“集体意识衰落”（杜尔凯姆语），很多农民群众既没有思想体系的信仰，又没有宗教的信仰，同时也没有对领袖人物的信仰，只“信自己”。无疑，这些都给主流价值体系的认同带来许多不确定因素。

农村经济基础的弱势地位，遏阻了主流价值观的形成与传播。社会主义核心价值体系最终能否被大多数农民群众认同，在很大程度上取决于其满足农民需要的程度如何。实事求是地说，中国自改革开放以来，农村发生了翻天覆地的深刻变化，其中一个明显的改变就是农民的生活水准也大幅度提高。然而摆在我们面前不容争辩的客观事实是，农村仍然是社会主义现代化建设的短板，在社会资源和财富的占有和分配上，广大的农村地区仍处于劣势：农村投入不足，公共产品和服务匮乏，农民收入水平低，社会保障缺乏，等等。按2009年新修订的人均年收入1196元的扶贫标准，中国仍有4007万农村贫困人口。农村经济生活的困顿会导致两种不良后果：一是农民的精神生活空间受到挤压，因为与现实的物质需要相比，“信仰”“理想”“主义”等精神追求只能退居次要地位；二是人们以信仰为核心的价值取向受到扭曲，因为在现实需要无法得到满足时，必定有人开始寻求虚幻的精神寄托，妄想达到“彼岸世界”。

农民对现行社会制度的认同，由于国家的相关涉农制度安排不合理而受到影响。第一，农民的政治权利缺乏可操作性的制度安排。我国宪法规定，公民享有平等而广泛的政治权利和自由，即使如此，在实际的权力运作中，由于身份等原因，农民往往变成现实政治的被动接受者和旁观者，这样一来，农民对现行社会制度的认同就大打折扣。第二，长期以来实行的城市偏向政策使农民被边缘化。城乡二元体制坚持资源分配上的城市偏向，而把作为社会大多数的农民排斥在体制之外，人为地制造了城乡的巨大差距，大大影响了农民作为公民的身份认同。第三，基层组织失灵，党和政府在老百姓心目中的威信受到严重影响。有关调查显示，有些农村基层组织几乎处于瘫痪状态，根本无法发挥其战斗堡垒作用。

由于受形成价值观的社会历史环境限制，农民对社会的认同度不高。马克思指出：“人创造环境，同样，环境也创造人。”[1]社会环境、文化传统、风俗习惯、社会舆论等因素综合发生作用，使人们的价值观得以形成。我国传统的农业社会是一个典型的熟人社会，由血缘关系支撑的宗法等级秩序无论在社会基

〔1〕《马克思恩格斯选集》第1卷，人民出版社1995年版，第92页。

层组织内还是在国家政治生活中始终起支配作用，[1]与之相应的群体价值观具有很强的稳定性和狭隘性。一方面，宗族和家族观念作为小农价值观的一部分并没有解体或消亡，反而在很多农村地区仍然存在，甚至改头换面寻求复活，成为社会主义新农村建设和构建社会主义核心价值体系的深度障碍和巨大阻力。[2]另一方面，我国农民传统价值观形成的经济基础没有变，分散决策的小生产方式导致农民的自组织能力较弱，社会事务的参与程度低，社会合作意识不强。改革开放以后，家庭联产承包制度再次形成生产单位“个体化”，又在一定程度上削弱了计划经济时期培育的集体观念和公德意识，淡漠了乡村人情关系，强化了个人主义，小生产者的狭隘性、自私性再度膨胀。[3]

（二）农村构建社会主义核心价值体系的路径选择

重视对农村多元价值观的整合，重建社会价值坐标。第一，必须处理好主旋律与包容多样的关系。党的十六届六中全会决议指出“用社会主义核心价值体系引领社会思潮，尊重差异、包容多样，最大限度地形成社会共识”。用社会主义核心价值体系引领农村社会思潮，并不是以一元取代多元，搞“红色”认同，而是以社会主导价值观来感召和引导非主流价值观。要在尊重不同价值选择的基础上，通过价值整合缓解不同价值观之间的矛盾冲突，使各种价值观和谐共存，并在作用方向上形成合力。第二，要重建农村社会价值坐标，必须坚持以“八荣八耻”为主要内容的社会主义荣辱观引导农民划清真善美与假恶

---

〔1〕 刘建荣：“社会转型时期农民价值观念的冲突”，载《湖南师范大学社会科学学报》2005 年第 5 期。

〔2〕 袁传银：“中国农民传统价值观探析”，载《哲学研究》2008 年第 4 期。

〔3〕 袁传银：“中国农民传统价值观探析”，载《哲学研究》2008 年第 4 期。

丑的界限，正确对待传统文化，取其精华，去其糟粕，同时在市场经济中树立正确的财富观、消费观、道德观与合作观，提高价值判断和行为选择的能力。第三，坚持科学信仰，通过各种途径教育农民，抵制散布腐朽、落后、反动思想的迷信、邪教等活动。总之，要整合农村社会价值观念，就必须在多元价值取向之间保持合理的张力，在多样观念中寻求共识，并能以主导扩大共识。

加大农村经济建设扶持力度，提高价值认同的物质基础。范·尼乌文赫伊兹认为："发展工作的焦点，始则经济，继则社会，终而为文化，这个顺序使人想起西方自产业革命以来处理公共事务的顺序。"[1]这为我国农村构建社会主义核心价值体系提供了重要启示。农村社会价值整合难度大，归根结底是农村经济发展水平所限，农民的物质需求未能得到合理的满足。"只有社会的需求与个人的需求契合一致，社会所倡导的主导价值观才能被个体所认同，内化为自我的价值追求"。[2]因此，当前在农村构建社会主义核心价值体系，首先，要把解决思想问题和解决实际问题结合起来，解决与群众利益关系最密切、最直接、最现实的问题，当前尤其要帮助一部分农民解决生存性危机，重点是农村中的弱势群体，包括老年人、妇女、体弱多病及因病因学致贫者；其次，政府必须以新农村建设为契机，千方百计提高农民收入，实施惠农政策，实现共同富裕，同时要加大对农村的财政转移支付力度，担负起农村公共品供给的职责。无疑，政府的这种帮助，能大大增强农民对现行社会制度

---

〔1〕［荷兰］范·尼乌文赫伊兹："20世纪的社会转型"，载中国社会科学杂志社编：《社会转型：多文化多民族社会》，中国社会科学文献出版社2000年版，第213页。

〔2〕梅萍、林更茂："论社会主义核心价值体系与公民的价值认同"，载《中州学刊》2009年第5期。

的认同，使他们切身感受到社会主义核心价值体系的重大实践价值。

调整相关制度安排，增强农民的制度认同。首先，调整和健全政治制度设计，保障农民各种平等的政治权利，依法尊重农民的人格尊严和自我选择，真正落实基层民主制度，提高农民对自己当家作主的心理认同。其次，调整资源分配制度，废除城乡二元政策，消除对农民的身份歧视。从法律上、制度上确保城市“反哺”农村的各项举措落到实处，尤其是保证农村基础设施和其他公共品的投入，比如教育、医疗、农村社会保障等，让农民享受基本的国民待遇，维持其做人的起码尊严和体面。再次，强化基层组织的意识形态领导功能。在中国这种政府主导、民间话语权相对弱势的社会治理结构中，政府对主流价值体系的构建始终起关键作用。一方面，要充分发挥基层组织在农村文化建设中的领导作用，强化“阵地”意识，把握社情民意，重视舆论引导，旗帜鲜明地反对和抵制邪教和迷信活动；另一方面，要转变执政理念，建立真正的服务型政府，坚决制止官僚主义、贪污腐化、作风恶劣、吃拿卡要等破坏农民感情的事情发生，切实为老百姓排忧解难，把基层组织真正建成人民群众可信赖和可依靠的力量，把党组织真正建设成农村思想建设的堡垒，以实际行动增强社会主义核心价值体系的说服力、感染力和影响力。

改善价值观形成的社会环境，培育农民的现代意识。首先，要改变农民的生产生活方式，促进农民在城市的合理流动，加快城市化进程，打破以地缘、血缘为根基的封闭的生存空间，建立超越地缘和血缘限制的各种新型的社会关系，消除宗法制度对农民的负面影响。事实上，曾经根深蒂固的家族观念逐渐被讲究分工的现代生活淡化，比如传统的孝悌观念、乡土观念在与现代文明的斡旋中逐渐居于下风[1]。其次，要逐步把农民引入社会化大生产的洪流中，引导农民到市场经济中去历练，用市场去涤荡小农经济状态下形成的封闭、狭隘、保守、愚昧、依附和苟安的性格特征，逐步培养主体意识、科学意识、竞争意识、开放意识和创新意识，造就“有文化、懂技术、善经营、会管理”的社会主义新型农民。

---

〔1〕 张清改：“对中国传统农民性格的分析”，载《山东省农业管理干部学院学报》2008 年第 3 期。

第七章 中国新农村文化建设的现状及其当代困境

从1978年实行改革开放政策至今，中国农民的价值观念、风俗习惯和精神面貌都发生了巨大的变化。当今的中国社会已经从整体上实现了从传统到现代的转型并发生文化变迁，在这样的背景下，良好文明的乡风，无疑就构成今天新农村文化建设的灵魂和核心。1979年开始的以家庭联产承包责任制为主要内容的农村改革，在赋予了农民的经营自主权和社会流动的自由的同时，也促使农村文化建设摆脱了计划经济体制框架的束缚，从而迈入市场化的轨道。农民一旦从旧体制的束缚下解放出来，在对传统文化进行扬弃的同时汲取了城市文化和西方文化的许多优秀成分，就会逐渐从传统思想的禁锢中走出来，并逐步跨入现代化的门槛。但在今天的农村文化建设中仍然存在落后的、保守的传统文化思想，在许多方面，农村的思想道德和科学文化建设与社会主义现代化建设还不相适应，成为制约中国文化软实力提升的最大瓶颈。

第一节 当代中国农村文化建设的积极成果

党的十七届三中全会指出："农村改革发展的伟大实践，极大调动了亿万农民积极性，极大解放和发展了农村社会生产力，极大改善了广大农民物质文化生活。更为重要的是，农村改革发展的伟大实践，为建立和完善我国社会主义初级阶段基本经济制度和社会主义市场经济体制进行了创造性探索，为实现人民生活从温饱不足到总体小康的历史性跨越、推进社会主义现代化作出了巨大贡献，为战胜各种困难和风险、保持社会大局稳定奠定了坚实基础，为成功开辟中国特色社会主义道路、形成中国特色社会主义理论体系积累了宝贵经验。”〔1〕农村社会的民主政治建设和精神文明建设因改革开放的深入发展而不断加强，广大农民的思想道德素质、科学文化素质和健康素质得到显著提高。

一、农村文化环境日益改善

由于党和国家的关心和支持，以及社会各界和农村基层群众的共同努力，我国农村文化建设的整体风貌发生了巨大变化，农村文化建设硕果累累，切实保障了广大农民群众的文化权益。近年来，全国文化事业经费呈现大幅度增长。2011 年 1 月初，文化部财务司发布《“十一五”以来我国文化事业费投入情况分析》，指出“十一五”以来，我国文化事业费逐年增加，增长速度保持在 18%以上的较高水平。2009 年达 292. 32 亿元，是改革开放初期 1980 年的 40 多倍，其中农村文化建设经费 86. 03 亿元，占比 29. 2%。考虑文化投入基数小的现实状况，在未来 5 年财政支出中，文化投入的年均增幅达到 40%，力争到 2015 年，文化事业费占国家财政总支出翻一番，提高到 1%左右。〔2〕不难发现，近年来国家对农村地区、西部地区的扶持力度也在不断加大。同时，国家还拨付专项资金，逐步实施了全国文化

〔1〕《中共中央关于推进农村改革发展若干重大问题的决定》，人民出版社 2008 年版，第 3 页。

〔2〕 http://www. sccnt. gov. cn/gnwhxw/201104/t20110410_ 3760. html.

信息资源共享工程、送书下乡工程、流动舞台车工程、乡镇综合文化站建设规划等一系列重大文化项目和非物质文化遗产保护工作等，农村文化建设不断取得新成果，满足了广大农民群众的精神文化需求。[1]

第一，加大投入，建设县乡级图书馆、文化站。据统计，2007 年我国共投入资金 56.13 亿元，用于农村文化建设，比 2006 年增长 25.9%。2002 年至 2005 年国家发改委还投资 4.8 亿元，用于扶持 1086 个县级文化馆、图书馆，基本实现了县县有图书馆、文化馆的目标；国家于“十一五”期间又开始规划乡镇综合文化站建设，使文化站向乡村延伸，并通过转移支付 39.48 亿元，新建和扩建 2.67 万个农村乡镇综合文化站，2010 年将基本实现“乡乡有综合文化站”的建设目标。为实现这一目标，从 2007 年开始中央安排 1 亿元资金开展乡镇文化站建设试点工作。2008 年，中央投入 2 亿元资金，安排 1250 个乡镇综合文化站建设项目。财政部也开始增加农村文化建设的投入，并实施重点文化建设项目。截至 2010 年 6 月 30 日，已经落实中央资金的乡镇综合文化站建设项目共有 12 651 个（不含新疆建设兵团和黑龙江农垦兵团项目）。[2]各级地方政府也开始对基层文化设施建设加大投入。目前，覆盖全国乡村的公共文化服务体系已初步形成。全国县以上共有 2799 个公共图书馆、3217 个文化馆、1722 个博物馆、37 384 个文化站、137 665 个社区和村文化室。

第二，投入大量资金建设重点文化工程。重点文化工程，是在县乡级文化站建设基础上，加大投入农村文化资源的供给，旨在丰富农民群众的文化生活，同时也是为了保障了广大农民

---

〔1〕 刘翠：“当代中国乡村文化建设的若干问题研究”，山东师范大学 2008 年硕士学位论文。

〔2〕 http://archive.wenming.cn/whhmgc/2010-07/29/content_20477737.htm.

群众的文化权益。重点文化工程主要包括：文化部和财政部联合实施的全国文化信息资源共享工程、送书下乡工程、非物质文化遗产的保护工程等。全国文化信息资源共享工程，也就是通过卫星、互联网和光盘等传输渠道，将数字化的文化信息资源传递给大众的公共文化服务工程。实施这一工程，旨在使广大农村地区，特别是偏远地区农村也逐步享受到公共文化服务。目前中央财政已累计投入 38.8 亿元，地方 25.9 亿元；数字资源量已达到 169TB（1TB 数据量相当于 25 万册电子图书或 926 个小时视频节目）；自建、共建 125.6 万个基层服务点。迄今为止全国已基本形成覆盖城乡的“村村通”数字文化服务体系。

关于基层群众看书难的问题，文化部和财政部还实施了送书下乡工程。2003 年至 2007 年已累计安排资金 1 亿元，为国家级扶贫开发重点县和乡镇配送图书总数 787 万册，提供的书籍主要涉及大量科技、教育、生活等读物，适合农村居民的生产生活实际，深受广大农民群众的欢迎。与此同时，从 2007 年到 2010 年，中央财政安排资金 3 亿元，实施流动舞台车工程，为基层文化机构配备了 1000 多辆流动舞台车，使广大农村基层地区享受到了方便、灵活、多样的公共文化服务。为了搞好社会主义新农村文化建设，党中央特别注重对非物质文化资源的保护，着力发展农村特色文化，通过各种节庆日和民族传统节日，积极开展各种特色的传统文化活动，努力满足广大农民群众日益增长的精神文化生活。

党的改革开放政策给农村带来了翻天覆地的变化。一方面，农村的社会生产力得到较大的发展，农民的物质生活水平得到较大提高，农民纷纷走上了小康之路，这为农民从内心认同党的农村政策奠定了坚实的物质基础。另一方面，农民的价值观念、风俗习惯、精神面貌都实现了由传统到现代的转变。特别是20世纪80年代中期之后，广大农民进城务工便逐渐形成潮流，成为农民职业流动和农村富余劳动力转移的主渠道。这不仅给我国经济发展以及社会现代化提供了必要条件，大大加快了我国城乡一体化的历史进程，同时还给我国乡村文化变迁奠定了划时代的社会背景。

总之，农村文化建设的成就，体现在方方面面。归结起来主要有：一是大幅度增加农村文化建设经费的投入；二是有计划实施一系列重大文化项目，包括全国文化信息资源共享工程、送书下乡工程、流动舞台车工程、乡镇综合文化站建设规划等；三是全国农村各地依托自己的非物质文化资源开展特色浓郁的民间文化活动；四是大量涌现农民自办的文化队伍和文化场所；如此等等。所有这些成就让人切实地感受到农村文化建设的日新月异，让人亲身体验到文化对于社会主义新农村面貌的深刻塑造。

二、农村文化载体日益广泛

在乡村文化发展的整体系统中，小传统文化主要来源于乡风民情，有着超强的稳定性，而对乡村文化变迁速率影响最大的是国家主导文化宣传和教育的各种载体。系统的学校教育是乡村文化建设的主渠道，而另一个重要载体就是大众传播媒介，这是影响和改变人的思想观念和生活方式的重要因素。改革开放后，物质技术的发展推动了广播、电视、网络等大众传播工具和通讯系统的现代化，成为人们不可或缺的信息源。目前，广播、电视等大众传媒已经在乡村社会广泛普及，网络信息技术也逐渐进入乡村社会。在中国农业大学组织的一次调查显示，农民获取文化知识信息的渠道主要为：①电视70.6%；②报纸37.6%；③学校25.7%；④邻居23.2%；⑤宣传册20.6%；⑥乡政府20.2%；⑦农技站17.7%；⑧图书17.1%；⑨集市

14.7%；⑩电台 11.3%；⑪村喇叭 8.5%；⑫电话 5.3%；⑬网络 4.0%；⑭商店 1.6%；⑮旅游 1.1%；⑯教会 0.6%；⑰其他途径 1.7%。〔1〕

日益广泛的农村文化载体，给予农民各种各样的文化知识信息，特别是网络信息技术在农村社会的不断推广，为广大农民提供了大量的外界信息，并且可以足不出户就能获取这些信息。如今的农村社会因现代信息传媒技术的应用而变得更加开放、多元，由此推动农民的思想观念、价值体系、知识结构也不断发生新的变化。

三、农村群众性文化活动日益产业化

我国实行家庭联产承包制之初，由于打破了农民的集体生活，因耕作组合方式的分散化，许多过去由公社体制下的大队或小队组织的集体文化活动逐渐消失。近几年，国家高度重视“三农”问题，一方面不断强化农村文化建设，加大对农村文化市场的投入，另一方面农民在发展经济的同时，也开始重视精神文化生活，由于“文化三下乡”的带动，农村的精神文化活动日益丰富多彩。据 2007 年中国文化产业发展报告统计，2005 年，全国艺术表演团体到农村演出比 2004 年增加 1.4 万场，达到 27.7 万场，增长了 5.3%；占演出总场数的 62.5%，比 2004 年增加 4.9 个百分点。〔2〕

在农村文化建设中，各种特色的农村文化活动日益活跃。许多农村在充分吸收传统文化精华的基础上，围绕民族特色、

---

〔1〕 李小云、左停、叶敬忠：《2005 年：中国农村情况报告》，社会科学文献出版社 2006 年版，第 177 页。

〔2〕 张晓明、胡惠林、章建刚：《2007 年：中国文化产业发展报告》，社会科学文献出版社 2007 年版，第 33 页。

地域特色和自然环境特色，深入挖掘民间特色文化，致力于自办文化团体，吸引许多农民都积极主动地参与到农村文化活动中来，从而有效地推动了农村文化事业的发展。据2007年中国农村统计年鉴公布的数据，1995年全国有文化专业户22.8万户，而2006年就增加到49.9万户。

尤其值得关注的是，国务院《关于非公有资本进入文化产业的若干决定》和文化部《关于鼓励、支持和引导非公有经济发展文化产业的意见》下发后，非公有资本进入文化产业领域的步伐不断加快。据2009年中国文化产业发展报告统计，文化部管理的文化企业，国有企业和民营企业的比例已由2004年的1∶1发展到2007年的1∶4。2007年全国共有国办艺术院团2850个，而民营文艺表演团体已超过6800家。显然，民营文化企业已成为我国发展文化产业的一支不可缺少的重要力量。这些民营文化企业中，占有大多数的是农民通过自身创办的文化团体，不仅丰富了农民自身的精神文化生活，还由于不断创新文化活动形式，使得文化活动和文化产品逐渐走向市场化、产业化。笔者调查了一些农村地区，发现农民自己组织了一些像“农村小戏小品汇演”“农村文化广场展演”等项活动，同时各区、县（市）、乡镇还根据本地区的特点组织开展了各种形式的基层文化活动，这些活动的优点很明显，广大农民既喜闻乐见，又便于参与。另外，一些农村农民业余文艺队、民间职业剧团或民间演出队等基层文化组织，也日益活跃于广大农村地区。

四、农村公共文化设施日益完善

文化设施的功能日益多元化，既是农民开展文化活动的重要场所，又是政府对农民进行文化宣传和文化教育的主要场所。良好的农村文化设施为农村文化建设提供硬件保证。农村实行家庭联产承包责任制以后，许多地区的农村把公共文化设施挪作他用，尤其是农村电影院、文化站、图书室，基本上名存实亡。直到近几年，国家一方面采取各种支农惠农政策，另一方面不断加大投资力度，改造和修建各种各样的农村公共文化设施。不仅扩大对乡村重大文化建设项目的投资，还通过转移支付补助基层文化设施建设，基本实现了图书馆、文化馆建设项目的县级普及。〔1〕

由于农村文化基础设施的良好配置，农民掌握和了解国家政策以及学习现代文化技术的场所大大改善，广大农民的业余文化生活也大大丰富。一方面，既有利于把分散的农民集中起来，发挥团队协作精神，另一方面，也便于农民及时化解社会生活中的矛盾，共同建设良好和谐的新农村。笔者调查了解到，在南昌市的十余所公共图书馆，共同组织了“图书服务宣传一条街”，在农民中间开展科技图书服务宣传与信息发布活动，并且给农民免费发放科技信息资料，使农民在广泛的文化接触中受益匪浅。

第二节　新农村文化建设的当代困境及其成因

由于党和政府文化繁荣政策的鼓励、引导和扶持，以及广大农民的积极支持，我国的农村文化建设事业取得了许多丰硕成果，同时也积累了许多宝贵的经验。然而，不管是从整个国家社会发展全局着眼，还是从城乡比较以及农村社会整体结构的平衡来看，毋庸置疑，农村文化建设还远远滞后于城市以及农村本身经济的发展，各种各样的复杂问题仍然存在于当今的

〔1〕 张晓明、胡惠林、章建刚：《2007年：中国文化产业发展报告》，社会科学文献出版社2007年版，第31页。

农村文化建设过程之中。

美国人类学家刘易斯认为，穷人之所以贫困，其中一个重要的因素就是与其拥有的文化——贫困文化有关。他指出，贫困文化是贫困阶层在社会生活中发展出的一套“病态”的价值信仰系统，他们不愿意也不期望自身的经济繁荣，不期望走向上层社会……逐渐地，他们有了相悖于主流社会的亚文化生活方式。在他看来，贫困文化首先是一种亚文化，是一种与主流文化不相容而处于边缘状态的特有文化。处于贫困文化中的人们有一种强烈的宿命感、无助感和自卑感，不能在广泛的社会文化背景中认识自己的困难。其次，贫困文化具有代际传承的特性。穷人长期生活在贫困之中，其结果形成了自我维持的文化体系——贫困文化。一旦形成贫困文化，穷人就会不断招募新成员，并通过耳提面命的方式对后代进行教化和引导，将病态的信仰快速传递给未成年人，把他们锁进贫困、绝望而堕落的怪圈，训练他们成为社会的底层人。〔1〕

农村文化是整个社会文化运行系统的渊源和基础，农村秩序正常运行的灵魂和根基取决于有无良好的农村文化积淀。基于此，在农村社会发展的过程中农村文化承担着重要的社会稳定功能和社会调节任务。一方面，它是国家向农村传播现代文化信息，实现社会主义文化大发展大繁荣的重要步骤；另一方面，它是构筑和谐文化，统筹城乡发展，建设和谐社会的重要手段。但是，今天的农村文化建设，仍然没有摆脱城乡二元文化的状态，不仅没有适应农村经济和社会的发展，而且更落后于现代城市文化。不管是农村文化的主体、客体，还是农村文化的载体建设及其功能的发挥，都存在各种问题。这种文化发

〔1〕 李丰春：“农村文化扶贫的若干问题研究”，载《安徽农业科学》2008 年第 36 期。

展的滞后性带来的后果不堪设想，既不利于城乡文化的一体化发展，也给社会稳定带来了许多负面影响。

一、农村文化建设中农民主体的缺失

（一）农村文化建设主力军因人口流动而缺位

由于城市化进程的不断加快，进城务工的农村劳动力越来越多。近几年来，以青年农民为主，尤其是文化水平较高的80后和90后的新生代农民工，在庞大的农民工群体中占有很大比例。他们本来是农村文化建设的主力军，但怀着对城市的无限向往，其中的绝大多数人已无心回乡务农，由此造成有文化、懂技术、会经营的青年农民在农村文化建设中的主体缺位。农村青壮年劳动力伴随规模庞大的“民工潮”大量外出打工，主要时间都滞留在城市。这样产生的后果很明显，一方面，国家给予农村的公共文化服务资源无法辐射到接受程度更高的青年农民，另一方面，国家农村公共文化服务的主要对象不再是中青年农民，而是留守农村的儿童、妇女和老人，造成公共文化资源的服务效力减弱。农业因人口流动而缺少足够的劳动力，农村文化发展的后劲由此大大减弱，农村文化传统因此而发生断裂，直接影响我国农业产业化和现代化进程。由于农村主要劳动力的缺失，农村文化日益边缘化。一个不争的事实是，文化水平较低的留守儿童、妇女和老人成了农村文化建设的主要参与者。而这部分留守农民由于受传统观念和自身局限性以及经济条件的限制，过分注重短期行为，不仅参与农村文化建设的积极性不高，甚至在很大程度上对现代文化意识还存在着抵触情绪。

毋庸置疑，农村文化建设的主体是农民，尤其是青壮年农民。他们既是农村文化建设的主力军，又是农村文化建设和发展成果的主要享有者。而今，这个重要群体已经大量流失，带来的后果是，农村文化建设人才队伍缺少新鲜血液的输入，后继乏人，从而导致农村文化建设缺少富有生机的基础和强大的推动力。如今的“民工潮”正方兴未艾，大量有知识有才能的青壮年农民纷纷涌进城市，人们不禁要问，谁来完成建设社会主义新农村的历史任务？谁来带领农村的广大农民走上致富路？谁来担负起农村文化建设的主体地位？这些问题不能不引起我们的高度重视。农民在农村文化建设中的“缺位”迟滞了农村文化建设。农村文化建设中农民主体的缺失足以引起我们的重视和思考，因为这涉及农村文化建设“为谁”和“谁为”的问题，关系到新农村文化建设成功与否的问题。[1]

（二）农民的实际文化需求因农村文化建设的内容和形式偏离而得不到满足

农民既是农村文化的承载者，同时又是农村文化的建设者和享受者。现实告诉我们，官方文化始终在当前的农村文化建设中占主导地位，并且基本上是以城市为标准来确立农村文化宣传的内容和形式，导致许多宣传内容和方式脱离了农村和农民实际，没有根据农民的实际文化需求来决定文化建设的具体内容，致使文化建设与农民的需求之间产生脱节，严重削弱了农民参与农村文化建设的主动性、积极性和创造性，最终导致许多农民成为农村文化建设的旁观者。据有关调查显示，文化消费一直被认为是农村社会的奢侈品。在大多数农村家庭的总支出中，文化消费所占的比例很小，许多农民家庭甚至根本就没有这方面的消费。所以，农民在休闲时间一般以看电视、听广播、下棋、打扑克、打麻将以及农村大秧歌为主要文化娱乐活

---

〔1〕 曹士文：“浅议农村文化建设的主体缺失及其发展对策”，载《安徽农学通报》2008 年第 14 期。

动。显然，农民的业余文化活动一般是自娱自乐，多以简捷便利的现代文化形式为主，不需要费用负担，主要以个人居所、田间地头作为他们的文化活动场所，农民对传统民间文化活动的兴趣正在逐步降低。

（三）农民参与农村文化建设的积极性和主动性因农民整体文化素质低而难以提高

几十年改革开放政策的实施，一方面促进了农村经济的巨大发展，另一方面也使广大农民的素质大大提高。然而，与城市市民比较，广大农民的素质仍然很低，还不适应现代化的基本要求。根据 2007 年中国农村统计年鉴的统计结果，2006 年，农村居民家庭平均每百个劳动力中，文盲有 6.65 人，小学文化的有 26.37 人，初中文化的有 52.81 人，高中文化的有 10.52 人，中专文化的有 2.40 人，大专及大专以上文化程度的有 1.25 人。[1]从这里看出，高素质农民的数量非常有限，与城市市民的文化程度差距非常明显。另外，技术培训作为对提高农民整体文化素质最有效的手段，也因农民的流动性加大及市场化短期行为的影响而备受冷落。据统计，2002 年全国有农民技术培训学校 37.9 万所，而到了 2006 年则减少到 15.1 万所。毕业生数也从 2002 年的 7681.8 万人减少到 2006 年的 4520.6 万人。[2]农民技术培训学校的数量以及毕业生的数量都大大减少。如此低的文化素质现状，农村基础教育水平的落后以及师资力量的薄弱，所有这些势必影响农民对具有现代意识的文化教育和宣传的接受程度，更为严重的是，必然会阻滞农村文化建设的前

〔1〕 国家统计局农村社会经济调查司编：《2007 中国农村统计年鉴》，中国统计出版社 2007 年版，第 33 页。

〔2〕 国家统计局农村社会经济调查司编：《2007 中国农村统计年鉴》，中国统计出版社 2007 年版，第 298 页。

进步伐，延缓农村现代化的历史进程。

二、农村文化建设中市场主体的缺失

农村文化产业化不仅是社会文化发展的必然趋势，同时也是农村文化建设的重要目标之一，而一个开放而有序的文化市场是实现文化产业化的必要条件，在政府的宏观调控下，借助文化市场来对文化资源的配置起决定性作用。农村能够吸引大量外来先进文化的注入，还充分地整合了农村社会中的特色文化资源，从而极大地促进和推动农村文化建设，究其原因就是文化市场主体的存在及作用的发挥。

（一）农村文化市场中的低俗文化供给活跃

在市场经济的时代背景下，人们最主要的行为选择就是追求最大经济利益，这样必然导致不良后果：一些农民在缺乏文化素质、道德修养和法律意识的情况下，科学精神匮乏，封建迷信抬头，经营色情文化、封建文化，甚至经营反动文化，严重危害了农村文化市场的良性发展。少数农民虽然物质生活水平提高了，但健康的精神追求却降低了。少数农民不是依靠自己的诚实劳动、党和国家的政策、先进的科学技术来发财致富，而是把发财致富的希望寄托在财神保佑上，“东西南北中，财神处处供”。据有关调查显示，75.6%的受访者认为当地政府部门从不或很少组织对村民进行技能培训。尤其是落后山区很多人“发财求菩萨，有病就烧香”。

（二）农村文化消费水平普遍低下

农村文化市场化进程缓慢，其中一个重要原因就是我国的总体文化消费水平过低。“2005 年我国文化消费总量只有 4150 亿元左右，虽然人均 GDP 已超过了 1700 美元，但文化消费总量至少比同等发展水平的国家的平均值低 15 000 亿元以上。”[1]这是一个平均的文化消费水平，如果从农村与城市的比较来看，农村更是低得可怜。

更为糟糕的是，存在于农村社会中的许多陈规旧俗，随着物质文明的不断发达，畸形的非理性的文化消费也不断膨胀。当今农村比较普遍的现象就是在红白喜事上大操大办，盲目攀比，造成严重的铺张浪费。除此之外还有生孩庆寿、婚丧嫁娶、生日满月、参军、乔迁、上学等都要大操大办，浪费严重。所有这些在很大程度上加重了农民的经济负担，造成了许多不必要的损失。

（三）农村文化产品、文化服务供给不足

有关调查显示，95%的农民表示很喜欢文艺下乡演出活动。但改革开放后的很长一段时间，许多农村的基层文化站建设出现退步现象，无人员、无场地、无经费，文化活动日益减少，文艺下乡演出的数量也不断萎缩，农民特别是具有现代意识农民的精神文化需求远远不能得到满足。一个不争的事实是，大多数农村的图书馆无购书经费，多数县级电影公司、县级剧团已名存实亡，不能正常运转，连露天电影放映也很难见到。绝大多数农村没有图书室或农家书屋，看书看报难成为农村普遍存在的现象。因此，农村文化宣传的时效性和广泛性因缺少大众化的文化服务而受到很大的制约。

另外，农村的娱乐场所也非常缺乏，大多数村子几乎没有休闲娱乐场所，即使有也存在设施设备的明显不足，根本无法满足农民日益增长的精神文化生活需求，因此，农民最主要的娱乐活动就是打扑克、玩麻将，文明乡风缺少良好的环境氛围。

---

〔1〕 张晓明、胡惠林、章建刚：《2007 年：中国文化产业发展报告》，社会科学文献出版社 2007 年版，第 12 页。

据了解，农民闲暇时间除了看电视外，喜好打牌玩麻将者比例较大。打牌易学，不论男女老少，不限时间、地点，婚丧嫁娶，逢年过节，劳动间隙，三五成群席地而坐即可活动。极少数人不务正业，以赌博为生；有些棋牌社和麻将社聚众赌博。许多家庭矛盾和社会治安问题皆因打牌赌博而生。由此带来的好吃懒做等不良习气严重影响文明乡风的形成，与“乡风文明”这一社会主义新农村建设的总体要求还有相当大的差距。

三、农村特色文化资源的严重流失

农村中的大多数特色文化资源为非物质文化遗产，主要包括：一是多姿多彩的民俗文化，如风土人情、祭祖拜天仪式及宗教节庆活动等；二是口头流传的各种民间文学，如传说、史诗、民间故事、谣言、谚语等；三是淳朴生动的各类表演艺术，如音乐、舞蹈、戏曲、曲艺杂技等；四是技艺精湛、美轮美奂的工艺美术，如面人、糖人、剪纸、编织、刺绣、彩绘、蜡染等。这些堪称民间蕴藏的民族文化瑰宝，其价值不仅在于其本身的艺术性、欣赏性和娱乐性，更在于它们承载着原生态、环境及文化的历史印记，融合了原汁原味的乡土生活。当今的农村文化是传统文化与现代文化的交流与融合，既有传统农耕文化的历史积淀，又有现代文化的不断注入。但随着现代化的不断推进，传统文化受到城市文化、西方文化的不断挤压，传统特色文化资源不断受到电视、网络等现代媒体的冲击，致使许多文化资源，包括文化建筑、文化技艺、文化活动、文化形式逐渐消失，特别是一些民间特色技艺面临失传。历史传统道德、通俗民间风情被淹没在“城市化”的浪潮中。显然，当务之急必须对特色农村文化资源进行很好的保护，否则，很多有重要社会价值的农村文化等待它们的必将是衰退，甚至消亡的命运。

有关调查资料显示，由于现代化的冲击，引起一系列不良后果：农村传统的符号文化和文化价值体系正在逐渐消失，一些传统的文艺活动缺少市场和观众也逐渐退出舞台，一些优秀的传统文化和民间艺术因缺少市场竞争力也日渐失去生存的空间，一些民间艺人也开始转行，另谋职业。民间艺人的流失加剧了民间非物质文化的萎缩，许多民间绝活也开始失传。农村原有的公共文化空间也不断减少。农民的文化参与热情因市场经济的工具理性而逐渐减弱，皮影、秧歌、戏剧、舞狮、舞龙等农村传统群众性文化活动团体由此也逐渐解散，青年农民对民间艺术逐渐失去兴趣，民间艺术的处境越来越艰难。

第三节　新农村文化建设的制约因素分析

一、城乡文化的二元体制未破除

（一）二元文化结构与城乡文化发展的失衡

改革开放以来，我国城乡之间发展产生巨大差距和不平衡，收入的差距导致城乡物质生活的不平衡，投入上的差距导致城乡文化发展的不平衡，造成这些不平衡的总根源就是我国的城乡二元结构。

第一，城乡之间文化投入严重失衡。调查显示，农村文化与城市文化的投入为 3∶8 左右，很显然，农村文化的投入占劣势，城乡文化差距不断加剧的趋势非常明显。

第二，城市优先政策导致城乡文化基础设施建设明显失衡，农村基层文化设施严重落后。根据有关调查，目前，我国县级及县级以上城市，在国家和各级政府的主导下，文化馆和图书馆设施基本健全，但是农村仍有 6%左右的乡镇无文化馆，村级文化室缺失的现象也比较严重。农村基层公共文化资源严重匮乏，主要包括：不健全的文化组织机构，非常单一的文化活动形式、内容和手段，滞后的农村文化供给，所有这些根本无法适应农村文化的发展要求。

第三，基层文化队伍素质普遍偏低，城乡文化队伍建设失衡。不容否认的客观事实是，国家重视的主要是县以上文化机构的队伍建设，而对农村关注甚少，因此，农村文化队伍很少具有专业性，而文化能人，一般也都是自学成才。当前，农村文化队伍逐渐老年化，不但人数减少，文化技艺也很低，再加上新生代农民工大量涌入城市，难以注入新的力量，而城市却是人才济济，专业化、年轻化、正规化、信息化优势明显。

第四，城乡文化体制改革呈现出城乡分治的“二元化”特征。当今的城市一派繁荣景象，文化建设已经与国际接轨，高质量、高品位、高消费的文化活动场所、文化活动形式层出不穷，市民越来越高的文化需求不断得到满足。在文化管理、资本组织形式、分配机制、用人制度等方面都打破了计划经济模式，文化产业化、市场化不断推进，城市文化由此焕发出新的活力。而农村却是另外一番景象：主体缺位，管理滞后，投资欠缺，文化体制改革举步维艰，许多农村还是传统文化管理体制，经常出现文化虚无状态。总之，农村文化越来越远离现代文化的潮流，缺乏发展的空间。

由“重经济，轻文化”“重城市，轻农村”思维定式造成的不协调经济社会发展格局，必然导致农村文化发展严重滞后，致使城乡居民的文化生活环境和文化消费水平产生了巨大差距，最为严重的是农村出现了精神饥荒、文化贫困和价值真空。从根本上说，文化权益缺失不仅损害了农民利益，同时还减弱了农民对社会政治经济和文化体制的有效认同。这种文化上的“城乡二元结构”，其危害十分明显：加深了经济社会城乡二元差别，影响了文化的协调发展，阻碍了经济社会的发展。

（二）城乡二元结构与“城市优先”

造成中国“三农”问题难以解决的总根源就是城乡二元结构。不仅是城乡二元经济结构、二元政治结构对农村文化建设发生影响，农村文化建设更受城乡二元文化结构的影响。中国的现代化进程，在很大程度上就是要实现城乡二元结构向现代社会结构的转换。城乡二元结构，一方面使城乡之间在经济发展上存在较大的差距，另一方面也导致城乡社会事业、公共服务、收入分配等存在不统一、不公平的体制和政策。城乡二元结构的负面作用是旷日持久的，它不仅深刻地影响着国内生产、生活和社会形态的各个方面，更深刻地影响并导致了城乡居民在价值观念、思维方式和生活方式上先进与落后的显著差异，是当代中国农民现代性缺失的制度性根源。[1]城乡二元文化结构的客观存在导致了文化建设中政府行为的“城市优先”，势必造成农村文化的严重滞后。

城市文化的基础和源头来自农村文化，城乡文化本应协调发展，但是现实的政策、方针、制度却使城乡彼此分离。其一，城乡二元的户籍制度，成为农民与市民的首要制度障碍，造成农民与市民的不同身份待遇，特别是享受不均等的受教育机会，势必造成农民与市民的整体文化差异。其二，城乡二元的资源分配制度，导致城市的发展建立在牺牲农村的基础上，城市的公共资源分配明显优于农村。其三，城乡二元的社会保障制度，造成了农民低水平的社会福利，致使农民大量的时间忙于奔波，而无暇顾及文化享受。而城市市民既有良好的社会保障基础，又有充分的时间和资本来消费文化资源。当前可供消费的电影、

---

〔1〕王正中：“城乡二元结构与当代中国农民现代性的制约”，载《理论学刊》2007年第1期。

书报、网络等现代大众文化资源主要集中于大中城市，而农村社会的普遍现象却是“看书难、看电影难、看戏难”。

二、政府的监督管理机制不健全

在农村文化建设过程中，各级政府无疑应该承担引导和协调的职责。我国正处于社会转型期，各种思想文化相互激荡，知识水平相对较低的农民群体在多元文化思想的渗透下，难以进行辨别和选择。农民的价值观念呈现出多重化的选择状态，处于动荡游离之中。这种状况必然导致农民的思想混乱和精神匮乏，究其原因就是，政府没有正确地引导和协调农民对文化的选择，造成农村社会治安的不断恶化、社会生活的无序以及一些不良社会风气的死灰复燃。

除此之外，政府还负有管理者和监督者的职能。在市场经济条件下，许多地方政府由于受利益驱动机制的影响，都把主要精力放在了农村经济建设上，而对农村文化建设及管理一直处于一种瘫痪状态，致使农村文化工作的管理人员配备不足，大多数农村文化工作人员都是兼职。由于政府对乡村文化市场缺乏监管，致使乡村文化市场中黄赌毒及各种违法犯罪现象时有发生，阻碍和干扰了农村文化市场的健康发展。同时，这些不良现象也进一步侵蚀着农民们的思想，摧残着人们的身心健康，威胁着农村社会的稳定和和谐发展。[1]

农村文化发展滞后的直接原因就是政府对农村文化的管理缺位。过于“人情化”“熟人化”的用人机制，致使农村文化工作干部队伍素质较低，再加上本身就没有什么文化特长或文化爱好，工作效率低下就成为必然；在管理制度、管理方式等

---

〔1〕 曹士文：“浅议农村文化建设的主体缺失及其发展对策”，载《安徽农学通报》2008 年第 14 期。

各个方面，重复建设造成有限资源的分散浪费，部门分割，效率低下，难以发挥文化的集中功能。从表面上看，每一个部门、单位、社区、学校、村庄都有文化活动计划和文化工作安排。但这些活动从形式到内容过于简单重复，无法进行有效协同和规划，造成大量的文化资源浪费。

农村基层组织，特别是文化组织的领导作用弱化。农村实行家庭联产承包制后，集体劳动的生产协作方式被改变，分户单干大大弱化了农村基层组织，尤其是农村干部的集中领导权威，这样，作为农村文化建设的倡导者、组织者和实践者的效用也被降低。当前，农村基层组织工作由于农民群体的分散性，特别是大规模的农民工流动，面临更多复杂的情况，无法适应社会形势发展的需要。调查发现，许多农村地区的群众大会已经多年没有召开过，许多村队集体活动和办公的场所也被卖为个人私有，造成农村基层组织的管理缺位，领导班子人浮于事。与此同时，有些地方领导干部自身文化素质不高，私欲膨胀，法律意识淡漠，逐渐失去对群众的号召力和影响力，无法在农民群众中树立威信，更不用说起模范带头作用。农村基层文化组织所起的作用是其他组织无法代替的，它是开展群众性文化活动的纽带和桥梁。但由于农民自身意识的局限和国家政策的限制，农民对农村基层文化组织并不认同和接受，致使农村文化建设失去了强有力的组织保障，最终导致农村文化建设事业缺少应有的生机和活力。

三、农村文化建设的保障机制不完善

受城乡二元制结构的影响，我国城市和农村形成了各自独立的不同的社会运行体系，特别是社会保障方面更是如此。相比城镇而言，我国农村的社会保障体系还刚刚起步，农民和市民所享受的“国民待遇”处于明显的不平等状态，大大延缓了我国的城乡一体化进程。党的十六届三中全会以来，由于科学发展观的贯彻落实，统筹城乡发展已经成为我国政府的重要战略抉择。从根本上说，只有使农民享有同市民相同的保障待遇，农民权益才能得到保障，农民才能以平和稳定的心态建设农村文化。由于自身素质的局限，农民由传统的生活、生产方式和行为方式转化为现代的生活、生产方式和行为方式，由传统意识转化为现代意识，必然要经历一个较长的磨合期和适应期，并且贯穿于中国农村现代化的始终。

一方面我国城市化不断加速推进，而另一方面由于农村社会保障的缺失，农民的生活水平和基本生活保障有相对下降的趋势，养老无保障的现象也比较明显，农村文化建设的整体进程受到严重阻滞。目前，我国正在加大力度，推进以合作医疗为基础的农村社会保障制度的实施。新型农村合作医疗制度的推行已见成效，大大减轻了农民看病难、看病贵的负担。同时农村养老保险制度也在逐步推行，但除东南沿海一些地区以外，全国大多数农村的养老保险还没有实施，年老、疾病或丧失劳动能力的农民，由于没有经济收入和生活保障，全靠子女赡养。但在赡养老人等问题上，家庭矛盾重重，严重影响农村社会的和谐稳定。与此同时，政府现有社会低保体系以及有关部门各类相关活动和载体在农村的覆盖率很低。显然，要想实现城乡文化建设在统筹融合中共同发展，唯有给予农民与市民同等的国民待遇，采取多种途径妥善解决好农民的生活、就业、住房、社会保障等现实问题。

四、城乡文化的交流与融合机制不灵

统筹城乡发展，推进城乡一体化进程的一个必然要求就是，促进城乡文化交流与融合。推进社会主义文化的大发展大繁荣，城乡文化的一体化是前提和基础。因此，必须建立城乡文化交流与融合的良性互动机制，促进城乡文化协调发展，这不仅是推进社会全面进步的重要步骤，同时也是构建社会主义和谐社会的基本要求。党的十六届五中全会提出，必须按照“生产发展、生活宽裕、乡风文明、村容整洁、管理民主”的基本要求建设社会主义新农村。党的十七大又提出，要推动社会主义文化大发展大繁荣，建设和谐文化，培育文明风尚，重视城乡、区域文化协调发展，着力丰富农村、偏远地区、进城务工人员的精神文化生活。党的十七届三中全会指出，社会主义文化建设是社会主义新农村建设的重要内容。因此，当前我国农村文化建设的重要任务就是，繁荣农村文化，满足农民群众日益增长的精神文化需求，提高他们的思想道德素质和文明素质。

目前，由于党和国家政策的指导，城乡文化交流和互动取得了一定的成绩，但城乡文化互动机制仍然受到传统二元体制下的“城市偏好”政策的束缚。我们知道，农民和市民具有不同的文化素养，城市和乡村具有不同的文化底蕴，但是国家的主导文化政策一般是以城市化为标准制定的，许多文化宣传内容和文化活动方式都是现代都市化的模板。源于历史的局限性和现实的重大差别，农村文化往往被城市居民所漠视，而农民群众又因深刻的传统文化记忆，不能很快接受现代都市文化，因而造成城乡文化互融共进的障碍。其主要表现为，农村文化在城乡结构上的边缘性和滞后性。从电视、广播、书刊等现代大众媒体来看，对于城市和农村似乎已无空间、时间和群体限制，它们既影响着城市也影响着农村，宣传内容相同，但认同却是大相径庭。比如，农村题材的文化作品，对农民来说是喜闻乐见的，因为它真实地反映了他们的生活现状，而在市民的眼里，却被认为是“笑料”，更多感觉是乡土文化的“土气”。又如，都市题材的文化作品，特别是开放性的内容，对于青年农民来说是可望而不可即的行为目标，而对于老年农民来说却是难以接受的“伤风败俗”。但总的趋势是，农村文化由于受现代大众媒体以及现代都市文化的冲击，越来越处于边缘化的地位。

由于中国的农村地域广大，星罗棋布，发展的境遇必然是参差不齐，生长于其上的农村文化具有丰富的地域多样性，但在地缘结构上仍然具有一定的封闭性和保守性。源于不同的传统积淀，不同的价值体系，不同的方言习俗，不同的文化表达形式，不同的宗教信仰，每一个农村的文化都有着超强稳定的系统结构，不仅导致文化的地域性差异很大，同时也致使不同地域的农民很难接受或融入其他阶层的文化中去，造成不同地域文化相互交流和融合的障碍，最终导致农民对现代城市文化的认同陷入困境，因而在很大程度上延缓了城乡文化一体化的历史进程。

第八章
当代中国农村文化的构建策略

如前所述，当代中国农村文化建设面临诸多困境，表明农村文化发展严重滞后的客观现实。因此，无论古典意义上的农村文化符号，还是革命意义上的农村文化，都面临着新的建构。建设农村文化是解决我国“三农”问题、实现城乡社会发展一体化的重大战略举措，是增强我国文化软实力的内在要求，也是我国现代化进程中的重大课题。当前加强农村文化建设，必须从中国农村社会的实际出发，既要充分考虑社会变迁后农村社会的“异质性”及文化发展的多元性，又要积极吸收和借鉴国外农村文化建设的先进经验，从宏观和微观两个文化发展路径，对我国新农村文化进行全面而系统的建构。

第一节　农村文化建设的国外借鉴及启示

一、国外农村文化建设的经验

不同国家、不同民族的农村文化因地域和历史文化传统的不同而具有较强的多样性、传承性，各具特色，如今全球化浪潮已经席卷到世界的每一个角落，文化影响力已渗透到任何一个文化发展之国。综合国力的竞争日益激烈，在很大程度上，国与国之间的实力强弱取决于文化软实力及其影响力。所以，我国的农村文化建设在遵循自身发展规律的同时，必须积极吸收和借鉴国外农村的先进文化建设经验，意义重大。

（一）注重培育和激发民族精神和时代精神，并把它作为文化建设的核心和灵魂

基于文化传统不同，文化底蕴不同，特别是风俗习惯的不同，世界各国在文化建设上存在很大的差异，但在文化建设的主要目标上都有一个共同点，就是通过文化来激发民众的时代精神和民族精神。譬如，韩国在二战后开展的“新农村运动”就是基于战后经济落后，农村人口居多的国情，韩国政府所推行的一场民族“联合自强”的农村运动。韩国这场旨在重建家园的“新农村运动”首先在农村开展，但很快就遍及城市，给韩国带来了极其深刻的变化。一方面，它不仅推动了韩国农村经济和社会的发展，还极大地振奋了整个韩国的民族精神，实现了时代精神与民族精神的紧密结合；另一方面，它推进了韩国由农业国到现代工业国的转型，加快了韩国的工业化进程，使韩国迅速步入现代化国家，成为享誉亚洲的“四小龙”之一。

（二）改善农村文化基础设施，加强物质文化建设

目前，世界各国都在加大投资力度，加快完善农村文化基础设施的步伐。进入后现代的发达国家因较早完成了现代化，物质基础比较雄厚，不存在城乡二元社会体制的瓶颈问题，城乡文化发展基本上同步。譬如，在日本，多数乡村都建立了自己的乡村博物馆；几乎在每一个乡村，政府把几座或十几座古老的民居确定为保护单位，同时给予民居主人以资助，以便为民居进行修缮保护。然而，那些现代化起步较晚，生产力水平较低的国家，则想方设法节约经济建设开支，把有限的资源投入乡村文化基础设施建设，由此来支持和推动乡村文化事业的发展。在推进“新农村运动”的过程中，韩国政府出资在农村

兴建“村民会馆”，旨在利用这一机构，把国家意志和国家主导文化价值观灌输到社会最基层，以便对基层乡村社会实现政治和文化控制。“村民会馆”的主要职能包括农田耕作管理的知识讲座、农业科技教育的开展以及乡风文明教育等，旨在不仅传播农业、农村发展的文化知识，更为重要的是，还通过“村民会馆”，向广大农民灌输韩国的政府主导理念。在印度，喀拉拉邦所推行的“民众科学运动”，由政府投入专款兴建乡村公共文化设施，扩大图书馆等文化活动空间，旨在促进农民积极参与文化活动，不断提高农民的精神文化生活质量。从运动的整体进展看，“民众科学运动”最基本的特征就是“全民性”。即全民的参与、全民的推进、全民的活动、全民的提升。[1]

（三）落实以民为本的理念，注重对农民的教育和培训

世界各国政府都坚持以民为本的理念，十分重视对农民的教育和培训。譬如，韩国设立了专门的农民教育研究所，承担农民的职业教育、农业技术教育以及计算机等现代技术教育等职责。通过对农民的综合性培训，提高农民从事农业生产的基本技能，为农业的发展奠定了综合性素质基础。法国政府也非常关注农民的职业教育，注重培养农民的综合素质，同时规定农民获得经营农业的资格以及享受国家补贴和优惠贷款等待遇的唯一条件是，必须首先取得各种职业合格证书。另外，法国农业部还与地方共同出资，建立农业技术中学，由国家和有关企业出资对农民进行实用的技术培训，并支付给农业学徒工一定的报酬。美国特别注重农民的技术创新培训。在农村建立各种培训班对农民，特别是青年农民进行系统培训，美国还开办了多个农民俱乐部，提高青年农民的农业技术和农业经营能力。

---

〔1〕 宋一：“国际农村文化建设的经验与启示”，载《广西师范学院学报》2009年第1期。

同时，对成年农民实施继续教育，传授新的技术知识，使成年农民更能适应环境的变化，跟上技术进步的步伐。[1]

（四）关注农村社会的文化和谐，提高农民生活质量

农村社会的发展不仅仅是经济的发展，更是经济、政治和文化的协调发展。许多国家都重视以文化和谐为核心的农村居民生活质量的提高，因为它是农村社会发展和进步的重要标志。在发展农村社会的文化生活方面，欧洲各国专门设有“农村新项目奖”。譬如，在德国泰乌罗镇，由于现代化的农村物质基础，农村居民充足的闲暇时间得以确保，从事文化活动，享受丰富多彩的文化生活。小镇上，不但建有良好的文化设施，还定期举行各种文化活动，他们印制了自己村庄特点的明信片，创办镇刊，编纂镇史，创办自己的网站，举办读书节。据有关统计，这个小镇，每年开展以文化为主题的各种节日活动就达50多次。每一位普通农民都能参与进来，共同享受和谐的业余文化生活。[2]

（五）关注农业信息技术的普及，全面提高农业信息化

世界各国政府为了全面提高农业的信息化，都非常关注农业信息技术的普及。譬如，德国和韩国已经开始打造农业信息网络，通过各种渠道为农民提供最先进的技术和最新信息。在韩国，由政府投资建立了农村信息主干网，向农民提供各种信息和技术，此外还帮助农民进行网上销售和管理。[3] 作为农业信息技术比较发达的德国，许多农业生产流程已经采用计算机

---

〔1〕 丁慧：“新时期我国提高农民素质问题研究”，河北大学2005年硕士学位论文。

〔2〕 宋一：“国际农村文化建设的经验与启示”，载《广西师范学院学报》2009年第1期。

〔3〕 陆学艺、陈文光：《“三农”问答读本》，山西人民出版社2004年版，第424页。

来完成，农业生产力由此得以提高，农业生产成本自然降低。农民借助比较健全的信息网络服务系统，通过农业网络平台，不仅获得了大量农业科技信息、文献资料，还得到了农产品的种植、经营和销售等各种综合信息。同时在农业生产上，农民也广泛应用高科技的遥感技术、精确农业技术等。

（六）制定并颁布法律，保护传统农村文化

有些国家，农村文化的发展状态甚至超过了城市，日本就是一个明显的例子。日本的农村文化建设一个显著特征就是，以生活工艺运动为载体，以全面提升农村社会生活质量为基础，逐步重视并且推进传统文化的价值。例如，把农村里表演艺术上或在工艺技术上有“绝活儿”“绝技”“绝艺”的老艺人认定为“人间国宝”。一旦认定后，国家就会拨出可观的专项资金，保存他的作品，录制他的艺术，培养传人，资助他传习技艺，改善他的生活和从艺条件。与此同时，日本还颁布《文化财产保护法》，其中关于乡村文化的是有形乡村文化和无形乡村文化的认定。前者包含有乡村各种生活用具和生活设施；后者包含乡村的各种风俗习惯和民间艺术，特别是乡村民众年节庆典祭祀时的各种表演艺术节目。除此之外，日本还建立了覆盖全国乡村的保护重要乡村文化的专业协会，凝聚了千万乡村文化艺术的传人，从事文化传承和乐舞表演活动。几十年来，对乡村文化激励机制的推行，已经使日本乡村戏剧、乐舞、曲艺等表演艺术比如“能”“文乐”“狂言”“讲谈”等从濒危到重生再走向新的繁荣。对于乡村文化的保护，不仅是日本政府在政策、立法、制度上的支持，还有日本民众广泛的认识和坚实的社会基础。〔1〕

〔1〕 凤凰文化网，2008-10-25.

二、国外农村文化建设的启示

从国外农村文化建设的经验中，我们可以得到以下几点启示：

第一，在推进我国社会主义新农村建设的过程中，必须重视文化与农村社会建设的协调性，注重农村文化资源的保护、开发和利用，注重对农民的培训，把推进农村文化建设作为新农村建设的重要途径。

第二，农村文化建设离不开特定的农村自然环境、社会环境和人文环境，必须立足于农村社会发展的实际，大力加强农村文化建设、经济建设、政治建设、社会建设，以保证农村建设的全面性、整体性、协调性和可持续性。

第三，要重视农村文化的投入，健全农村公共文化服务体系建设，以“硬件”建设为基础，完善农村文化基础设施，形成完善的公共文化服务体系，为农村文化建设与发展提供基础性物质支撑；要加强农村社会主义核心价值体系建设，坚持马克思主义指导思想，中国特色社会主义共同理想，以爱国主义为核心的民族精神和以改革创新为核心的时代精神，以“八荣八耻”为主要内容的社会主义荣辱观。

第四，既要保护优秀传统文化的资源，又要发展农村特色文化，努力建设新的文化增长点，充分发挥农村文化的教化、协调、凝聚、整合功能，促进和谐文化建设。要大力加强农村和谐文化建设，按照民主法治、公平正义、诚信友爱、充满活力、安定有序、人与自然和谐相处的总要求，逐步培育农民的和谐理念，弘扬和谐精神，推进不同文化之间的交流与融合，增强农村文化建设的活力。

第五，借鉴国外农村文化建设的有益经验，积极利用全球化为人类文明发展所提供的机遇，在推进经济建设的同时，关注农村文化建设，丰富与发展我国农村的文化生活，坚持“请进来”与“走出去”相结合的文化交流与融合机制，既着眼于中国农村自身的文化发展实际，又着眼于世界农村文化建设与发展的潮流，不断推陈出新，唯有如此才能为中国农村建设与发展积累丰厚的文化资本，提供更好的人文环境，促进社会主义新农村建设更好地发展。

第二节　新农村文化建设的运行系统及其构建策略

我国新农村文化建设是一项复杂而系统性的工程。基于宏观视角，我们可以把它分为文化保障系统、文化管理系统、文化动力系统；基于微观视角，我们可以称之为知识与价值系统。文化制度、文化投入、文化设施、文化载体及法律保障等要素构成文化保障系统；市场管理、人才管理、组织管理等要素构成文化管理系统；文化交流与合作、文化保护与创新、文化展示与活动、文化产品的生产与供给等要素构成文化动力系统。而微观视角中的知识与价值系统主要包括思想道德、教育科学文化和乡风文明等要素。贯穿于农村文化建设过程中的各个系统只有协调一致，才能保证整个农村文化建设这一系统工程的正常运行，唯有如此农村文化建设才能收到实效。

一、农村文化知识与价值系统的建构

农村文化知识与价值系统，主要由农民的文化素养、价值观念、价值信仰、价值追求等要素构成。它不仅是农村文化建设的核心和灵魂，也是农村文化系统的深层结构，还是农村文化建设的根本目标指向之一。农民的思想道德素养和科学文化素养以及良好文明的乡风，直接反映一个乡村的整体文化发展

水平，是乡村文化现代化的重要指标体系之一。因此，破解我国新农村文化建设中的困境与难题，必须注重农村文化知识与价值系统的建构，使农村文化价值系统在健康稳定的轨道上运行。

（一）弘扬主导文化，在农村社会形成共同的理想信念和精神支柱

中国的农村社会地域广大，具有复杂的民族多样性和文化多元性，同时又面对“全球化”和社会转型的多元文化背景，必须坚持国家的主导文化地位，才能使广大农民树立共同理想和信念，确立正确的世界观、人生观和价值观，消除文化心理困惑和价值迷茫。因此，必须始终坚持马克思列宁主义、毛泽东思想和中国特色社会主义理论体系的指导地位，弘扬主旋律，“以科学的理论武装人，以正确的舆论引导人，以高尚的精神塑造人，以优秀的作品鼓舞人。大力发展先进文化，支持健康有益文化，努力改造落后文化，坚决抵制腐朽文化。”〔1〕党的十七届三中全会又进一步强调，“坚持用社会主义先进文化占领农村阵地，满足农民日益增长的精神文化需求，提高农民思想道德素质。扎实开展社会主义核心价值体系建设，坚持用中国特色社会主义理论体系武装农村党员、教育农民群众，引导农民牢固树立爱国主义、集体主义、社会主义思想”。〔2〕

在社会主义新农村建设中必须大力弘扬主旋律，用社会主义核心价值体系教育农民，统一农民的思想，对中华民族的优良传统要继承和发扬光大，要弘扬和培育民族精神与时代精神，在农村社会形成共同的理想和精神支柱，不断激发广大农民建

〔1〕《十六大报告辅导读本》，人民出版社2002年版，第34页。

〔2〕《中共中央关于推进农村改革发展若干重大问题的决定》，人民出版社2008年版，第23页。

设社会主义新农村的热情。

（二）发展农村教育，提升农村文化主体知识底蕴

农村现代化实质上就是人的现代化，离不开有文化、懂技术、会经营的高素质农民，同样高素质的农民也离不开高质量的农村教育。农村教育是农村社会现代化的根本，也是农村文化建设的基础性工程。

20 世纪 30~40 年代，晏阳初、梁漱溟倡导的乡村建设运动，就非常重视农民的教育，寄希望于通过改造农民达到改造农村的目的。农民是社会主义新农村建设的主体，农村的政治、经济和文化建设都离不开农民的积极参与，特别是在农村文化建设中，农民既是农村文化的建设者，又是农村文化的享用者。必须把改革和发展农民教育放在更加突出的位置。

第一，要抓好政府主导的九年义务教育，从中小学抓起，加大对农村公共教育资源的投入，改善农村的办学条件和教学环境，改变城乡教育二元化的现状，实现教育均衡式发展，让农村学生都能享受到优质化的教育资源，全面提升农村教育的质量。在农村基础教育理念上，也要改变单纯为了考试升学的教育思想，以服务农村经济社会发展为目标。因此，在农村基础教育的课程设置和教学方式方法的选择上，要适当安排一些农业技术课，并增加农村社会实践活动，要按照农村、农业、农民的地区特点，把农业科技知识通过农业技术课普及到专业性教育中来，用现代教育手段，全面提高农民的文化素质，使农村学生成为联系城市与农村，工业与农业的桥梁和纽带，为将来服务家乡打好基础。

第二，要加大对农民的社会教育力度。我国农村家庭联产承包制改革以后，由于农民集体劳作的生产结合方式转变为分散式的家庭经营，农村组织越来越分散化，再加上农民流动性

的增强，许多农村地区很难召开群众性大会，农民的社会教育面临很多困境。因此，农民社会教育的内容、方法和形式，不仅要考虑农民文化素质和文化需求多样性的现状，还要充分考虑农民流动性的特征，注重把先进性与广泛性、多样性与生动性、教育性与娱乐性、知识性与趣味性、专业性与普及性有机统一起来。在教育内容上，实施综合教育。通过科技宣传队、文化演出队等文化活动形式以及广播、电视等各种载体宣传科学文化知识、法律知识，普及农业技能；同时，开展社会主义荣辱观教育，通过典型事例和榜样示范，用社会主义核心价值体系，对农民进行社会公德、职业道德、家庭美德以及爱国主义、集体主义、社会主义教育，弘扬中华民族勤劳善良、自立自强、艰苦奋斗的传统美德及现代文明意识。广泛开展以破除陋习、文明乡风为重点的农民教育，科学引导和切实解决农村思想道德建设中出现的新情况新问题，以丰富的内涵、健康的格调吸纳社会主义先进文化。

第三，要大力发展农村职业技术教育，对农民特别是农民工进行职业技能培训，弥补农村教育“空洞”。要重视农民教育培训工作。各级党政要充分认识农民科学文化素质低下对建设社会主义新农村的制约作用，把加强农民教育培训、提高农民科学文化素质作为统筹城乡区域发展建设社会主义新农村的重要工作内容来抓，切实加强领导和组织工作，改变提高农民素质“讲起来重要，做起来不要”的局面。同时，政府也要对农民教育培训给予适当的经费支持。

实践证明，农民科学文化素质的大幅度提高，离不开政府的重视和支持。一方面，要有丰富多样的教育培训内容。在经济社会迅速发展、人民生活水平逐步提高的今天，农民对知识的需求是多方面的，不但需要传统农业方面的知识，也需要二三产业方面的知识；不但需要科技知识，也需要市场经济、经营管理、法律等方面的知识；不但需要经济知识，也需要政治知识、生活知识、健康知识和文化娱乐方面的知识。因此，农民教育培训的内容，必须适应并满足农民知识需求的多样性。只有切合需求，才能取得良好的效果。另一方面，要有灵活多变的教育培训形式和渠道。教育培训形式必须适应农民自身的特点和农村生产生活的特点。例如，科技人员到田间地头提供服务，现场进行指导培训的方式，非常适合农民和农业生产特点。在教育培训渠道上，要充分利用农村各种教育资源，借助各种媒体和渠道，实现教育渠道的多样化。

（三）培育农民的文化自觉，促进农民自创文化健康发展

所谓“文化自觉”，是费孝通先生针对全球经济一体化进程中，传统地方性文化如何适应新的世界文化的发展等问题，提出的一个旨在保护发展民族文化的思想。他解释说，“文化自觉”是生活在一定文化中的人对其文化有自知之明，对其自身的文化来历、形成过程以及特点、发展趋势等能做出认真思考和反省。该思想强调了每个民族认识自身文化的重要意义。〔1〕在农村文化建设过程中，文化自觉机制要求必须改变政府作为单方面文化主体的局面。发挥政府的主导作用，使“送文化”与“种文化”相结合，积极引导农民成为农村文化建设的主体，由被动接受“送来文化”到主动参与各种文化活动，积极主动参与喜闻乐见的文化产品和文化形式的创作，使农村文化具有深厚的乡村土壤支撑，从而最大限度地满足农民的文化需求。

在农村文化建设中，自办文化活动更充分地发挥了农民文化创造的积极性、主动性和创新性。由于与农民的兴趣爱好相

〔1〕刘鸿：“提高农民‘文化自觉’，推进农村新文化建设”，载《小城镇建设》2006年第2期。

联系，不仅有利于对农村传统文化资源的保护，也有益于对外来文化的正确选择和接受。因此，各级政府在农村文化建设中的职责是发挥主导作用，通过文化政策引导、鼓励、帮助农民积极参与到自办文化中来。立足于农村生产和生活的实际，利用传统节日和农闲时间，组织开展各种民间文化活动，支持广大文艺工作者，深入了解农村的巨大变化，创造更多通俗易懂，反映农民真实生活情感的文艺作品。鼓励农民自办文化团体、农民书社、电影放映队，建设文化大院、文化室、图书室等，政府出资大力扶持民间职业剧团和农村业余剧团，创作更多反映农村新面貌、新变化的先进文化作品，促进农民自创文化的健康发展。

加强乡风文明建设，大力普及科技知识，引导农民自觉抵制“黄、赌、毒”以及各种封建迷信活动。通过先进的文化内容，先进的文化形式，促进农民自创文化的健康发展。

（四）引导农民走出心理困境，重建精神家园

面对中国农民在文化变迁过程中的文化心理矛盾与冲突，必须批判地继承传统文化和外来文化的有益成分，实现农村文化的现代转型，重建农民的精神家园。改革开放以来，整个农村社会的结构都发生了巨大的变化，农村文化也开始了现代转型，但农民本身的局限性并没有改变，他们的文化心理、价值观念、思想方式和行为习惯还很守旧，这种保守性和封闭性已经成为中国农村现代化的主要障碍。实现农村的现代化，必须对农民的文化心理结构、价值观念进行现代改造，指引他们从传统的、落后的、保守的思想中走出来，改变农民小生产者意识和僵化的思维方式。因此，在农村文化建设过程中，必须吸收中国传统文化中的合理的、优秀的东西，如“天人合一”的人文自然观、“刚健有为，自强不息”的进取精神、“厚德载物，

有容乃大”的文化气度、“以人为本，德行优先”的价值观念、“贵和尚中，克己修身”的处世哲学，等等。[1]同时，要引导农民以开放的心态树立全球文化和现代文化观念，积极吸收世界先进文化成果，使西方文化与中国文化，传统文化与现代文化进行有机结合，建设既具民族地域特色又具时代精神的农村文化。一方面要积极吸收和大胆借鉴西方国家先进的科学技术、管理经验，同时更要学习和践行现代城市文明的生活方式。另一方面要以开放的心态对待世界多元民族文化，尊重世界各民族的文化传统和风俗习惯，加强世界文化的交流与融合。与此同时，要立足农村实际，保持农村文化特色，有分析、有选择地对待外来文化，不断实现农村传统文化与现代文化、本土文化与外来文化的交流与融合，并在此基础上进行整合与创新。

二、农村文化动力系统的建构

在农村文化建设过程中，动力系统的构建对农村文化的发展和创新起着至关重要的作用，这是因为城市文化与乡村文化、传统文化与现代文化、外来文化与本土文化，不断发生碰撞与融合，在这样的现实背景下，只有建构强有力的动力系统，才能促进不同文化的交流与融合，给予农村先进文化更强活力，最终达到实现城乡文化一体化的目的。

（一）农村文化发展与创新的根本动力：深化农村文化体制改革

解决农村文化建设中所面临的困境与难题，最根本的办法就是深化农村文化体制改革，这也是农村文化发展与创新的根本动力所在。在农村文化体制改革过程中，首先必须不断摆脱

〔1〕范大平：“矛盾·困惑·出路——对当代中国农民文化心理的探析与思考”，载《船山学刊》2004年第3期。

城乡二元体制的困扰，把农村文化体制改革与经济体制改革、政治体制改革结合起来，健全乡（镇）文化站机构设置和职能定位。其次，必须深化农村文化管理部门和经营性文化团体的体制改革，明确管理部门的责任和义务。再次，必须建立社会文化资源共享的协调机制和管理制度，使文化管理部门和各种文化团体能够直接面对农民群众，保证社会文化资源面向农村开放，充分满足农民群众的文化需求。最后，必须建立适应农村文化建设需要的县（市）、乡（镇）、村三级文化工作体系和服务体系，提高农民群众的文化参与度，推动农村文化服务覆盖整个农村地区。

另外，必须坚持文化产业化原则，大力培育、开拓农村文化市场，为农民提供更多更好的农村题材文化产品。发挥城市文化的带动和辐射功能，把文化设施建设纳入社会发展的总体规划，把文化活动与经销、旅游、科技活动等结合起来，充分利用农村文化阵地设施和乡村专业文化人才优势，推动农村文化市场化，引导各种社会力量投身农村文化建设，开展有偿服务，创造新的服务方式，利用本地文化经营项目，提高农村文化产业化水平。

（二）农村文化发展与创新的基本动力：建立健全具有现代气息的农村特色文化机制

首先，要实现农村特色文化产业化。必须始终把转变文化发展的思路贯穿于农村市场化改革的过程中，认识到农村文化产业化发展的趋势，摆脱计划经济体制下“等、靠、要”的陈旧思想，积极主动挖掘农村特色文化资源，用现代文明理念修整和改造传统文化资源，积极培养具有地方特色的地域文化，为拓展农村文化事业发展空间创造条件。其次，要实现农村文化体制的创新，树立主动、开放、竞争等新观念。必须解放思想，改变观念，使农村文化从保守、落后和封闭的状态中解放出来，面向市场，走向市场，建立与社会主义市场经济相适应的文化体制机制。农村文化的民族性和地域性决定了农村文化的异质性和多样性。必须从各地的实际出发发展农村文化，树立特色意识，既要尊重文化的多样性，又要走特色道路，立足于历史的文化积淀和文化样态，努力寻找和搜集历史文化和民风民俗中的文化资源，树立和建设特色文化品牌。

党的十七大指出，"加强对各民族文化的挖掘和保护，重视文物和非物质文化遗产保护，做好文化典籍整理工作。"〔1〕弘扬传统文化是新时期农村文化建设的重要任务。在农村文化建设过程中，要特别注重乡村原生态文化和优秀民族民间文化的保护与整理工作。如地方戏、民族民俗、民间工艺、少数民族服饰、宗教等要进行深入挖掘，形成特色和产业，对传统文化的符号印记，特别是历史自然景观，在不改变原貌和历史特色的前提下，进行修缮、保护和适度开发，统筹规划，这样不仅解决了农民的精神文化生活需要问题，还为农民带来了财产性收入。要促使广大文艺工作者深入农村，服务农村，把传统文化与现代文化有机结合起来，创造出更多具有时代气息、民间风韵、百姓喜闻乐见的优秀作品来。〔2〕

（三）农村文化发展与创新的主要动力：建立城乡文化的交流与融合机制

党的十八大提出全面建成小康社会的奋斗目标，客观上迫切需要推进城乡一体化，同时也是贯彻落实科学发展观的基本

〔1〕《中国共产党第十七次全国代表大会文件汇编》，人民出版社 2007 年版，第 35 页。

〔2〕郑太亮："新农村建设背景下的乡村文化研究"，载《黄河科技大学学报》2007 年第 9 期。

要求。而城乡文化一体化是城乡一体化最重要的标志。因此，统筹城乡文化发展是农村文化建设的重要目标。促进城乡文化的交流与融合是农村文化建设的主要动力。首先，要求各级政府必须树立城乡文化统筹协调发展理念，制定统筹协调的城乡文化发展政策，打破城乡二元文化格局，实现乡村与城市均衡的文化配置。在资金投入、基础设施建设、公共文化供给与服务等方面都要城乡兼顾，改变城市偏好的局面。其次，要加大对农村文化建设的倾斜，实施“以城带乡”工程。由于历史形成的城乡二元结构，我国农村文化建设无论从资金投入、文化基础设施还是公共文化服务方面都远远落后于城市。因此，要大力推进农村文化扶贫战略，加大对乡村文化的公共服务设施、乡村文化的人才队伍、乡村公共文化产品服务的建设力度，并以此带动乡村文化的全面发展。[1]

与此同时，还要贯彻落实城市支持农村，工业反哺农业的政策，实现城乡文化统筹发展。在农村文化建设过程中，不但要使农村文化与城市文化和谐共生，还要建立城乡文化互动的新机制，推进城乡文化一体化进程。首先，注重对农民工等城市农村流动人口的教育与培训，使他们逐渐适应城市文化生活，不断市民化，并主动、自觉地向家乡传播现代文明；其次，要充分发挥城市文化的辐射效应，扩大报纸杂志、广播电视、文化场馆、网络传媒、图书出版等向农村市场的覆盖，完善农村的公共文化建设网络，使大多数农民都能享受到现代都市文化的熏陶，建立“三下乡”活动的长效机制，将城市文化资源引向农村；再次，要加大对农村公共文化产品的投入与政策倾斜，发展农村公共文化事业，政府政策向农村倾斜。探索对农村文

---

〔1〕 李云、张顺畅：“乡村文化建设的体制性制约及对策”，载《邵阳学院学报》（社会科学版）2006年第6期。

化援助机制，动员社会各界力量，特别是城市单位和居民支持农村文化建设。[1]

三、农村文化管理系统的建构

农村文化建设要顺利进行，一个科学而严格的文化管理系统是其必备条件。农村文化建设要保持健康稳定的发展秩序，必须执行严格的管理制度。农村文化管理政策的制定，农村文化引导和监督机制的确立以及农村文化干部队伍和农村专业文化队伍的建设等内容，构成文化管理系统的要件，是维护良好农村文化秩序的重要保证。

（一）制定科学而符合实际的农村文化管理政策，进一步完善宏观文化管理体制

源于长期的二元社会体制，城市优先政策使我国农村的文化发展受到极大限制，因此，为保证农村文化建设的健康快速发展，需要制定科学的、符合实际的、可操作性强的文化政策，进一步完善宏观文化管理体制。明确政府在农村文化建设和管理中的责任，坚持政企分开、政事分开、管办分离的格局，进一步理顺职能定位，完善管理关系。要按照强化政府在政策调节、市场监管、社会管理和公共服务方面的职能要求，根据依法行政的原则，调整充实机构，整合力量资源，创新工作机制，顺畅管理关系，加强宏观文化发展规划指导和政策调节，加强文化市场的监管，加强政府的服务工作，加强对社会面的管理。

首先，要制定和落实文化投入管理政策，明确政府、社会以及个人在农村文化建设资金筹集中的权利和义务，形成以政府为主、以社会为辅的多元投资体系，并对多渠道的文化建设

---

〔1〕 桂玉：“新农村视角下的农村文化建设问题”，载《前沿》2008 年第 3 期。

资金进行科学管理，专款专用。

其次，要制定和落实文化经济政策和产业政策，对农村文化产业化、市场化进行管理和协调，积极组织作家、艺术家深入农村，创作多种多样的广大农民喜闻乐见的农村题材文化产品，用农村题材的文化产品占领农村文化市场。同时，对农民自创文化进行政策扶持和资金扶持，使农民群众真正成为新农村文化建设的主体。

再次，要坚持一手抓繁荣、一手抓管理，科学合理地进行农村文化市场的政策调控和管理，规范农村文化市场行为和市场秩序。要完善文化市场体系。打破按部门、按区域配置文化资源和产品的传统体制，打破条块分割、地区封锁、城乡分离的市场格局，建立统一开放、竞争有序的现代文化市场体系。要把区域发展的关联度比较高的传媒业、演艺业、艺术品业等行业协调统一起来，充分运用电子商务和网络的优势，努力在资源整合和资源配置上迈出新的步伐，要积极支持文化产业要素市场的发展，推动区域性文化市场的建设。对不文明、不健康以及非法的农村文化产品和文化市场行为，坚决予以打击，要根据文化市场管理的法规和政策要求，采取必要的经济和行政手段引导健康、文明、进步的文化产品，抵制消极、腐化和落后的文化产品，为农村文化市场创造健康、文明、和谐的良好环境。

（二）注重培育农民的组织性，引导农民参加农村文化合作组织

改革开放以来，农民生产的积极性和主动性因家庭联产承包责任制的实行而被极大地调动起来，但分散经营的劳作方式使农民的组织性松弛，再加上农民流动性的加强，人员日益分散，组织程度越来越低，合作意识越来越差，造成农村文化建

设的主体缺失。由于市场经济的无限扩张和行为失范，分散性的农民心态失衡，文化需求扭曲，因此，必须注重农民组织性的培育，重视扶持农村文化集群合作组织建设。创建完备的、以合作互利为核心的文化组织，并逐步扩展农民文化合作组织的功能，拓宽市场，担负起文化服务的职能，实现农村文化事业与农村文化市场的有效对接，集中农村各类文化资源，提升农村文化品位，推进农村经济、政治、文化和社会协调发展。

（三）加强农村文化人才队伍建设，提高农村文化的整体质量

农村文化干部和专业文化人才，既是农村文化建设的领导者，又是文化产品的创造者，农村文化建设的整体质量和效果，从根本上来说，取决于这些人才素质的高低以及文化专业化的程度。目前，我国许多农村地区的文化工作被边缘化，不但文化设施缺乏，更缺乏专业的文化领导队伍和文化人才，一些文化站和文化中心，因缺乏人才支撑，形同虚设。

首先，要建立公平公正公开择优选拔、竞争上岗的用人机制，对农村文化事业单位人员要进行严格的资格认定，优化人才配置，畅通用人渠道，选择真正能胜任和进行实际工作的文化人才进入领导岗位。同时，抓好农村业余文化骨干队伍建设，对民间的艺人、文化能人、文化经济人，实行经常性培训和规范化管理，为其提供必要的物质条件与资金支持，充分发挥他们的文化创作技能和文化活动的领头作用。鼓励他们积极服务家乡、奉献家乡文化事业，使他们逐步成长为农村文化的设计者和建设者。

其次，要选拔和发展一批优秀的大学毕业生到农村从事文化传播工作，为他们提供基本的文化工作条件，使他们成为农村文化工作的使者，补充农村文化工作队伍贫乏的现状。要建

立农村文化人才队伍培养和管理的长效机制，避免短期行为，提高农村文化工作的针对性和实效性。为农村文化人才设立专项基金，改善工作条件，提高工资及福利待遇，使这些文化人才队伍能够安心进行农村文化创作，树立扎根乡村，服务乡村的工作理念。为切实解决农村文化建设中人才匮乏、素质偏低的突出问题，政府应担负主体责任。

（四）建立农村文化的引导与监督机制，完善政府绩效考核评价体系

在农村文化建设过程中，政府要发挥引导和监督作用。在地方政府政绩考核和社会发展评价中，要把政府对农村文化建设的领导力度和文化建设成果作为重要指标体系，使政府加大对农村文化建设的资金投入，不断加大对农村文化基础设施建设的力度，把文化基础设施的建设、文化网络体系的建设等列为硬性和量化的发展规划指标。引导主流文化在乡村文化建设中的主导地位。以发展社会主义先进文化为目标，培育符合农民精神生活需要的健康向上的精神产品，加大对乡村文化的执法管理，整顿乡村文化市场，规范乡村文化市场秩序，为乡村文化的良性运行提供一个安全的外部环境。〔1〕

四、农村文化保障系统的建构

构建一个强有力的文化保障系统，是农村文化建设顺利进行的基础和前提。而经济保障是基础，政治保障是关键，法律保障是条件，制度保障是核心。

---

〔1〕 李云、张顺畅：“乡村文化建设的体制性制约及对策”，载《邵阳学院学报（社会科学版）》2006年第6期。

(一) 建立健全农村文化资金投入机制，为农村文化建设提供经济保障

资金的支持对于文化建设来说至关重要，而长期以来，由于受二元社会结构的影响，我国的农村文化建设一直被边缘化，特别是在资金投入方面，非常有限，许多农村地区对文化建设几乎是零投入。只有在政府主导性投资的基础上，坚持“多予少取放活”的方针，确保文化建设支出占财政预算的比例每年随经济发展有所增长。并加强政策调控，把文化基础性建设的重点由城市向农村转移，通过多渠道、多方面筹集，更好地解决农村文化建设中的资金短缺问题。

第一，政府层面。各级政府要划拨专项资金，进一步加大对农村文化事业的投入力度。政府在财政预算中对农村文化建设的投资要专款专用，确保农村文化建设的资金需求。同时，政府在对农村文化的投入中要加大对农村公共文化服务体系的支持力度，实施积极稳妥的文化增长机制。文化部和国家发改委在“十一五”期间，初步计划新建和扩建 2 万多个农村乡(镇)文化站，要实现“县县有分中心、乡乡建有基层服务点、50%的行政村建有基层服务网点”的目标。

第二，社会层面。广泛吸收社会资本，建立农村文化的资金援助机制。在农村文化建设过程中，要改变计划体制的资源投入方式，整合社会资源，允许包括私人资本在内的各种社会资金积极参与农村文化建设。努力吸收社会资本，特别是民间资本，扩充渠道，开发文化市场、兴办文化产业。鼓励农民出资自办文化，政府积极扶持民间艺人经营各种文化实体，自觉投资农村文化公益事业。要建立工业反哺农业，城市支持农村的文化扶助机制，动员社会力量支持农村文化建设。可以通过各种市场手段引导企业和民间资本投入农村文化建设，各级政

府还要提供各种优惠政策，吸引和激励各种社会资本支持农村文化建设。2006 年，胡锦涛总书记中央经济工作会议上强调："我国现在总体上已到了以工促农、以城带乡的发展阶段。我们应当顺应这一趋势，更加自觉地调整国民收入分配格局，更加积极地支持'三农'发展。"在积极引导社会资本投入农村文化建设的过程中，还要继续开展文化、科技、卫生"三下乡"和文化对口支援活动，努力实施农村文化扶贫政策，积极引导社会力量捐助农村文化事业，重点捐助文化站（室）、图书室等农村文化基础设施建设以及农村公益性文化实体和文化活动。[1]

第三，建立农村文化建设的投入长效机制。从制度上确保财政对农村文化支出的增长高于财政支出的增长，投向文化建设的财政资金的增量向农村倾斜，建立健全中央财政对经济欠发达地区文化建设的转移支付制度。对农村文化建设的投入应采取项目评估、以奖代补的方法，提高资金的使用效益。同时，采取减免税的办法，鼓励民间资金投资农村文化产业。

（二）加强党的领导，为农村文化建设提供政治保障

党的十七届三中全会通过的《中共中央关于推进农村改革发展若干重大问题的决定》指出："推进农村改革发展，关键在党。要把党的执政能力建设和先进性建设作为主线，以改革创新精神全面推进农村党的建设，认真开展深入学习实践科学发展观活动，增强各级党组织的创造力、凝聚力、战斗力，不断提高党领导农村工作水平。"[2]要不断加强基层党组织建设，提高农村基层党组织的执政能力和先进性，树立基层党员干部的

---

〔1〕周和平："开创农村文化建设的新局面"，载《中国广播网》2007 年第 7 期。

〔2〕《中共中央关于推进农村改革发展若干重大问题的决定》，人民出版社 2008 年版，第 29 页。

奉献精神和服务意识，一切工作都要以广大农民群众的根本利益为出发点和归宿，全面增强农村基层党组织的创造力、凝聚力和战斗力，形成推进农村改革发展强大合力，不断提高基层党组织的农村工作水平。基层农村党组织要充分认识农村文化建设的重要性，用先进文化武装农民的头脑，将文化建设纳入农村社会发展的总体战略中，真正实现农村社会的经济、政治、文化、生态、社会建设的“五位一体”。要完善农村文化建设领导考核和监督制度。针对我国农村文化建设中部分领导干部人浮于事的实际问题，要明确领导责任和工作责任，建立农村文化建设的领导干部责任制，实行科学的政绩考核和监督制度，在考核中要充分考虑政治、经济、文化、生态、社会发展的综合因素，特别要考察领导干部在实现农村文化发展目标中的作用，以此作为干部考核的重要依据，完善领导干部政绩考核评价机制。

（三）加强法制建设，为农村文化建设提供法律保障

文化的异质性和多元性始终贯穿于农村文化建设过程中，使各种思想文化相互碰撞，既有先进的、健康的、积极的文化，也有落后的、不良的、消极的文化。因此，在当前的农村文化建设中必须加强法治的保障作用，不断规范日益市场化的农村文化，使农村文化建设沿着法制化、规范化的轨道前进。

首先，要推进农村文化立法工作，借鉴国外文化建设的有益经验，制定文化产品生产、文化产品宣传、文化遗产保护等相关法律和条例，使农村文化工作有法可依。其次，在农村社会要深入开展文化法制宣传教育，做好普法宣传工作，增强农民的法制观念，提高农民依法维护文化权益的自觉性。各地政府部门要定期开展“法律知识下乡”活动，定期开展法律援助工作，提高农民的法律意识和依法办事的自觉性。再次，加强对农村执法活动的监督，规范执法人员的执法行为。各级政府

要通过各种培训渠道提高农村执法人员的文化水平和法律素质，增强执法人员的为民服务意识。各级政府还要建立有效的规范、约束机制，规范农村执法人员的执法行为；加大对农村社会违法犯罪活动的打击力度。各级政府和司法部门要严厉打击农村社会的各种违法犯罪活动，坚持开展禁毒、禁赌斗争，保证农村社会良好的社会环境，保证农村社会稳定。只有稳定的农村社会，才能保证农村文化建设的顺利进行。

（四）打破城乡二元社会结构，为农村文化发展提供制度保障

正如党的十七届三中全会所指出的，我国在总体上已经进入着力破除城乡二元结构、形成城乡经济社会发展一体化新格局的重要时期。二元社会结构下的户籍制度、社会保障制度、教育制度不仅使我国的城乡发展不同步，还阻碍着农民的社会流动，对这些制度的改革是解决农村文化变迁过程中矛盾与冲突的制度基础，制度建设对新农村文化的发展有着更为长远的意义。因此，必须改革城乡二元的户籍制度，提高农民对城市生活的心理预期，实行均衡的城乡社会保障制度和教育制度，统筹城乡文化发展，破除城乡二元文化结构这个病根。

首先，要制定科学的农村文化建设规划，各级政府要从宏观战略出发，把农村文化建设列入经济社会发展的总体规划中，因地制宜，制定出一个适合民族和地区经济社会发展特色的文化发展的总体规划。十七大报告提出了“从各个层次、各个领域扩大公民有序政治参与”“实现基本公共服务的均等化”“积极推进城乡统筹发展”。我们要“重视城乡、区域文化协调发展”〔1〕。这些承诺也是对建立统一的、连贯的城乡文化的承诺。农村当下的所有改革，都应该是在完善某种“公平”的制度水

〔1〕《中国共产党第十七次全国代表大会文件汇编》，人民出版社2007年版，第34页。

平的“结构”，让农民更多地得到“秩序中”的公共产品的资源，让农民更大程度地走出以往某种不尽合理的“制度结构”。[1]其次，在推进新农村文化发展的过程中，必须贯彻工业反哺农业、城市支持农村的方针，促进城市现代文明向农村辐射、文体设施向农村延伸、文化服务向农村覆盖。2010 年 3 月 14 日，第十一届全国人民代表大会第三次会议，通过选举法修正案，实行“城乡按相同人口比例选举人大代表”。“城乡同票同权”更好地体现了人人平等、地区平等、民族平等的原则，打破了城乡二元体制，保障了农民基本的政治和文化权益，大大调动了广大农民参与农村文化建设的主动性、积极性和创造性。

---

〔1〕 危海鹤：“反思乡村文化的走向”，载《中国社会科学院院报》2009 年 6 月 4 日。

参考文献

1.《马克思恩格斯文集》（1-10 卷），人民出版社 2009 年版。

2.《列宁专题文集》（1-5 卷），人民出版社 2009 年版。

3.《毛泽东选集》（1-4 卷），人民出版社 1991 年版。

4.《邓小平文选》（1-3 卷），人民出版社 1994 年版。

5.《江泽民文选》（1-3 卷），人民出版社 2006 年版。

6.《胡锦涛文选》（1-3 卷），人民出版社 2016 年版。

7.《建设社会主义新农村学习读本》，新华出版社 2006 年版。

8.《科学发展观学习读本》，学习出版社 2006 年版。

9.《江泽民论中国特色社会主义（专题摘编）》，中央文献出版社 2002 年；

10.《江泽民论社会主义精神文明建设》，中央文献出版社 1999 年版。

11.《毛泽东邓小平江泽民论社会主义道德建设》，学习出版社 2001 年版。

12. 胡锦涛：《在中国共产党第十七次全国代表大会上的报告》，载《光明日报》2007 年 10 月 25 日。

13. 胡锦涛：《在中国共产党第十八次全国代表大会上的报告》，载《光明日报》2012 年 11 月 18 日。

14.《国家“十三五”时期文化改革发展规划纲要》，载 http://www.wenming.cn/whtzgg_pd/zcwj/201705/t20170508_4226176.html。

15.《国家“十二五”时期文化改革发展规划纲要》，载 http://www.china.com.cn/policy/txt/2012-02/16/content_24647982.html。

16.《关于深化文化体制改革推动社会主义文化大发展大繁荣若干重大问题的决定》，载《人民日报》2011 年 10 月 25 日。

17.《中共中央办公厅国务院办公厅关于进一步加强农村文化建设的意见》，载 http://www.ce.cn/xwzx/gnsz/gdxw/200512/11/t20051211_5485436.shtml。

18.《中共中央国务院关于推进社会主义新农村建设的若干意见》，载 http://politics.people.com.cn/GB/1026/4127558.html。

19.《关于进一步加强新形势下农村精神文明建设工作的意见》，载 http://wenku.baidu.com/view/71ddb77d5acfa1c7aa00cc93.html。

20.《十六大以来重要文献选编》（上），中央文献出版社 2005 年版。

21.《十六大以来重要文献选编》（中），中央文献出版社 2006 年版。

22.《十六大以来重要文献选编》（下），中央文献出版社 2008 年版。

23.《习近平总书记系列重要讲话读本》，人民出版社、学习出版社 2016 年版。

24.《中共中央关于构建社会主义和谐社会若干重大问题的决定》，载 http://news.163.com/06/1018/15/2TNP3KNC000120GU.html。

25.《关于加强公共文化服务体系建设的若干意见》，载 http://www.360doc.com/content/11/1018/15/7915431_157164324.shtml。

26. 陈文珍、叶志勇：《社会主义新农村文化构建》，湖南师范大学出版社 2010 年版。

27. 杨发主编：《新农村文化建设读本》，中国社会出版社 2008 年版。

28. 方亮编著：《新农村文化建设与管理》，中国社会出版社 2010 年版。

29. 曹锦清：《黄河边的中国：一个学者对乡村社会的观察与思考》，上海文艺出版社 2000 年版。

30. 王沪宁：《当代中国村落家族文化》，上海人民出版社 1991 年版。

31. 陈吉元、胡必亮主编：《当代中国的村庄经济与村落文化》，山西经济出版社 1996 年版。

32. 刘建荣：《新时期农村道德建设研究》，中国社会科学出版社 2004 年版。

33. 郭晓君：《中国农村文化建设论》，河北科学技术出版社 2001 年版。

34. 徐学庆：《农村精神文明建设研究》，九州出版社 2004 年版。

35. 申占平主编：《新时期农村文化建设》，中国言实出版社 2003 年版。

36. 农华西：《意识形态与核心价值体系建设》，湖南人民出版社 2007

年版。

37. 黄楠森：《有中国特色社会主义文化研究》，山东人民出版社 1999 年版。
38. 张岱年、程宜山：《中国文化与文化论争》，中国人民大学出版社 1990 年版。
39. 白南生主编：《农民的需求与新农村建设》，社会科学文献出版社 2009 年版。
40. 衣俊卿：《文化哲学十五讲》，北京大学出版社 2004 年版。
41. 费孝通：《乡土中国》，三联书店 1985 年版。
42. 杨善民、韩锋：《文化哲学》，山东大学出版社 2002 年版。
43. 龙文懋等：《传统文化的沉思》，内蒙古人民出版社 2001 年版。
44. 许明：《当代中国的文化发展》，中国大百科全书出版社 2008 年版。
45. 俞思念主编：《社会主义文化建设的历史、理论与实践》，中国社会科学出版社 2008 年版。
46. 张鸣：《乡村社会权力和文化结构》，广西人民出版社 2001 年版。
47. 司马云杰：《文化社会学》，山东人民出版社 1987 年版。
48. 李君如主编：《社会主义和谐社会论》，人民出版社 2005 年版。
49. 李小云、赵旭东、叶敬忠主编：《乡村文化与新农村建设》，社会科学文献出版社 2008 年版。
50. 孙尚扬：《宗教社会学》，北京大学出版社 2001 年版。
51. 刘泽华：《中国传统政治哲学与社会整合》，中国社会科学出版社 2000 年版。
52. 黄力之：《先进文化论》，上海三联书店 2001 年版。
53. 陆学艺：《21 世纪的中国社会》，云南人民出版社 1996 年版。
54. 周向军等：《科学发展观 · 文化建设论》，山东人民出版社 2008 年版。
55. 杨立新：《当代中国先进文化建设论》，中国社会科学出版社 2004 年版。
56. 陈晏清：《当代中国社会转型论》，山西教育出版社 1998 年版。
57. 陈晋、王均伟：《毛泽东邓小平江泽民与中国先进文化》，广东教育出版社 2003 年版。

58. 韩永进：《新的文化发展观》，北京文化艺术出版社 2006 年版。
59. 张鸣：《乡土心路八十年》，上海三联书店 1997 年版。
60. 王南湜：《从领域合一到领域分离》，山西教育出版社 1998 年版。
61. 朱贻庭主编：《儒家文化与和谐社会》，学林出版社 2005 年版。
62. 许明：《建设新世纪的先进文化》，上海社会科学院出版社 2002 年版。
63. 周浩然、李荣启：《文化国力论》，辽宁人民出版社 2000 年版。
64. 熊月之主编：《多元文化视野下的和谐社会》，上海书店出版社 2006 年版。
65. 梁漱溟：《中国文化要义》，上海世纪出版集团，2005 年版。
66. 梁漱溟：《乡村建设理论》，上海人民出版社 2011 年版。
67. 梁漱溟：《东西文化及其哲学》，商务印书馆 1999 年版。
68. 钱穆：《中国文化史导论》，商务印书馆 1994 年版。
69. 陈序经：《中国文化的出路》，中国人民大学出版社 2004 年版。
70. 冯友兰：《中国哲学简史》，北京大学出版社 1985 年版。
71. 张岱年、方克立：《中国文化概论》，北京师范大学出版社 2004 年版。
72. 费孝通：《论文化与文化自觉》，群言出版社 2007 年版。
73. 张立文：《和合学——21 世纪文化战略的构想》，中国人民大学出版社 2006 年版。
74. 肖剑忠：《农村文化建设：调查与思考》，江西人民出版社 2008 年版。
75. 聂华林等编著：《中国西部农村文化建设概论》，中国社会科学出版社 2006 年版。
76. 叶敬忠：《农民视角的新农村建设》，社会科学文献出版社 2006 年版。
77. ［美］C. 恩伯、M. 恩伯：《文化的变异》，杜杉杉译，辽宁人民出版社 1988 年版。
78. ［美］C. 格尔兹：《文化的解释》，纳日碧力戈等译，上海人民出版社 1999 年版。
79. ［英］泰勒：《原始文化》，连树声译，浙江人民出版社 1988 年版。
80. ［美］塞缪尔·亨廷顿、劳伦斯·哈里森：《文化的重要作用——价值观如何影响人类进步》，程克雄译，新华出版社 2002 年版。
81. 孙隆基：《中国文化的深层结构》，广西师范大学出版社 2004 年版。

82. ［美］杜赞奇:《文化、权力与国家》，王福明译，江苏人民出版社 2003 年版。
83. ［美］黄宗智:《华北的小农经济与社会变迁》，中华书局 2002 年版。
84. ［美］M. 罗吉斯:《乡村社会变迁》，王地宁译，浙江人民出版社 1988 年版。
85. ［法］H. 孟德拉斯:《农民的终结》，李培林译，中国社会科学出版社 1992 年版。
86. ［韩］朴振焕:《韩国新村运动》，潘伟光译，中国农业出版社 2005 年版。
87. ［美］塞缪尔·亨廷顿:《文明的冲突与世界秩序的重建》，周琪等译，新华出版社 1999 年版。
88. ［美］托夫勒:《权力的转移》，中央党校出版社 1991 年版。
89. ［德］科斯洛夫斯基·P.:《资本主义的伦理学》，王彤译，中国社会科学出版社 1996 年版。
90. ［美］威廉·J. 克林顿、小阿波特·戈尔:《科学：无尽的资源》，科学技术文献出版社 1999 年版。
91. ［美］阿瑟·奥肯:《平等与效率》，王忠民等译，四川人民出版社 1985 年版。
92. ［美］J. 汤林森:《文化帝国主义》，冯建三译，上海人民出版社 1999 年版。
93. ［美］丹尼尔·贝尔:《资本主义文化矛盾》，蒲隆等译，三联书店 1989 年版。
94. ［日］石川荣吉主编:《现代文化人类学》，周星等译，中国国际广播出版社 1988 年版。
95. ［日］富永健一:《社会学原理》，严立贤等译，社会科学文献出版社 1992 年版；
96. ［美］布坎南:《自由、市场与国家》，平新乔、莫扶民译，上海三联书店 1989 年版。
97. ［奥地利］约瑟夫·熊彼特:《经济发展理论》，牛张力译，中国社会科学出版社 1999 年版。

98. ［美］詹姆斯·C. 斯科特：《农民的道义经济学：东南亚的反叛与生存》，程立显、刘建等译，译林出版社 2001 年版。

99. ［美］米格代尔·J.：《农民、政治与革命——第三世界政治与社会变革的压力》，李玉琪、袁宁译，中央编译出版社 1996 年版。

100. ［美］玛格丽特·米德：《文化与承诺——一项有关代沟问题的研究》，周晓虹、周怡译，河北人民出版社 1987 年版。

101. ［俄］恰亚诺夫·A.：《农民经济组织》，萧正洪译，中央编译出版社 1996 年版。

102. Deshpande Rohit, Farley John U, "The Market Orientation Construct: Correlations, culture, and Comprehensiveness", *Journal of Market-focused Management*, 1998.

103. Kaul I, "Global Public Goods for Health: Health Economic Public Perspectives", *Journal of Epidemiology and Community Health*, 2005.

104. Bates. B. R, "Public Culture and Public Understanding of Genetics: a Focus Group Study", *Public Understanding of Science*, 2005.

105. Chaimov John, "Patriotism, Cosmopolitanism, and National Culture: Public Culture inHamburg 1700—1933", *Monatshefte*, 2005.

106. Robbins William G, "Ideology and culture in theOregon country: the landscapes of planting society", *New Forests*, 1999.